中国服务贸易发展报告 2010

中华人民共和国商务部

中国商务出版社

图书在版编目（CIP）数据

中国服务贸易发展报告.2010/中华人民共和国商务部编著.—北京：中国商务出版社，2010.11

ISBN 978-7-5103-0361-6

Ⅰ.①中… Ⅱ.①中… Ⅲ.①服务贸易—经济发展—研究报告—中国—2010 Ⅳ.①F752.68

中国版本图书馆CIP数据核字（2010）第216006号

中国服务贸易发展报告2010
China Trade in Services Report 2010
中华人民共和国商务部

出　版：中国商务出版社
发　行：北京中商图出版物发行有限责任公司
社　址：北京市东城区安定门外大街东后巷28号
邮　编：100710
电　话：010—64269744（编辑室）
010—64283818（发行部）
010—64263201（零售、邮购）
网　址：www.cctpress.com
邮　箱：cctp@cctpress.com
照　排：卓越无限排版
印　刷：北京高岭印刷有限公司
开　本：890毫米×1240毫米　1/16
印　张：11.25　**字　数**：294千字
版　次：2010年11月第1版　　2010年11月第1次印刷

书　号：ISBN 978-7-5103-0361-6
定　价：80.00元

《中国服务贸易发展报告2010》编委会

序

当今世界，服务贸易方兴未艾，服务领域的国际合作日益深化。尽管2008年爆发的国际金融危机对全球经济发展产生严重影响，但是服务贸易仍保持了较好的发展势头，发展服务贸易成为应对金融危机的有效手段和促进经济复苏的重要动力。随着经济全球化的深入发展，服务业国际化的趋势不会改变，服务贸易作为世界经济贸易发展重要动力的地位也不会改变。

“十一五”期间，尽管遇到国际金融危机的严重影响，中国服务贸易仍保持健康快速发展。2005—2009年，中国服务进出口总额从1571亿美元增长到2867亿美元，增长了82.5%。2009年，中国服务出口和进口分别位居世界第五位和第四位，分别比2005年提升了4位和3位。中国已经成为全球服务贸易的重要国家。2010年，国际经济贸易回暖，中国服务贸易已经恢复到稳定快速的增长轨道，为“十二五”期间的服务贸易发展奠定了坚实的基础。

大力发展服务贸易将是“卜二五”期间加快外贸发展方式转变、促进经济结构调整的重要战略任务。中国将进一步推进服务业对外开放，为广大外商投资企业营造更加优化的投资环境，特别是要在符合世界贸易组织规则的条件下，营造更加开放透明的法律环境、公平竞争的市场环境、稳定有序的经营环境；进一步加强服务贸易的交流与合作，利用多双边政府渠道加强对重大问题的磋商与协调，充分利用自由贸易区（FTA）、内地与港澳特区《关于建立更紧密经贸关系的安排》（CEPA）、《海峡两岸经济合作框架协议》（ECFA）等框架加强交流与沟通，为服务出口和服务企业“走出去”创造良好的环境；进一步加强服务贸易促进工作，完善全国服务贸易协调管理机制和促进体系，健全服务贸易促进的法规和政策，加强服务贸易交流交易平台建设，增强对重点行业、企业的引导支持，促进技术、文化、计算机和信息服务、服务外包、中医药等重点领域的服务贸易发展。

“十二五”时期，中国服务贸易规模有望稳步扩大；结构将渐趋优化，知识密集、技术密集和高附加值现代服务贸易占中国服务出口总额的比重将显著提高；区域服务贸易发展将渐趋协调；国际竞争力将不断增强；服务业对外开放水平也将日益提升。

《中国服务贸易发展报告》自2006年面世至今，记录了中国“十一五”期间服务贸易的快速发展，也见证了国际金融危机爆发以来世界经济的动荡。《中国服务贸易发展报告》全面反映了中国服务贸易发展形势，大力宣传了中国服务业和服务贸易领域改革开放政策，充分展示了中国服务贸易发展特点和优势。在连续四年发布《中国服务贸易发展报告》的基础上，商务部继续组织有关专家、学者撰写了《中国服务贸易发展报告2010》，希望借此进一步推动服务贸易领域的研究和探索，加强服务贸易领域的交流与合作，充分发挥服务贸易推动经济发展的重要作用。

中华人民共和国商务部副部长

王超

二○一○年十一月

目　录

第一部分

综述篇

中国服务贸易发展综述

一、世界服务贸易发展概况

2009 年，金融危机对全球经济的影响加深，全球货物贸易增长回落，国际服务贸易增速下滑明显。根据世界贸易组织（WTO）发布的最新数据，2009 年世界服务进出口总额为 64261 亿美元，比 2008 年下降 12.4%。其中，出口 33116 亿美元，同比下降 13%；进口 31145 亿美元，同比下降 12%。2009 年世界服务进出口呈现以下特点：

（一）世界服务进出口全面下滑

2009 年，世界服务进出口总额降幅创下历年降幅之最。全球需求急剧萎缩、贸易融资紧缺以及贸易保护主义措施增强是导致 2009 年全球贸易下滑的主要原因。全球供应链和信息技术的广泛迅速传播，使得各经济体在第一时间获知市场需求萎缩的信息，并普遍采取了减产或缩减贸易活动的措施，从而使各经济体的贸易出口出现同步萎缩现象，由此加剧了全球服务贸易的衰退。2009 年，世界货物出口下跌 23%，服务出口下降 13%（参见表 1—1）。

表 1—1　2005—2009 年世界服务和货物出口情况

项目	金额（亿美元）	增长率（%）			
年份	2009	2005—2009	2007	2008	2009
货物出口	124610	4	16	15	—23
服务出口	33116	7	20	12	—13

数据来源：WTO 秘书处

（二）运输服务跌幅超过旅游和其他商业服务

2009 年，运输服务出口同比下降 21%，超过旅游和其他商业服务出口（参见表 1—2）。运输服务出口的大幅下降主要是全球货物贸易全面萎缩所导致的。其中，2008 年第四季度以来，受国际金融危机影响，世界海运运价大幅下跌，运输服务遭受重创，部分海运航线甚至出现零运费的情况。

2009 年，旅游和其他商业服务出口降幅分别为 11%和 10%。国际金融危机虽然重创了主要发达经济体，但欧美等发达国家的货币贬值，刺激了新兴国家旅客前往旅游消费，从而在一定程度上减缓了全球旅游出口额的降幅。

表 1-2 2005-2009 年世界服务出口分项目情况

项目	金额（亿美元）	增长率（%）			
年份	2009	2005-2009	2007	2008	2009
总额	33116	7	20	12	-13
运输	7035	5	20	16	-21
旅游	8543	6	15	11	-11
其他商业服务	17538	10	23	12	-10

数据来源：WTO 秘书处

（三）中国是主要服务贸易大国中唯一进口未出现衰退的国家

2009 年，中国服务进口与上年持平，是全球前三十大服务贸易经济体中唯一进口未出现衰退的国家，并跃居世界第四大服务进口国（详见附表 3）。

欧盟（27 国）作为全球服务贸易最重要的地区之一，2009 年在世界服务进出口总额中的占比为 42.7%，实现服务出口 15132 亿美元，同比下降 14%；进口 13290 亿美元，同比下降 13%；进出口降幅均超过世界平均降幅。其中，英国服务进出口降幅最为严重，服务出口和进口分别下降 16%和 19%，在世界前十大服务贸易国中降幅最大。

美国占据北美地区服务贸易的主导地位，是主要发达国家中服务进出口受创最轻的国家。2009 年实现服务出口 4702 亿美元，进口 3308 亿美元，出口和进口降幅均为 9%，继续成为全球最大的服务贸易出口国和进口国。

亚洲地区服务进出口下降幅度基本与全球平均水平相同。2009 年，亚洲服务出口 7505 亿美元，同比下降 13%；进口 7759 亿美元，同比下降 11%。主要经济体中（不含中国），中国香港服务出口和进口降幅最低，均较上年下降 6%。韩国服务出口为 559 亿美元，同比下降 25%；进口 741 亿美元，同比下降 19%。

（四）美国、英国和德国继续稳居世界服务进出口前三名

2009 年，服务贸易出口世界排名前五位的国家依次为美国、英国、德国、法国和中国，其出口额分别为 4702 亿美元、2397 亿美元、2148 亿美元、1404 亿美元和 1286 亿美元，占世界服务出口总额的比重依次为 14.2%、7.2%、6.5%、4.2%和 3.9%。进口方面，世界排名前五位的国家依次为美国、德国、英国、中国和日本，其进口额分别为 3310 亿美元、2554 亿美元、1599 亿美元、1581 亿美元和 1457 亿美元，占世界服务进口总额的比重依次为 10.6%、7.7%、4.8%、5.1%和 4.4%（详见附表 3）。美国、英国和德国继续保持世界服务进出口前三名的地位。

二、2009年中国服务贸易情况

（一）服务进出口情况

1. 总体情况分析

2009年，中国服务进出口（按国际收支口径统计，不含政府服务，下同）总额为2867.1亿美元，比上年下降5.8%。其中，出口1286亿美元，同比下降12.2%；进口1581.1亿美元，同比增长0.1%；出口和进口分别位居世界第五位和第四位。

（1）进出口规模缩减

受国际金融危机的影响，2009年中国服务进出口总额由上年的增长21.4%转为下降5.8%，回落27.2个百分点，此为1999年以来中国服务进出口规模的首次缩减。

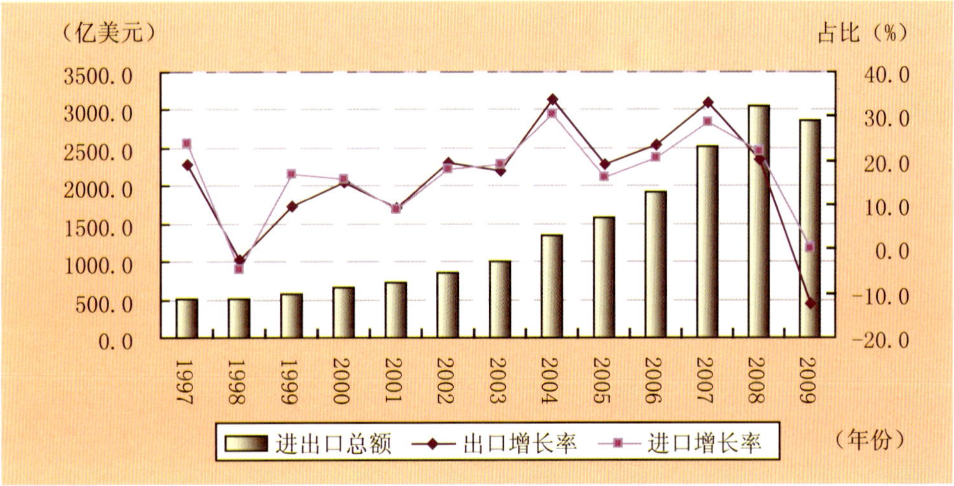

图1—1 1997—2009年中国服务进出口总额及增长情况

（2）贸易逆差显著增加

2009年，中国服务出口额大幅下降，而进口额与上年基本持平，由此导致服务贸易逆差显著增加。全年服务贸易逆差达295.1亿美元，比上年增长155.3%，是自1997年以来逆差最大的一年。主要逆差类别是运输服务、专有权利使用费和特许费、保险服务和旅游，逆差金额分别为230.1亿美元、106.4亿美元、97.1亿美元和40.3亿美元。

2009年，中国有五类服务实现顺差，其中其他商业服务、咨询、建筑服务、计算机和信息服务在顺差规模上排名前四，合计实现顺差180亿美元。

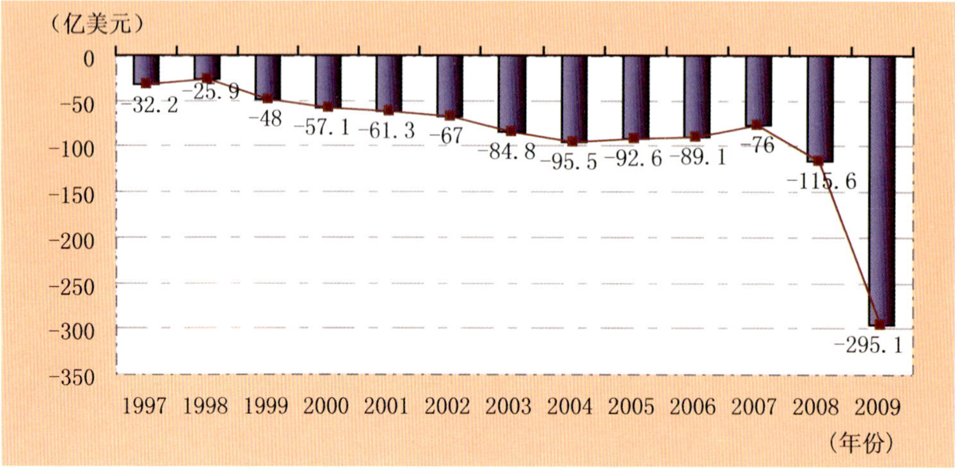

图 1－2　1997－2009 年中国服务进出口差额变动情况

（3）传统服务受危机影响较大

2009 年，运输服务和旅游两类传统服务贸易逆差显著增加。其中，运输服务进出口自 2000 年以来首次出现下降，出口 235.7 亿美元，同比下降 38.7%，增幅回落 61.3 个百分点；进口 465.7 亿美元，同比下降 7.5%，增幅回落 23.8 个百分点；逆差 230.1 亿美元，比上年增长 93.1%。

旅游出口 396.8 亿美元，同比下降 2.9%，增幅回落 12.6 个百分点；进口 437 亿美元，同比增长 20.9%，增速与上年基本持平；旅游由上年的顺差 46.9 亿美元转为逆差 40.3 亿美元。运输服务和旅游这两类传统服务进出口总额合计为 1535.2 亿美元，同比下降 7.4%，增幅回落 24.4 个百分点；在服务进出口总额中的合计占比略有下降，由上年的 54.4%降至 53.5%。

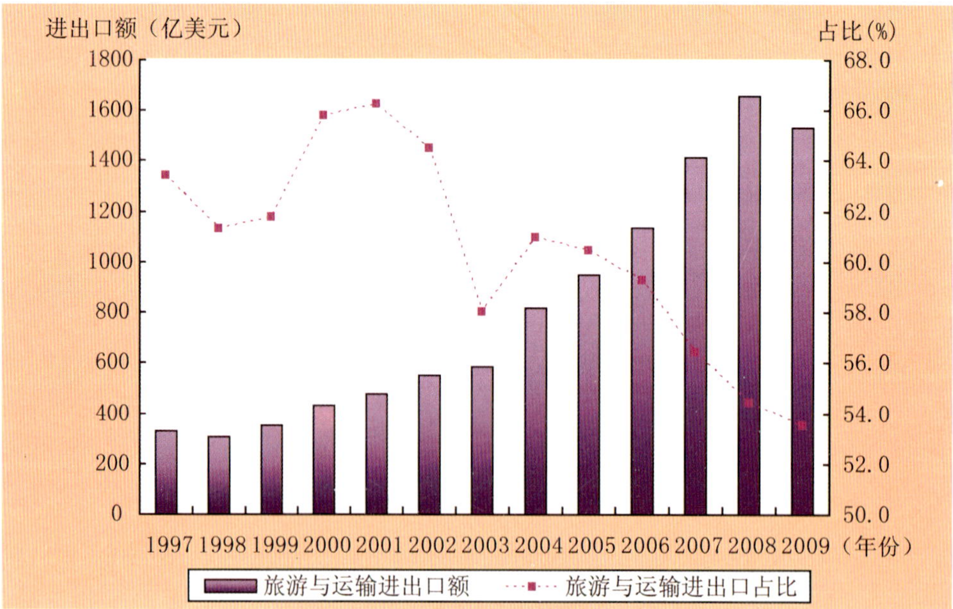

图 1－3　1997－2009 年中国旅游和运输服务进出口情况分析

（4）部分高附加值服务出口仍现高增长

2009 年，受国际金融危机影响，中国各类服务出口普遍受阻，出口增幅普遍回落。但金融服务、保险服务等高附加值服务出口受危机影响较小，在其他服务出口普遍下滑的局面下，仍保持两位数的高速增长。其中，金融服务出口 4.4 亿美元，同比增长 38.8%；保险服务出口 16 亿美元，同比增长 15.4%。

2. 国别（地区）分析

2009 年，中国服务进出口仍集中于中国香港、美国、欧盟、日本等地，对主要贸易伙伴出口均呈下降趋势，进口与上年基本持平。

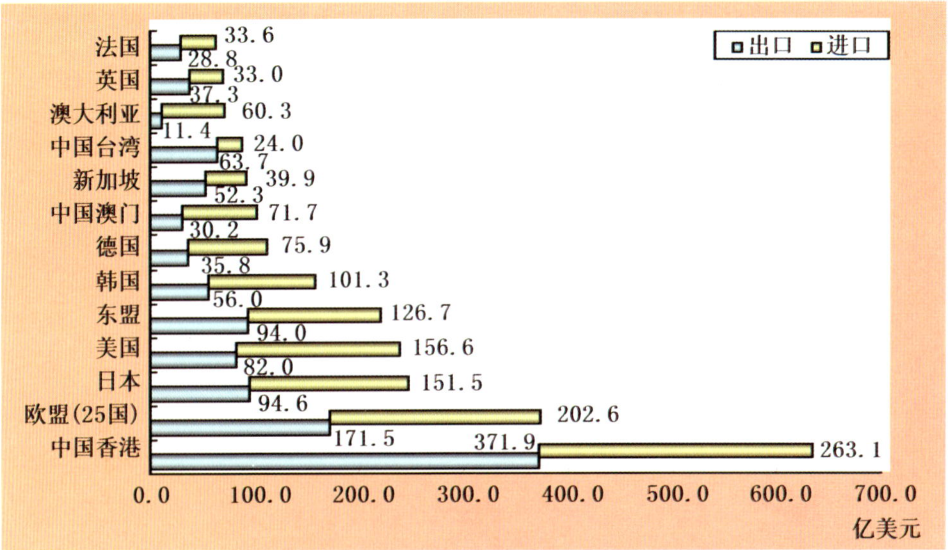

注：美国数据来源于美国商务部 BEA 的官网公布，其他数据来源于中国商务部。

图 1—4 2009 年中国对主要国家（地区）服务进出口情况分析

（1）前五大服务贸易伙伴占中国服务进出口比重减小

中国香港、欧盟（25 国）、日本、美国和东盟继续稳居中国对主要国家（地区）服务进出口前五位。2009 年中国与五大贸易伙伴实现服务进出口额 1714.7 亿美元，占中国服务进出口总额的 59.8%，比重同比下降 8.6 个百分点。其中中国香港仍居第一，中国对其进出口总额为 635 亿美元，同比下降 7.1%，占中国服务进出口总额的 22.1%，比重略有下降。其次是欧盟（25 国）、日本、美国和东盟，比重分别为 14.8%、8.6%、8.3%和 7.7%。

（2）中国香港为中国最重要的服务贸易伙伴

2009 年，中国香港为中国最大的服务出口目的地、进口来源地和顺差来源地。其中，中国对中国香港服务出口 371.9 亿美元，占中国服务出口总额的 28.9%；进口 263.1 亿美元，占中国服务进口总额的 16.6%；中国香港成为中国第一大服务进出口市场。此外，中国香港也是中国服务贸易顺差最大的来源地，顺差额为 108.8 亿美元，远高于其他国家（地区）。

中国对欧盟（25 国）、日本、东盟和美国的进、出口额均位居中国香港之后，占中国服务出口总额的比重分别为 13.3%、7.4%、7.3%和 6.4%，占中国服务进口总额的比重分别为 12.8%、9.6%、8%和 9.9%。

（3）美国、日本、澳大利亚和韩国为中国主要逆差来源国

2009 年，美国成为中国贸易逆差最大的伙伴国，日本、澳大利亚和韩国紧居其后。中国对美国服务贸易逆差大幅上涨，达 74.6 亿美元，同比增长 33.1%；对日本、澳大利亚和韩国的服务贸易逆差额分别为 56.9 亿美元、48.9 亿美元和 45.3 亿美元。

3. 服务结构分析

（1）运输服务、旅游占比进一步下降

运输服务在中国服务进出口中长期处于逆差。2009年，运输服务出口235.7亿美元，比上年下降38.7%；进口465.7亿美元，同比下降7.5%；逆差230.1亿美元，同比增长93.1%，逆差额居各类服务之首。旅游曾长期是中国服务贸易的顺差大项，但在2009年则出现较大规模逆差。2009年，旅游出口396.8亿美元，比上年下降2.9%；进口437亿美元，同比增长20.9%；由上年的顺差46.9亿美元转为逆差40.3亿美元。2006年以来，运输服务和旅游在服务进出口总额中的占比逐年下降，2009年这一比重下降至53.5%，低于2006年5.8个百分点。

（2）专有权利使用费和特许费贸易逆差略有扩大

2009年，专有权利使用费和特许费出口4.3亿美元，比上年下降24.7%；进口110.7亿美元，同比增长7.2%；逆差106.4亿美元，比上年略有扩大，逆差额仅低于运输服务。

（3）保险服务和金融服务出口大幅增长

2009年，中国保险服务进出口总额为129.1亿美元，比上年下降8.6%。其中，出口16亿美元，同比增长15.4%；进口113.1亿美元，同比下降11.3%；逆差97.1亿美元，同比减少14.5%。金融服务进出口总额为11.6亿美元，比上年增长32.1%。其中，出口4.4亿美元，同比增长38.8%；进口7.3亿美元，同比增长28.3%；逆差2.9亿美元，同比增长15.1%。

（4）建筑服务进口高速增长，顺差显著缩减

2009年，中国建筑服务进出口额153.3亿美元，比上年增长4.3%。其中，出口94.6亿美元，同比下降8.4%；进口58.7亿美元，同比上涨34.5%，增幅较大。进口的高速增长缩减了顺差规模，建筑服务由上年的顺差59.7亿美元减少为36亿美元，同比下降39.7%。

（5）部分高附加值服务进出口实现增长，且继续保持顺差

2009年，中国计算机和信息服务出口65.1亿美元，比上年增长4.2%；进口32.3亿美元，同比增长2.1%；顺差32.8亿美元，同比增长6.2%。咨询服务进出口总额为320.4亿美元，比上年增长1.1%；出口186.2亿美元，同比增长2.7%；进口134.2亿美元，同比下降0.9%；顺差52.1亿美元，同比增长13%。

（6）其他商业服务顺差额跃居各类服务之首

2009年，中国其他商业服务进出口总额为434.6亿美元，比上年下降11.5%。其中，出口246.9亿美元，同比下降5.1%，增幅回落1.7个百分点，波动不大；进口187.7亿美元，同比下降18.8%，增幅回落45.6个百分点，进口规模大幅缩减；顺差59.2亿美元，是上年顺差额的2倍。

（二）商业存在

《服务进出口总协定》定义的服务进出口模式三——商业存在，直接反映一国（地区）服务进出口领域的开放程度，是一国（地区）履行服务进出口领域开放承诺的直接体现。

1. 中国境内商业存在

2009年，中国新批设立外商投资企业23435家，比上年下降14.8%，实际使用外资金额900.3亿美元，同比下降2.6%。其中，服务业（WTO部门分类，下同）新批设立外商投资企业11461家，同比下降14.9%，占同期全国新批设立外商投资企业的48.9%，实际使用外资金额378.7亿

美元，同比下降 0.7%，占同期中国吸收外商直接投资实际使用金额的 42.1%（以上数据不包括银行、保险、证券领域吸收外商直接投资）。

2009 年，中国服务业吸收外商直接投资呈现以下特点：

（1）房地产业实际使用外资大幅增长。

2009 年，外商投资房地产业新设立企业 569 家，同比增长 25.9%；实际使用外资金额 168 亿美元，同比下降 9.7%。

（2）建筑及相关工程服务业实际使用外资降幅最大。

2009 年，建筑与相关的工程服务业新设立外商投资企业 220 家，同比下降 16%；实际使用外资金额 6.9 亿美元，同比下降 36.7%。

（3）金融服务业实际使用外资大幅下降。

2009 年，金融服务业（除银行、证券、保险以外的金融业务）新设立外商投资企业 52 家，同比增长 108%；实际使用外资金额 4.6 亿美元，同比下降 20.3%，占中国服务业实际使用外资金额的 1.2%。

（4）其他社会服务业实际使用外资增长较快。

2009 年，其他社会服务业新设立外商投资企业 148 家，同比下降 18.4%；实际使用外资金额 15.7 亿美元，同比增长 184.9%，占中国服务业实际使用外资金额的 4.1%。

2. 境外中国商业存在

2009 年，受金融危机影响，全球经济进入低谷期，这为中国企业适时参与国际投资合作提供了良好的机遇。2009 年，中国服务业[①]对外直接投资 397.7 亿美元，比上年下降 13.7%，占当年中国对外直接投资总额的 70.4%，比 2008 年减少 12.1 个百分点。其中，金融类对外直接投资 87.3 亿美元，同比下降 37.9%，占当年中国服务业对外直接投资总额的 22%。

2009 年，中国服务业对外直接投资呈现以下特点：

（1）交通运输、仓储和邮政业，批发和零售业，金融业，租赁和商务服务业是中国对外直接投资的主要行业。

2009 年，交通运输、仓储和邮政业对外直接投资 20.7 亿美元，同比下降 22.1%；批发和零售业对外直接投资 61.4 亿美元，同比下降 5.8%；金融业对外直接投资 87.3 亿美元，同比下降 37.8%；租赁和商务服务业对外直接投资 204.7 亿美元，同比下降 5.7%；这四个行业对外直接投资总额为 374.1 亿美元，占当年中国服务业对外直接投资的比重为 94.1%。

（2）金融业对外投资下降幅度最大，科研、技术服务和地质勘查业以及房地产业、住宿和餐饮业增幅较大

2009 年，金融仍占中国服务业对外直接投资的较大比重，但由于上年金融业对外直接投资的飞速增长，基数较大，因此 2009 年出现较大降幅，同比下降 37.8%。

2009 年，在其他行业不同程度地出现对外投资萎缩的情况下，科研、技术服务和地质勘查业以及房地产业、住宿和餐饮业对外投资呈高速增长。其中，科研、技术服务和地质勘查业对外直接投资 7.8 亿美元，同比增长 365%；房地产业对外直接投资 9.4 亿美元，同比增长 176.7%；批发和零售业对外直接投资 0.7 亿美元，同比增长 153.8%。

① 遵照《国民经济产品分类》（GB/T4754—2002）标准

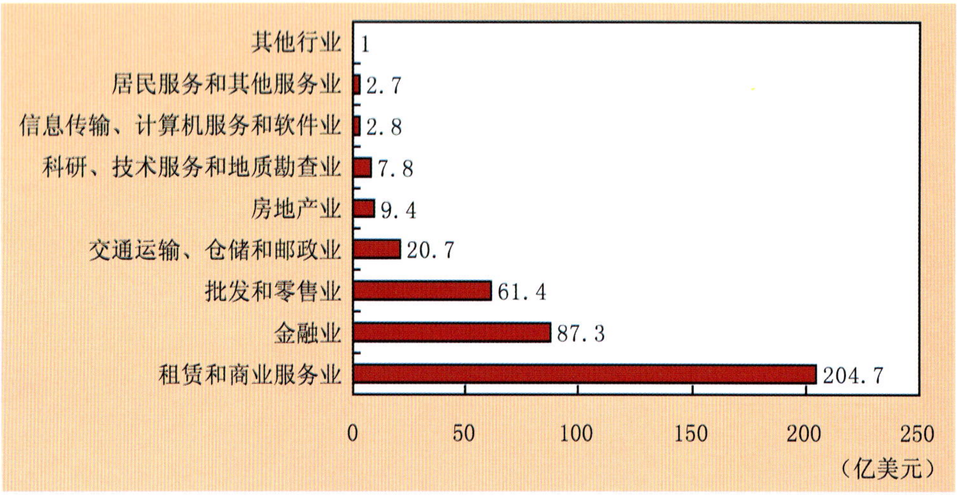

图1－5 2009年中国服务业对外直接投资行业分布情况

（3）银行业是金融类对外直接投资的主要行业。

截至到2009年末，金融类对外直接投资存量459.9亿美元，其中银行业金融类对外投资366亿美元，占比达79.6%；保险业金融类对外投资5.1亿美元，占3.1%；证券业金融类对外投资14.4亿美元，占3.1%；其他金融类对外投资74.4亿美元，占16.2%。截至到2009年末，中国国有商业银行共在美国、日本、英国等28个国家和地区设有50家分行、18家附属机构，就业人数达3万人，其中雇佣外方员工2.9万人。

（4）中国香港、欧盟是中国服务业对外直接投资的主要目的地。

2009年，中国内地对香港地区的服务业直接投资为289.2亿美元，占中国服务业对外直接投资的72.7%。主要流向租赁和商务服务业、金融业、批发和零售业，这三个行业占中国内地对香港地区服务投资总额的比重分别为48.2%、25.9%和16.8%。中国对欧盟的服务业直接投资为26.7亿美元，占中国服务业对外直接投资的6.7%。主要流向为租赁和商务服务业、金融业，这两个行业占中国对欧盟服务业投资总额的比重分别为86.7%和7.9%。

（三）自然人移动

1. 中国赴境外劳务人员情况

（1）总体情况

2009年，中国派出各类劳务人员（包括对外工程承包和对外劳务合作两项中的劳务提供者）39.5万人，比上年下降7.5%；年末在外各类劳务人员77.8万人，较上年增加3.8万人。截至2009年底，中国累计派出各类劳务人员502万人。

2009年，中国对外劳务合作完成营业额89.1亿美元，同比增长10.6%，增幅比上年下降8.5个百分点；新签合同额71.7亿美元，同比下降1.2%。截至2009年底，中国对外劳务合作累计完成营业额648亿美元；合同额674亿美元。

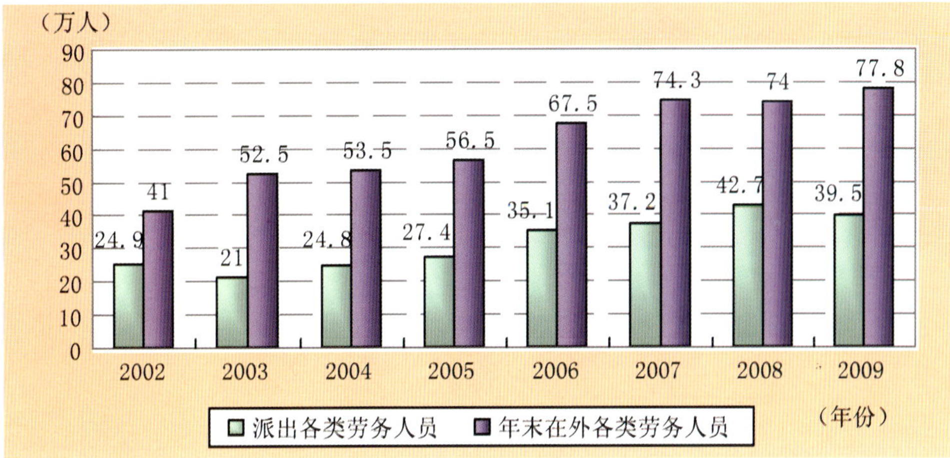

图 1－6　2002－2009 年中国派出各类劳务人员及年末在外劳务人数

(2) 国别(地区)情况

2009 年，中国各类劳务人员主要派往日本、新加坡、阿尔及利亚、利比亚和安哥拉。派往上述各地的劳务人员分别有 5.7 万人、2.9 万人、2.3 万人、2.2 万人和 2.2 万人，分别占全部派出人数的 14.5%、7.4%、5.7%、5.6%和 5.5%。截至 2009 年末，中国各类在外劳务人员累计人数最多的是日本、新加坡、中国澳门、阿尔及利亚和韩国，人数分别为 16.3 万人、8.4 万人、5 万人、5 万人和 3.7 万人，占年末在外总人数的比重依次为 20.9%、10.8%、6.4%、6.4%和 4.8%。

2009 年，中国对外劳务合作派出人数主要集中在日本、新加坡、中国澳门和中国台湾等亚洲国家和地区，2009 年分别派出 5.7 万人、2.4 万人、1.9 万人、1.1 万人，占对外劳务合作派出总人数的比重依次为 31.6%、13.3%、10.4%、6.1%。

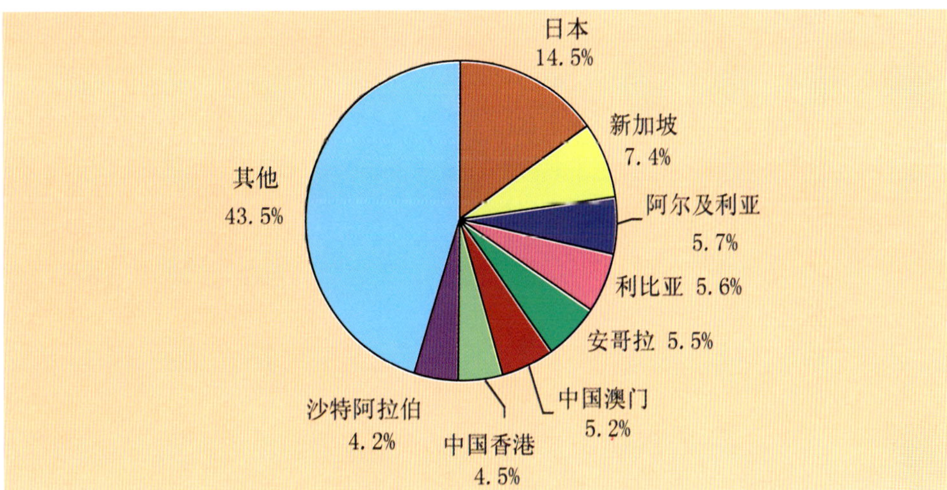

图 1－7　2009 年中国派出各类劳务人员分国别(地区)情况

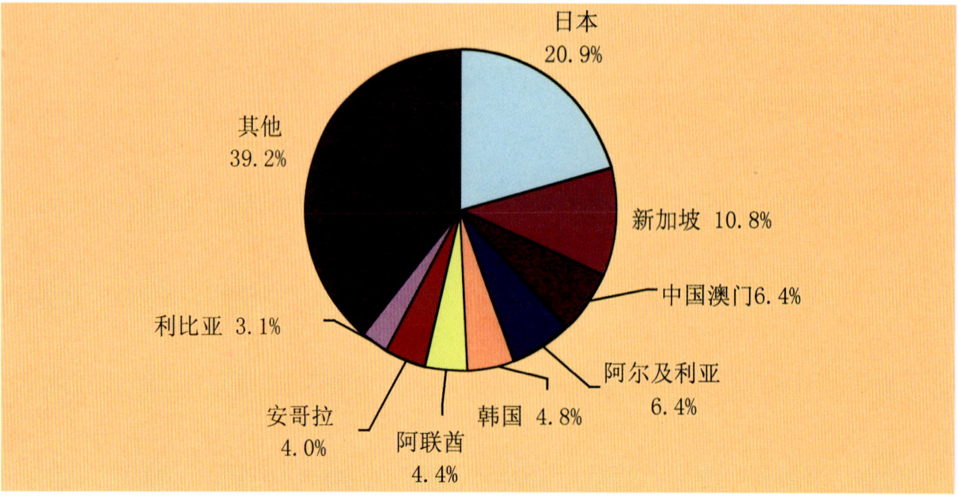

图1—8 截至2009年年底中国在外各类劳务人员分国别（地区）情况

（3）行业情况

中国在外劳务人员集中分布在建筑业和制造业。2009年年底，建筑业和制造业在外劳务人员分别为34.2万人和18.7万人，依次占中国在外劳务总人数的43.9%和24%。农、林、牧、渔业和交通运输业在外劳务人员分别为7.5万人和4.5万人，占比依次为9.6%和5.8%。

（4）省市情况

2009年，中央企业派出人数7.5万人，比2008年增长18%，比上年下降12.6个百分点，占派出总人数的19.1%。其中，山东省由上年的位列第三跃居第一，全年派出4.6万人，同比增长1.8%。江苏省位列第二，派出各类劳务人员3.6万人，同比下降24.5%。

从2009年末在外劳务人数来看，中央企业最多，为12.7万人，占全国年底在外总人数的16.3%；江苏省和山东省分列第二、第三，在外人数分别为10万人和9.6万人，占年底在外总人数的12.8%和12.4%。

2009年，中央企业对外劳务合作完成营业额39.8亿美元，比2008年增长33.8%，占全年完成营业额的44.6%，位居第一；山东省完成营业额8.4亿美元，同比下降3%，占比为9.4%，排名第二；江苏省位列第三，完成营业额7.5亿美元，同比增长5.3%，增幅较上年增加4.7个百分点，占比仍为8.4%，与上年持平。

三、“十一五”期间中国服务贸易快速发展

（一）中国向服务贸易大国迈进

1. 服务贸易规模迅速扩大

2005—2009年，中国服务进出口总额从1571亿美元增长到2867.1亿美元，年均增长16.2%。中国服务进口、出口的世界排名分别从2005年的第七位、第九位升至2009年的第四位、第五位，中国已成为全球服务贸易的重要国家。

2. 服务贸易结构渐趋优化

“十一五”以来，中国旅游、运输等传统行业在服务进出口总额中的占比逐年下降，保险、计

算机和信息服务、咨询等新兴行业的占比逐步上升，但比重仍较低。

3. 重点领域服务出口取得显著成效

“十一五”以来，中国按照“继续巩固、积极推进、重点培育”三个层次推动服务出口。一是继续巩固运输、旅游、建筑等行业领域的规模优势。2009 年，中国运输出口 235.7 亿美元，比 2005 年增长 52.8%；旅游出口 396.8 亿美元，比 2005 年增长 35.4%；建筑服务出口 94.6 亿美元，年均增长 38.2%。二是积极推进文化、广播影视、教育、中医药服务等有中国特色的服务出口。中国文化服务出口起步较晚，但数量增速快，内涵逐步深化，海外市场日渐扩大。三是重点培育电信、金融、计算机和信息服务、出版、传媒、咨询等现代服务贸易。2005—2009 年，电信服务出口年均增长 25.4%，增加到 12 亿美元；金融服务出口年均增长 28.9%，增加到 4.4 亿美元；计算机和信息服务出口年均增长 37.1%，增加到 65.1 亿美元。

4. 服务业对外开放有序推进

加入世贸组织以来，中国按照承诺逐步取消服务领域对外资在地域、股权和业务范围等方面的限制，服务贸易各领域实际利用外资呈现良好的发展势头，中国成为全球服务贸易争夺的热点地区。

5. “走出去”战略稳步推进

中国境外商业存在的服务出口刚刚起步，但增长迅速，在对外投资中的比重快速上升。2005—2009 年，占服务业对外投资主导地位的新兴服务业高速增长。2009 年，租赁和商务服务业对外直接投资达 204.7 亿美元（比 2005 年翻了两番），占 2009 年服务业对外直接投资总额的 36.2%。

（二）服务贸易制度不断完善

1. 服务贸易管理机制更加健全

一是确立了服务贸易发展工作的管理机制。2006 年，商务部成立服务贸易司，专门负责服务贸易发展规划、服务贸易促进、服务贸易统计、技术贸易管理等工作。二是建立了服务贸易发展工作的部际联系机制。2007 年、2010 年，分别建立了服务贸易跨部门联系机制、文化出口重点企业和项目相关工作部际联系机制。三是强化了对地方服务贸易发展工作的指导和联系机制。2008 年，商务部和上海市政府签署《关于共同推进上海市服务贸易发展的合作协议》，鼓励国家服务贸易政策在上海先行先试。此外，国家认定北京、天津、上海等 21 个服务外包示范城市，给予多方面的政策支持。四是建立和完善与国际组织、外国政府的工作联系机制。中国已与欧盟建立了服务贸易工作部门对话机制，与六大国际组织和美、英、日等主要发达国家的政府部门建立了工作联系。

2. 服务贸易促进体系更加完善

一是服务贸易领域的社会中介组织建设取得实质性进展。2007 年，国务院批准成立中国服务贸易协会，商务部会同各相关部门组成了中国服务贸易协会指导委员会。2008 年以来，中国服务贸易协会陆续成立了通信与信息服务贸易专业委员会、文化贸易专业委员会等专业委员会。二是服务贸易信息服务工作扎实推进。2006 年，商务部设立“中国服务贸易指南网”。三是服务贸易交流交易平台进一步拓展。“十一五”以来，中国成功举办了中国服务贸易大会、中国（香港）国际服务贸易洽谈会、中国（大连）国际软件和信息服务交易会、中国（深圳）国际文化产业博览交易会、中国国际服务贸易（重庆）高峰会等大型展会，在服务贸易领域逐步形成了覆盖面广、重点突出的会展格局。

3. 服务贸易基础工作更加巩固

一是建立和完善服务贸易统计制度和体系。2007年，商务部、国家统计局联合发布《国际服务贸易统计制度》；中国服务贸易统计数据库建立。2010年，商务部、国家统计局联合修订《国际服务贸易统计制度》。二是服务贸易发展与促进的理论研究取得了长足进步，为服务贸易政策制订提供了重要的借鉴。2006年以来，商务部牵头完成了货物贸易与服务贸易协调发展等方面的服务贸易发展理论和政策问题研究；组织翻译部分国家服务贸易相关法律法规；积极开展月报、快报、年度报告、《服务贸易简报》、《中国服务贸易发展报告》、《中国软件出口发展报告》等的编撰工作。三是进一步加强服务贸易工作队伍建设。2006年以来，商务部组织落实“人才强商”工程，每年组织地方商务系统开展服务贸易综合知识、统计分析、重点领域服务出口扶持政策等方面的业务培训。

（三）服务贸易发展环境不断优化

1. 保障服务贸易发展的法律体制进一步健全

加入世贸组织以来，中国及时修订各服务行业立法，确保相关法律法规与WTO规则接轨。近年来，商务部陆续修订了技术进出口管理等方面的法律文件，以加大技术贸易促进力度。

2. 鼓励服务贸易发展的政策体系进一步完善

“十一五”以来，国务院陆续出台《关于加快发展服务业的若干意见》、《关于加快发展服务业若干政策措施的实施意见》等促进服务业发展的政策措施，为夯实服务业产业基础、促进服务贸易发展创造了政策环境。各服务行业主管部门迈出改革开放的新步伐，国有银行股份制改革、电信企业调整重组、文化新闻出版体制改革以及税收、价格、收费等方面的改革稳步推进。商务部会同有关部门制定了《服务贸易“十一五”发展规划纲要》，制定（修订）了技术进出口、文化产品和服务出口等方面的指导目录，在会计、信息服务、文化出口等领域出台了一系列政策措施。各地也加大了政策支持力度，很多省（区、市）出台了加快发展服务业的政策文件，上海专门就服务贸易发展制定了中长期发展规划和实施意见。

3. 服务业对外开放新格局初步形成，服务贸易交流与合作渠道进一步拓展

“十一五”以来，世界贸易组织（WTO）和服务贸易协定（GATS）框架下的服务业对外开放有序推进。目前，中国在航运、公路运输、旅游、计算机与信息服务、建筑服务、广告、文化、法律等领域的开放承诺都已兑现，金融领域的对外开放也在日益深化。自由贸易区（FTA）框架下的服务贸易交流与合作进一步深化。在中国对外商谈的自贸区协议中，均包括服务贸易自由化的内容。中国还与东盟、智利、巴基斯坦等国家（地区）签署了专门的服务贸易协议。对港澳台服务贸易交流与合作也进一步深化。服务贸易是中央政府与香港、澳门特区政府签署的《关于建立更紧密经贸关系的安排》（CEPA）及其七个补充协议的核心内容。2010年6月，两岸签署《海峡两岸经济合作框架协议》（ECFA），内容涵盖货物贸易和服务贸易。

四、“十二五”期间中国服务贸易规模将继续稳步扩大

“十二五”时期，中国服务贸易规模将稳步扩大；结构将渐趋优化，知识密集、技术密集和高附加值现代服务贸易占中国服务贸易出口总额的比重将显著提高；区域服务贸易发展将渐趋协调；

国际竞争力将不断增强；服务业对外开放水平也将日益提升。商务部将采取措施推进服务贸易健康快速发展。

（一）完善服务贸易管理和促进机制

完善全国服务贸易协调管理机制，统筹宏观规划、政策协调、贸易促进、调查统计、对外谈判等工作。充分发挥服务贸易跨部门协调机制的统筹及引导作用，构建由政府部门、商协会、促进机构以及服务贸易企业组成的服务贸易促进体系。大力开展国际服务贸易交流交易平台建设，开展多种形式的服务贸易促进活动。充分发挥服务贸易行业协会在加强行业自律、保护企业利益、维护市场秩序等方面的作用。加强对重点行业的引导支持，密切与行业内重点企业的联系，有针对性地开展服务贸易促进工作。继续办好“中国服务贸易指南网”。

（二）健全服务贸易法律法规体系和规范体系

在符合世贸组织规则的条件下，研究制定促进服务贸易发展的法律法规。逐步建立和完善服务贸易相关行业的法律法规，规范服务进出口。遵循和借鉴国际规则，研究制订服务提供者服务质量、服务贸易企业经营活动的标准与规范。加强服务贸易领域知识产权保护。

（三）完善支持服务贸易发展的政策体系

制定和完善支持服务贸易发展的财政税收政策。研究制定鼓励服务贸易发展的专项政策。继续加强对服务外包的资金支持。研究制定鼓励服务贸易发展的税收优惠政策。加大金融机构对服务出口企业的支持力度。推动中小企业信用担保体系建设，积极搭建中小企业融资平台。完善出口信用保险机制。进一步完善服务贸易外汇管理，便利服务贸易外汇收支。

（四）完善服务贸易统计体系

完善服务贸易统计指标体系，建立科学、统一、全面、协调的统计调查制度和信息管理制度，不断提高服务贸易统计数据的科学性和准确性。完善服务贸易统计数据库，建设公共信息服务平台。做好进出口运行分析，为企业开拓市场和政府管理提供信息支持，进行服务贸易统计预测。

（五）加强服务贸易研究和人才队伍建设

加强服务贸易理论和政策研究。落实和完善各项培养服务贸易人才政策。提高公共管理人才水平。加强服务贸易从业人员的学历教育、职业培训和岗位技能培训。加强培养和着力引进金融、保险、信息、商务中介等行业急需人才。

（六）积极推进服务贸易便利化

通过多双边谈判为服务贸易企业海外投资和服务出口创造良好环境。建立和完善与服务贸易特点相适应的口岸通关管理模式，对以实物载体形式出口的服务提供通关便利。鼓励和帮助企业获得国际市场所必需的资质认证，为专业人才和专业服务“走出去”提供便利。

（七）深化服务贸易的交流与合作

继续履行加入世贸组织的服务开放承诺。深化区域经济安排中的服务贸易发展与合作。推进自由贸易区安排中的服务贸易交流与发展。深化内地与港澳在CEPA框架下、两岸在ECFA框架下的服务贸易交流与合作。积极发挥中国驻外使领馆和经商机构在促进服务贸易领域的国际交流与合作方面的作用。

第二部分

专题篇

世界服务贸易发展的特点与变化态势

2009年，金融危机重创全球经济，世界经济出现全面衰退，国际市场萎缩，进口需求减少，尤其是发达国家需求锐减，再加上信贷紧缩、贸易融资环境恶化和贸易保护措施增强，致使国际服务贸易严重受挫。

一、2009年世界服务贸易发展的特点

（一）服务贸易增速大幅下滑，贸易额严重萎缩

据世界贸易组织（WTO）统计，2009年，全球货物出口额下降23%，跌至12.15万亿美元，贸易量下降12.2%，创下二战后最大跌幅。世界服务贸易出口额3.31万亿美元，较上年下降了13%，这是自1983年以来的首次负增长。服务贸易进口额为3.11万亿美元，缩减了12%（见表2—1、表2—2）。

表2—1 2005—2009年世界货物与服务贸易发展情况

	金额（万亿美元）	年增长率（%）			
	2009	2005—2009	2007	2008	2009
货物出口	12.147	4	16	15	—23
服务出口	3.312	7	20	12	—13

资料来源：世界贸易组织2010年3月26日贸易快讯，WTO 2010 Press Releases，Trade to expand by 9.5% in 2010 after a dismal 2009，http：//www.wto.org/english/news_e/pres10_c/pr598_e.htm

表2—2 世界服务贸易进出口额与增长率

	金额（亿美元）			年增长率（%）									
	1980	2000	2009	2000	2001	2002	2003	2004	2005	2006	2007	2008	2009
服务出口	3650	14928	33116	6.2	0.35	7.3	14.6	20	10.9	10.6	19	12	—13
服务进口	4024	14766	31145	6.5	1.2	5.9	14	18.9	10.6	10.3	16	11	—12

资料来源：WTO International Trade Statistics（2001—2007），p3；1980和2009年数据来自WTO International Trade Statistics Database，http：//stat.wto.org/StatisticalProgram

（二）服务贸易三大类别均为负增长，运输服务下降幅度最大

2009年，服务贸易三大类别均出现负增长，其中，运输服务下降幅度最大，出口额缩减了21%，占比由2008年的23.4%下降到21.3%。旅游服务和其他商业服务出口额分别下跌了11%和

10%（见表2—3）。运输服务之所以有如此大的降幅，是因为运输与货物贸易密切相关，在货物贸易大幅萎缩的背景下，运输服务需求下降，与航运相关的经济活动减少，波罗的海干散货指数(Baltic Dry Index，BDI)、集装箱、港口运输量、海运费率等指标全面走低，运输服务贸易严重受挫。私人投资和与住房相关的消费下降，导致旅游和商业服务受到较大影响，H1N1型流感也在一定程度上影响了旅游服务贸易。其他商业服务的下滑则主要源于金融服务部门。受金融危机影响，银行管理的资产价值降低，导致佣金和服务费减少，金融服务出口值萎缩。信息与计算机服务也受到负面影响。据美国市场研究公司Gartner报告提供的数据，2009年，全球信息技术（IT）服务收入总额为7630亿美元，较2008年的8050亿美元下滑了5.3%。

表2—3 2009年全球服务贸易主要部门出口情况

	出口额（万亿美元）	年增长率（%）				比重（%）	
	2009	2005—2009	2007	2008	2009	1980	2009
全球服务贸易总额	3.312	7	20	12	−13	100	100
其中：运输服务	0.704	5	20	16	−21	36.8	21.3
旅游服务	0.854	6	15	11	−11	28.4	25.8
其他服务	1.754	10	23	12	−10	34.8	52.9

资料来源：WTO International Trade Statistics Database，http：//stat. wto. org/StatisticalProgram

（三）服务业外国直接投资萎缩，通过商业存在实现的服务贸易受阻

国际金融危机同样冲击了外国直接投资（FDI），导致投资规模大幅下挫。联合国贸易和发展会议（UNCTAD）报告显示，2009年FDI流入继续走低，仅为1.1万亿美元，减少了37%，FDI流出下降了43%，约1.1万亿美元。三大产业均受到严重影响，不仅波及了对经济周期敏感的产业，甚至那些在2008年表现出较强抗周期特性、相对有弹性的行业也未能幸免。国际金融危机对跨国并购的冲击尤为严重，2009年全球跨国并购额为2500亿美元，骤减了64.6%[①]。其中，服务业部门的跨国并购销售额缩减了56.6%，并购案例数减少了33%。绝大多数服务行业受到严重影响，如金融业、商业服务业和贸易并购销售额分别骤减了86.5%、83.2%和76.5%；运输、仓储和通讯下降了52.9%（见表2—4）。仅有少数部门通过跨国并购，投资额比上年有所增长，如电力服务、电信业和建筑业。绿地投资项目数也出现了较大幅度的萎缩，其中，宾馆和旅游、金融服务以及商业服务的绿地投资项目数分别下降了33.1%、21.6%和19.7%（见表2—5）。由于商业存在是服务贸易的主要形式[②]，服务业跨国并购和绿地投资的减少直接导致了国际服务贸易的萎缩。

① UNCTAD，WORLD INVESTMENT REPORT 2010：Investing in a Low—Carbon Economy，P10

② 据WTO估计，目前通过商业存在实现的服务贸易约占一半，大约是跨境提供的1.5倍。WTO，International Trade Statistics（2005），P8

表 2—4 2008—2009 年全球跨国并购销售额与案例数

部门/产业	并购销售额（亿美元）			并购案例数（个）		
	2008	2009	增长率（%）	2008	2009	增长率（%）
第一产业	900	480	－46.7	486	433	－10.9
制造业	3260	760	－76.7	1976	1153	－41.6
服务业	2900	1260	－56.6	3962	2653	－33.0
电力、煤气和水供应	490	620	26.5	159	130	－18.2
建筑业	20	100	400.0	114	96	－15.8
贸易	170	40	－76.5	590	324	－45.1
运输、仓储和通讯	340	160	－52.9	343	211	－38.5
金融	740	100	－86.5	563	458	－18.7
商业服务业	1010	170	－83.2	1681	1109	－34.0

资料来源：UNCTAD，WORLD INVESTMENT REPORT 2010：Investing in a Low—Carbon Economy，P10。增长率系作者计算。

表 2—5 2008—2009 年绿地投资项目数

单位：个

部门/产业	2008	2009	增长率（%）
宾馆和旅游	553	370	－33.1
运输、仓储和通讯	1269	1133	－10.7
通讯	594	544	－8.4
金融服务	1616	1267	－21.6
商业服务	3647	2927	－19.7

资料来源：UNCTAD，based on information from Financial Times Ltd，fDi Markets，www.fDimarkets.com。增长率系作者计算。

（四）不同地区服务贸易均出现下滑，独联体国家领跌

2009 年，世界不同地区服务贸易均出现了不同程度的下滑（见表 2—6）。北美服务贸易出口和进口下降了 10%，分别为 5420 亿美元和 4300 亿美元。欧洲服务贸易出口 16750 亿美元，进口 14280 亿美元，分别下降了 14%和 13%。其中，欧盟 27 国服务贸易出口和进口分别为 15130 亿美元和 13290 亿美元，降幅与欧洲持平。德国保持了自 2008 年以来欧洲最大服务贸易国的地位，其服务贸易出口 2148 亿美元，进口 2554 亿美元，分别比上年下降了 11%和 10%；英国服务贸易下降幅度最大，出口 2397 亿美元，下降了 16%，进口 1599 亿美元，下降了 19%，高于欧洲整体降幅；法国、意大利和西班牙服务出口降幅基本与欧洲和世界平均水平相当。

2009 年，独联体国家服务贸易出现大逆转，非但没能延续 2007 年和 2008 年的高增长，反而大幅下滑，其服务贸易出口和进口额分别为 690 亿美元和 910 亿美元，分别比上年减少了 18%和 21%，成为服务贸易下降幅度最大的地区。

中南美洲和非洲服务贸易分别下降了 8%和 11%，低于世界平均水平；中东和亚洲服务出口和

进口的下降幅度基本与世界平均水平一致。亚洲各经济体中，中国香港服务贸易下降幅度较小，为6%；韩国下降幅度最大，服务贸易出口559亿美元，进口741亿美元，分别比上年下降了25%和19%；中国服务贸易出口下降了12%，服务进口零增长。

表 2—6　2009 年世界不同地区服务贸易额及增长率

单位：亿美元

	出口					进口				
	贸易额	增长率（%）				贸易额	增长率（%）			
	2009	2005—2009	2007	2008	2009	2009	2005—2009	2007	2008	2009
世界	33116	7	20	12	−13	31145	7	19	13	−12
北美	5420	6	15	9	−10	4300	4	9	7	−10
美国	4702	7	16	10	−9	3308	4	8	8	−9
中南美洲	1000	9	18	16	−8	1110	12	22	21	−8
巴西	263	15	26	27	−9	441	18	28	28	−1
欧洲	16750	7	21	12	−14	14280	6	19	11	−13
欧盟 27 国	15130	7	21	11	−14	13290	6	19	11	−13
英国	2397	4	20	2	−16	1599	0	15	1	−19
德国	2148	8	18	11	−11	2554	5	16	11	−10
法国	1404	4	16	10	−14	1241	4	16	10	−12
西班牙	1223	7	20	12	−14	865	7	23	9	−17
意大利	1009	3	13	7	−15	1136	6	21	8	−11
独联体（CIS）	690	13	27	28	−18	910	11	30	26	−21
俄罗斯	419	14	27	30	−17	601	12	32	29	−19
乌克兰	133	10	26	27	−23	108	11	29	43	−32
非洲	780	9	19	19	−11	1170	14	28	27	−11
埃及	210	10	24	25	−15	135	9	27	25	−17
摩洛哥	121	13	24	12	−5	64	20	27	24	13
南非	112	0	13	−8	−9	138	4	16	3	−16
中东	960	11	16	20	−12	1620	14	32	18	−13
以色列	219	6	10	14	−9	173	6	20	13	−12
亚洲	7510	9	22	14	−13	7760	8	18	14	−11
中国	1287	15	33	20	−12	1575	17	29	22	0
日本	1243	5	10	15	−15	1457	4	11	10	−11
中国香港	863	8	16	9	−6	442	7	15	11	−6
印度	863	—	25	18	—	744	—	21	26	—
新加坡	737	8	26	3	−11	739	8	16	6	−6

续表

	出口					进口				
	贸易额	增长率（%）				贸易额	增长率（%）			
	2009	2005—2009	2007	2008	2009	2009	2005—2009	2007	2008	2009
韩国	559	6	28	20	−25	741	6	21	12	−19
中国台湾	309	5	7	11	−10	293	−2	8	0	−15

资料来源：各国贸易额数据来自 WTO International Trade Statistics Database，http://stat. wto. org/StatisticalProgram，其他数据来自世界贸易组织 2010 年 3 月 26 日贸易快讯，Trade to expand by 9.5% in 2010 after a dismal 2009，WTO reports，WTO 2010 Press Releases — Trade to expand by 9.5% in 2010 after a dismal 2009，WTO reports — Press—598. htm

（五）主要服务贸易经济体进出口额明显滑坡，排名微调

2009 年，主要服务贸易经济体服务进出口均出现了不同程度的下滑，但排名情况与 2008 年比变化不大。在出口排序中，位居前八位的与 2008 年完全一致。美国服务贸易出口额下降了 9%，国际市场占有率[①]维持在 14%。英国服务出口额下降了 16%，国际市场占有率也从 7.6%降至 7.2%。德国占世界服务出口的比重从 2007 年和 2008 年的 6.3%提升到 6.5%。法国排名保持第四。中国服务贸易出口额 1287 亿美元，同比下降 12%，世界排名和国际市场占有率与 2008 年相同。日本、西班牙和意大利服务出口分别下降了 15%、14%和 15%，国际市场占有率均比上年有小幅下降。印度服务出口下降了 16%，从 2008 年的第九位下降到 2009 年的第十二位，国际市场占有率从 2.8%降至 2.6%。进口排序中，中国取代日本位居第四，服务贸易逆差达 288 亿美元，比上年增长 1.6 倍。韩国服务进口额缩减 19%，从 2008 年的第十位降至第十三位，逆差 182 亿美元。印度服务进口减少了 11%，占世界服务进口总额的比重从 2008 年的 2.6%降至 2.4%，但仍为顺差国，顺差 119 亿美元（见表 2—7）。

表 2—7　2009 年世界主要经济体服务贸易排名

单位：亿美元

出口					进口				
排名	经济体	金额	占比（%）	增长率（%）	排名	经济体	金额	占比（%）	增长率（%）
1	美国	4702.17	14.20	−9	1	美国	3307.59	10.62	−9
2	英国	2397.13	7.24	−16	2	德国	2554.28	8.20	−10
3	德国	2147.99	6.49	−11	3	英国	1598.83	5.13	−19
4	法国	1403.75	4.24	−14	4	中国	1575.00	5.06	0
5	中国	1287.00	3.89	−12	5	日本	1456.58	4.68	−11
6	日本	1243.15	3.75	−15	6	法国	1240.97	3.98	−12
7	西班牙	1222.64	3.69	−14	7	意大利	1135.68	3.65	−11

① 国际市场占有率等于一国某种产品或服务的出口额与该产品或服务世界出口总额之比。这一指标在一定程度上反映了一国在贸易出口方面的地位和竞争能力。

续表

出口					进口				
排名	经济体	金额	占比（%）	增长率（%）	排名	经济体	金额	占比（%）	增长率（%）
8	意大利	1009.47	3.05	−15	8	爱尔兰	1035.67	3.33	−5
9	爱尔兰	946.39	2.86	−7	9	荷兰	873.63	2.81	−5
10	荷兰	918.21	2.77	−11	10	西班牙	865.36	2.78	−17
11	中国香港	863.23	2.61	−6	11	加拿大	771.90	2.48	−11
12	印度	862.55	2.60	−16	12	印度	743.87	2.39	−11
13	比利时	745.99	2.25	−11	13	韩国	741.49	2.38	−19
14	新加坡	736.53	2.22	−11	14	新加坡	739.27	2.37	−6
15	瑞士	682.11	2.06	−11	15	比利时	719.90	2.31	−12

资料来源：WTO International Trade Statistics Database，http：//stat. wto. org/StatisticalProgram。占比及印度的增长率系作者计算。

二、世界服务贸易的变化态势

（一）世界经济逐步复苏将为服务贸易带来发展动力

当前，全球经济复苏正在继续。世界银行公布的《2010 年全球经济展望》预测，2010—2011 年全球经济增长将在 2.9%～3.3%的范围内。据联合国预计，2010 年世界经济将增长 3%，2011 年为 3.2%。国际货币基金组织（IMF）最近上调 2010 年世界经济增长预期至 4.6%，为 2007 年以来最快增速①。经济复苏也推动了货物贸易的增长。据 WTO 统计，2010 年第一季度世界货物贸易额同比增长了 25%，出口增长 27%，进口增长 24%②。预计 2010 年全球货物贸易增幅将达 9.5%，其中发达经济体增长 7.5%，发展中经济体和独联体国家增长 11%。随着全球经济企稳复苏，货物贸易将回复到上行通道，并成为运输、保险、金融等生产性服务贸易的增长引擎，服务贸易有望领先货物贸易实现复苏。

（二）通过商业存在实现的服务贸易将有所回升

由于宏观经济形势逐步向好，投资环境改善、企业盈利和股票市值增加，2010 年上半年外国直接投资已出现小幅回升。据联合国贸发会议预计，2010 年全球 FDI 流入将达到 1.2 万亿美元，2011 年提高到 1.3 万亿—1.5 万亿美元，2012 年将增至 1.6 万亿—2 万亿美元③。国际金融危机凸显了经济结构调整的必要性，服务业国际转移将进一步加速。随着越来越多的跨国公司在全球范围内进行战略布局和要素配置，构建全球服务价值链，制造业 FDI 的相对份额将会降低，服务业则会吸纳更多的国际投资机会，这会给通过商业存在实现的服务贸易带来强劲的复苏动力和发展空间。

① IMF 此前的预期为 3.9%。

② 世界贸易组织 2010 年 6 月 2 日贸易快讯，WTO：2010 PRESS RELEASES，First quarter of 2010 sees trade value rise by about 25%，http：//www. wto. org/english/news _ e/pres10 _ e/pr604 _ e. htm

③ UNCTAD，WORLD INVESTMENT REPORT 2010：Investing in a Low—Carbon Economy，P2

（三）服务外包见底反弹，外包方式将更加灵活

为节约运营成本，缩短投资回报周期，缓和经济危机的影响，跨国公司、金融机构及政府部门将会在全球范围内考虑和评估更多的外包解决方案，并采取更为灵活和多元化的方式进行外包。许多外包合同将集中在核心流程上，供应商将提供越来越多的即插即用的服务以及即用即付的定价，对垂直市场的重视程度日益提高。服务外包出现新一轮产业整合趋势，涉及服务外包业务和公司的并购将有所增加。多元化金融、交通运输、零售和电信部门的外包活动越来越多。未来几年中，信息技术外包（ITO）将继续保持较快增长，以信息技术为主导的服务外包规模不断增大。业务流程外包（BPO）虽遭金融危机重创，但随着全球经济的复苏，BPO业务将逐步回升，并成为外包的主要内容。知识流程外包（KPO）将快速发展，逐渐成为BPO发展的亮点。可以预计，基于信息通讯技术的服务（ICT—enabled services）的全球化趋势不可逆转，离岸服务外包总体市场机会继续增长，将成为服务贸易的重要方式。

（四）贸易保护将对世界服务贸易的复苏产生不利影响

全球经济与金融危机导致消费和投资需求大幅萎缩，国际贸易严重下滑，贸易竞争加剧。为了尽快走出危机的泥沼，促进经济复苏，解决国内就业、产业发展等问题，各主要经济体纷纷出台了各种贸易限制和保护措施。目前，尽管全球经济和贸易出现了复苏的迹象，但贸易保护的欲望并未相应消退，国际服务贸易中以国家安全为借口的限制、购买本地服务、针对商业存在（如对外国服务提供者的进入和在境内的服务活动设置障碍）和自然人流动的限制、贸易政策的普遍适用问题、行业限制等壁垒措施普遍存在，保护程度变相提高，更具灵活性、复杂性和隐蔽性，且有继续扩大的趋势，这必将对世界服务贸易的复苏产生不利影响。

相对而言，在危机时期，服务业与服务贸易更具弹性和免疫力，更容易从危机中反弹，并催化复苏。这次金融危机虽然暂时减缓了服务贸易的发展速度，但不会改变全球服务贸易发展和服务产业转移的总体趋势，国际服务贸易的发展将成为应对全球金融危机、推动经济复苏的新动力。

上海交通大学安泰经济与管理学院教授　陈宪

上海大学国际工商与管理学院教授　殷凤

中国生产性服务业发展的新特征和新机遇

一、中国生产性服务业发展的新特征

近年来，中国现代服务业和生产性服务业保持了良好的发展势头，在国民经济和服务业中所占比重均呈现持续上升态势，成为国民经济发展的重要支撑力量。服务外包等新兴业态增势迅猛，为中国经济发展提供了新的增长点。

（一）生产性服务业发展势头良好，为经济平稳较快增长作出了重要贡献

近年来，服务业在中国 GDP 中所占比重呈现明显的上升趋势。2009 年，中国第三产业同比增长 9.3%，第三产业增加值占中国国内生产总值的比重是 43.4%，比 2008 年上升 1.6 个百分点，比 2000 年上升 4.4 个百分点，比 1978 年上升 19.5 个百分点。服务业增长对中国 GDP 增长的贡献率已从 1991 年的 30.1%提高到 2009 年的 42.8%，提高了 12.7 个百分点，第二产业、第三产业对经济增长贡献率之间的差距在逐渐缩小。这表明，20 世纪 90 年代以来，中国经济增长的动力格局发生了很大的变化，以往严重依赖采掘业和制造业拉动经济增长的局面已经有了明显改变。

随着对外开放的扩大、基础设施的增强和市场体系的逐步完善，中国以生产性服务业为主体的现代服务业保持了良好的发展势头，金融服务、信息服务、流通服务、商务服务、科技服务等重点生产性服务业有了长足的发展，为经济平稳较快增长作出了重要贡献。软件服务、金融保险等生产性服务业的持续快速发展具有典型意义。2008 年，中国软件服务业的业务收入为 7573 亿元，是 2001 年的 9.5 倍，8 年年均复合增长 38%。2009 年，中国软件服务业完成软件业务收入 9513 亿元，同比增长 25.6%，占电子信息产业的比重由 2001 年的 6.3%提高到 2009 年的 15.6%。

（二）服务外包等新兴业态增势迅猛，为中国经济发展提供了新的增长点

近年来，生产性服务业的新兴业态发展迅猛，为中国国民经济发展提供了新的增长点。服务外包产业是其中的典型代表。

1. 中国服务外包产业规模快速扩张

进入新世纪以来，软件与信息服务等生产性服务业向发展中国家大规模转移，这给中国企业提供了难得的发展机遇。在国家的政策引导和支持下，中国企业承接的服务外包规模不断扩大，领域逐步拓宽，呈现出强劲的发展势头。根据商务部统计，2009 年中国服务外包企业共签订服务外包合同 60247 份，同比增长 142.6%；协议金额 200.1 亿美元，同比增长 185.6%；执行金额 138.4 亿美元，同比增长 181.8%。其中国际（离岸）服务外包合同协议金额 148 亿美元，同比增长 153.9%，执行金额 100.9 亿美元，同比增长 152%。

2. 服务外包产业发展环境日趋优化

为了抓住机遇，迎接挑战，2009 年 1 月 15 日，国务院办公厅下发了《关于促进服务外包产业发

展问题的复函》，批复了商务部会同有关部委共同制定的促进服务外包发展的政策措施。国家将在北京、上海、大连等20个示范城市实行一系列鼓励和支持措施，包括税收优惠、财政资金支持、实用人才培训、特殊劳动工时、金融支持、知识产权保护和改善投资环境等，促进服务外包产业发展试点。国务院办公厅下发《关于促进服务外包产业发展问题的复函》后，一系列配套政策相继出台。

3. 中国服务外包产业发展潜力巨大

中国服务外包产业具有良好的发展基础和巨大的发展潜力，随着中国国内和离岸服务外包需求的增加，“十二五”期间中国服务外包产业将延续目前的高速发展态势。麦肯锡咨询公司预测：中国服务外包产业的年均增长速度为30%，到2015年，中国将实现外包产业收入560亿美元。

基于“政府对服务外包产业的大力支持”、“海外企业对中国市场投资的加大”以及“中国在基础设施等方面的优势”等三方面的分析，毕马威公司的研究报告认为，中国服务外包产业将保持高速增长。毕马威公司预测中国服务外包合同执行金额到2014年将达到439亿美元的市场规模，中国所承接的离岸外包占中国外包市场的比重也将在2014年达到35%（2009年为22%）。

（三）集群化发展的格局进一步加强，集聚效应日益显现

近年来，中国各省市更加重视发展服务业集聚区和生产性服务业功能区，在做好规划、明确定位的基础上引导企业向集聚区集中，改善产业配套条件，产业集聚效应日益显现。

北京生产性服务业发展呈现出明显的集群化特色。中关村科技园区不断加强生产性服务业产业基地建设，目前已经形成国内规模最大、业态最为丰富的高技术服务业集群。以信息服务、研发服务、创意设计为代表的高技术服务业发展迅速，经济规模已占园区总量的一半左右。此外，北京金融街形成了金融产业集群；北京CBD聚集了众多国际一流商务服务企业，成为首都生产性服务业发展的重要平台。

（四）专业分工深化，工业企业分离发展服务业初见成效

从全球生产性服务业的发展特征可以看出，制造企业服务化趋势越来越明显，很多生产性服务行业从制造业中独立出来，实现了产业化、规模化发展，发展潜力巨大。

推动中国制造企业服务化，实施工业企业分离发展服务业具有重要的意义。通过推动服务业从工业企业中分离，有利于原属企业内部的研发设计、物流、信息服务、专业服务等生产性服务向规模化、产业化方向发展，培育新的竞争优势；同时，为生产性服务业发展提供广阔发展空间，加快形成专业化、高水平的生产性服务业产业体系，为先进制造业发展提供有力支撑。同时，实施工业企业分离发展服务业，能够扩大地方税基和壮大地方财力，促进经济转型升级和地方财力可持续增长。2008年以来，浙江在全省范围内大力推进工业企业分离发展服务业工作，地方政府和企业都具有积极性，取得了良好成效。江苏、河南等省市也开展了此项工作，促进了生产性服务业的发展。

（五）产业联盟发挥作用，企业实现战略目标的能力增强

组建产业联盟是中国生产性服务企业共同投入资源解决产业共性问题的有效工具。近年来，中国生产性服务业组建和发展了一批产业联盟，推动了企业间和产学研间的联合创新，增强了企业实现战略目标的能力。北京中关村科技园区在发挥产业联盟作用方面取得了重要进展，其经验值得借鉴。

2006年，北京中关村科技园区公布了国内首个《促进中关村科技园区产业技术联盟发展的实施

办法》，推动产业联盟的发展。2009 年，中关村科技园区已经成立了包括 TD－SCDMA 联盟、闪联、龙芯产业联盟、下一代互联网产业联盟、长风软件标准联盟、软件出口联盟、数字娱乐联盟、材料测试联盟、ABO 联盟等在内的联盟组织 40 多个。产业联盟将高端服务和高技术服务引入产业创新，带动了高新技术产业竞争力的整体提升，有力地促进了首都经济向高端化转型。

尽管中国生产性服务业发展速度快，但总体发展水平仍然偏低。与西方发达国家以生产性服务业为主明显不同的是，生活性服务业在中国服务业中所占比重仍很大，导致服务业仍处于低层次结构水平。通过对国家统计局数据的估算，2009 年，生产性服务业仅占中国服务业增加值 40%左右的比重。当前，中国生产性服务业在自身的发展中还存在着产业总体规模小，标准化、产业化、国际化程度低，服务的层次和技术含量偏低，产业竞争力不强，缺乏有影响力的国际品牌。

二、中国生产性服务业的发展前景与发展对策

“十二五”期间，世界经济将逐步复苏，发达国家将掀起新一轮全球经济和产业调整，新一轮全球竞争的重心是生产性服务领域。我们必须从战略的高度认识加快生产性服务业发展的意义和作用，采取切合实际的政策措施，大力提升中国生产性服务业的国际竞争力。

（一）中国生产性服务业的发展前景

生产性服务业技术含量高，资源消耗少，环境污染小，发展潜力大。加快生产性服务业发展是适应产业发展趋势的客观要求，能够降低经济社会发展对资源的依赖和对环境的压力，对于全国各省区市“十二五”期间扩内需、促增长、调结构具有非常重要的意义。

从服务业内部结构变化来看，在“十二五”及以后一个时期内，随着中国工业化由中级阶段向高级阶段的过渡，生产性服务业发展前景广阔。根据国务院发展研究中心产业经济研究部的预测，到 2015 年，生产性服务业增加值占服务业增加值的比重将上升到 45%左右。

（二）加快生产性服务业发展的对策措施

1. 加快推进体制和机制改革

加快生产性服务业发展必须把深化改革作为突破口，着力推进体制和机制改革，理顺管理体制，完善监管制度和运行机制，提高市场化程度，增强生产性服务业的发展活力和动力。一是减少行政性审批，推进市场化改革，建立公开、平等、规范的服务业准入制度；二是强化各级政府部门的服务意识，提升公共服务能力，加快向“公共服务型政府”的转变；三是以有效竞争为目标导向，兼顾规模经济和竞争活力，推进和深化垄断性行业改革；四是促进国有企业主辅分离，逐步改变“大而全”和“小而全”的企业运营机制，发展壮大生产性服务业；五是以实现贸易便利化为目标，采取进口分类通关等具体模式，进一步完善海关监管制度，促进服务贸易发展。具备条件的保税港区可向自由贸易港区转型。

2. 调整和完善服务业税收制度

从总体上看，目前中国的税收制度仍不完善，对生产性服务业的发展是不利的。调整和完善服务业税收制度，推进和深化增值税转型工作，促进服务经济发展，是“十二五”期间中国税制改革的重中之重。建议在下述一些方面取得突破：一是采取分步扩围的渐进改革方式，实施增值税“扩

围”改革，将更多行业纳入增值税的征收范围，同时适度放宽抵扣标准，创造更加公平、科学、规范的税收环境；二是根据WTO规则和国际惯例，在增值税转型改革过程中研究制定并实施服务产品出口退税制度；三是采取相关政策措施消除歧视性或不合理的税收政策，对服务业特别是生产性服务业进行税收优惠与扶持，合理降低生产性服务业的税收负担；四是通过税收政策推进工业企业分离发展服务业，各级国税、地税部门要主动帮助试点企业做好涉税前期辅导和服务工作。

3. 积极有序承接生产性服务业国际转移

首先，继续大力改善投资环境，着力引进高端产业。今后要着力打造世界一流的投资环境，进一步发挥外商投资在技术创新与产业结构升级中的积极作用。同时，充分发挥中国的比较优势，加强对国外高端服务业的招商引资工作，大力吸引跨国公司地区总部、研发中心、设计中心、采购中心落户中国。

其次，完善相关支持政策，推动服务外包产业健康发展。要培育服务外包产业集群，推动服务外包基地园区建设。完善相关支持政策，支持服务外包企业加强国际市场营销，打造在国际市场上具有影响力的中国服务外包品牌。

再次，引导国内企业加大自主技术开发和创新投入，实现关键、核心技术的突破，促进行业技术进步和产品更新换代，增强企业开拓市场、技术创新和培育自主品牌的能力，实现加工贸易转型升级。

4. 全面提升对外开放水平

发展生产性服务业，必须积极参与国际经济合作与竞争，充分利用国内和国外两种资源、两个市场，将中国对外开放水平提高到一个新高度。一是完善中国服务贸易发展促进体系，稳步扩大服务贸易领域开放，不断提高服务贸易在中国出口中所占的比重；二是适应不断深入的全球化发展趋势，促进中国企业特别是服务企业“走出去”，加快中国银行、保险、物流、软件、研发服务等生产性服务业的国际化步伐，实现企业经营模式和资源配置方式向全球化的转变；三是提升与国外高端服务供应商的合资合作水平，促进中国服务业的技术引进、管理创新；四是采取灵活多样的方式，积极引进和聘用国外高层次服务业人才，鼓励海外留学人员回国创业，提高中国生产性服务业发展的层次和水平。

5. 推动生产性服务业创新发展方式

一是组织制定服务业行业标准并开展生产性服务业标准化试点示范工作，鼓励企业采用国际先进标准，提高服务质量，规范服务行为；二是引导生产性服务企业转型升级，增加服务的技术含量和附加价值，有效满足国内外客户的个性化服务、复合型服务需求；三是吸收借鉴各地区的试点经验，完善配套政策措施，引导和鼓励部分具备条件的制造业企业向服务化方向转型，加快实施第二、第三产业分离；四是放宽市场准入，创造宽松的环境，支持工业设计、文化创意、服务外包、软件、会展、互联网信息服务、研发服务、电子商务、法律服务、信用消费等新兴服务业的发展；五是积极改善产业配套条件，引导生产性服务业向产业园区和重点功能区集聚，形成特色鲜明的生产性服务业集聚区和生产性服务业功能区。

6. 充分发挥行业协会、商会、产业联盟的作用

积极发挥行业协会、商会和产业联盟在开拓市场、行业自律、服务品牌整合、标准制订、信息服务以及对服务产品技术创新的研究、交流和推广等方面的作用，倡导诚信经营，反映服务诉求，维护行业竞争秩序，为行业内的企业提供更好的服务。发挥政府的引导和协调作用，打造各类产业

联盟，整合产学研资源和产业链上关键企业，有效降低投资与市场风险和不确定性。与此同时，还要理顺政府与行业协会之间的关系，推进协会“民间化”和多样化，改进和规范管理方式。

国务院发展研究中心副研究员 来有为

服务贸易与货物贸易协调发展研究

后危机时代，国际货物贸易领域的竞争将更趋激烈，在以知识服务为核心的新一轮产业革命带动下，服务贸易成为引领世界经济复苏的新动力。近年来，一方面，中国货物贸易持续高速增长，尤其是贸易顺差的持续增加已引起各国密切关注，随着金融危机的蔓延，“中国制造”遭遇的贸易摩擦形势空前严峻。另一方面，中国经济的持续发展与在危机中表现出的抗跌能力，将使中国的国际影响力增强，服务贸易发展空间增加；同时中国的服务贸易近年来发展迅速，但逆差持续增加、发展相对滞后。促进服务贸易与货物贸易的协调发展，将成为加快转变外贸发展方式的重要课题。

一、服务贸易与货物贸易协调发展是推动经济持续发展的必然要求

服务贸易与货物贸易的“协调发展”，是指服务贸易与货物贸易的发展在贸易规模和贸易结构等方面比例得当、相互适应、彼此配合，能充分发挥区域比较优势、促进区域协调发展、实现贸易结构和产业结构的合理化和高度化，提高贸易和产业的附加值、国际竞争力和国际影响力，促进经济、社会、环境的和谐发展和科学发展。由于服务贸易与货物贸易都是动态变化的，所以二者的“协调发展”也是一个动态演进的过程，是一个相对的概念。

近年来，各国纷纷加快发展本国的服务产业，服务贸易蓬勃发展并日益成为各国贸易竞争的制高点和世界经济增长的新引擎。后危机时代，世界经济进入低速增长和不稳定期，全球供需结构和贸易环境发生变化，国际货物贸易领域的竞争将更趋激烈，跨国公司在巨大的成本压力下，将进一步推进生产和服务全球化进程。随着科技革命和全球化的推进，产业融合趋势日益增强，世界服务贸易和货物贸易总量上相互依存和拉动的关系持续增强。

改革开放以来，中国经济的迅速发展和快速工业化为服务业发展奠定了较好的基础。随着货物贸易规模的扩大和服务业进一步对外开放，中国服务贸易的国际竞争力逐步提高。目前，中国经济正处于企稳回升的关键时期，回升的基础尚需继续巩固。货物贸易遭遇的摩擦急速增多和金融危机的倒逼机制推动中国结构调整加速，服务业发展水平不断提高，将使得服务贸易与货物协调发展的趋势进一步增强。

大力发展服务贸易，促进服务贸易与货物贸易的协调发展，是贯彻落实科学发展观，转变经济发展方式，突破资源环境承载能力制约的必然选择；不仅有利于中国积极应对国际贸易摩擦，在后危机时代保持稳定发展，更有利于充分发挥中国的动态比较优势，增强中国在国际贸易领域的综合优势；同时，也有利于通过贸易结构的合理化促进产业结构的合理化和高度化，进而带动经济、社会的可持续发展。

二、世界服务贸易与货物贸易发展互相促进、互为补充

（一）服务贸易与货物贸易增长互相促进

从总量上看，近 20 多年来全球服务贸易和货物贸易呈现出基本相同的逐步增长态势。从增长率来看，服务贸易和货物贸易的增长率高度吻合。这在一定程度上表明，全球贸易增长是服务贸易和货物贸易共同作用的结果，服务贸易和货物贸易增长之间存在着明显的相关性。运用 WTO 公布的 1980 年至 2007 年的服务贸易与货物贸易的数据所做的回归分析表明，全球服务贸易和货物贸易的相关性为 0.997，这说明服务贸易和货物贸易可以相互促进。对发展中国家、发达国家和新兴市场国家两类贸易相关性进行分类探讨，同样支持这一结论。

（二）服务贸易与货物贸易发展互为补充

由于产业结构的提升和调整，多数发达国家逐渐将不再具有比较优势的制造业转移出去，货物贸易上逐渐出现了逆差，而服务贸易顺差成了他们弥补货物贸易逆差的主要手段。多数发展中国家由于服务业相对落后，基本上成为服务贸易净进口国家，于是服务贸易逆差基本上伴随着货物贸易顺差。从这个意义上看，服务贸易的发展是国际分工进一步深化的表现，与货物贸易发展相互促进，成为国际贸易越来越重要的组成部分。实证分析进一步证明了这个结论，也在一定程度上解释了发达国家为什么那么关注知识产权保护，积极扩大现代服务出口。

（三）服务贸易与货物贸易相互依存的影响路径

第一，国际分工深化，推动产业链全球配置，处于微笑曲线两端的服务贸易成为竞争焦点。第二，科技革命和科技进步为二者协调发展提供了物质基础。第三，服务业尤其是生产性服务业的发展，将促进生产性服务贸易发展，并成为促进服务贸易与货物贸易协调发展的重要途径。比如，用投入产出法测算，2005 年，中国货物贸易出口额 7619.5 亿美元，其中隐含的服务中间投入是 894.1 亿美元；服务贸易出口额 739.1 亿美元，其中隐含的服务中间投入是 151.5 亿美元；即隐含于货物贸易中的生产性服务贸易出口占整个货物贸易出口额的 11.7%，隐含于服务贸易中的生产性服务贸易出口占整个服务贸易出口额的 20.5%。第四，《服务贸易总协定》的达成和服务贸易自由化的推进促进了服务贸易的发展。第五，人类社会进步和人们生活改善对服务贸易与货物贸易协调发展提出了更多的需求。第六，国际投资促进商业存在形式的服务贸易迅速发展，带动了货物贸易与服务贸易的协调发展。

三、中国服务贸易与货物贸易发展的相关性低于世界平均水平

改革开放 30 多年来，中国货物贸易和服务贸易均获得了快速发展，服务贸易和货物贸易在增长趋势上显示出一致性，说明服务贸易和货物贸易发展存在相互促进的关系。随着改革开放的深入，国家通过税收、财政、产业引导、基础设施建设、金融和信息服务等各种方式提高制造业国际竞争力，在继续保持货物贸易优势的同时，越来越重视服务业和服务贸易的发展，出台了一系列政策措施，为服务贸易的良性、快速发展提供良好的环境和有力的支撑，服务贸易与货物贸易发展日

趋协调。

但中国服务贸易发展总体上仍明显滞后于货物贸易，中高端服务供给不足、国际竞争力不强。货物贸易对服务贸易的带动作用还没有充分发挥，与货物贸易密切相关的国际运输、金融、保险等部门的劣势较明显。相对于货物贸易，中国服务贸易政策体系的针对性和有效性亟待加强，服务贸易发展不足又在一定程度上限制了货物贸易的进一步发展。金融危机使这种贸易模式的弊端进一步凸显出来。

实证研究表明，中国服务贸易进出口与货物贸易进出口的相关性为0.976，且呈现正向相关的关系。从长期来看货物贸易与服务贸易之间存在着显著的相互促进的关系，但中国服务贸易与货物贸易增长的相关程度低于世界平均水平。

服务贸易发展相对滞后的局面，制约了中国国际贸易的持续发展。随着中国对外开放的深入与服务经济的发展，加快发展服务贸易、促进服务贸易与货物贸易的协调发展势在必行。

四、推动中国服务贸易与货物贸易协调发展的路径思考

作为发展中国家和服务经济后发国家，中国从货物贸易一枝独秀逐渐过渡到两类贸易协调发展，是经济发展的客观规律和必然途径。货物贸易在促进中国经济飞速发展的同时也为服务贸易发展奠定了良好基础；充分发挥货物贸易的已有优势，延伸产业链，加快发展服务贸易，是引领经济复苏的新引擎和迎接新一轮发展机遇的重要途径。我们必须以科学发展观为指导，抓住全球产业转移及中国向服务经济转型的历史机遇，以制度创新为加速器，坚持市场主导与政府统筹发展相结合的原则，夯实服务贸易发展基础，促进服务贸易与货物贸易的协调发展，进而推动对外贸易结构的转型升级和经济发展方式的转变。为此建议：

（一）夯实服务产业基础，促进服务贸易与货物贸易协调发展

在原有入世开放和CEPA承诺的基础上，积极稳妥地进一步扩大服务业对内对外开放，消除不合理的产业准入限制，重点发展与货物贸易相关的服务业。在开放国内服务市场的同时，通过体制机制创新建立国内服务市场公平、规范的竞争环境。以内需为基础，大力发展服务业，提高中国企业参加国际竞争的能力。

（二）以制度创新为加速器，促进服务贸易与货物贸易协调发展

完善服务贸易管理机制，加强各有关部门、行业协会与企业之间的沟通协调，推进各省市、各领域主管部门制订地方服务贸易与货物贸易协调发展规划，提高服务贸易的管理效率。按照“分类指导、重点促进”原则，加大政策扶持力度，完善投融资体制，提高运输、旅游等传统服务出口的效益和附加值，扶持新兴服务业，推动产业升级。充分利用GATS中针对发展中国家的优惠待遇来维护自身利益。

（三）以生产性服务、服务外包、文化贸易为突破口，促进服务贸易与货物贸易协调发展

加大生产性服务业和生产性服务贸易等高级要素的投入，提高制造业的附加值。增强企业自主创新能力，积极培育国际知名品牌。在引进国外先进服务业的同时，抓紧培育、发展中国的生产性服务业，鼓励有能力的企业“走出去”。

在服务外包示范城市试点取得突破的基础上，继续完善服务外包优惠政策，重点支持和鼓励附加值高、技术含量高、产业拉动力强、就业拉动力强的外包行业快速发展。完善服务外包法律、投融资、统计等管理和服务体系，以人力资源为核心，夯实行业发展基础，打造中国服务品牌，积极拓展国际市场。充分发挥东部地区在离岸外包中的市场、产业和中西部的政策、成本等综合优势，在提高中国企业国际竞争力的同时，促进东中西部互动协调发展。

完善文化国际服务贸易统计体系，创新文化出口和管理的体制机制，落实《文化产业振兴规划》，建立全球文化营销网络，大力促进文化出口。

（四）以产业链提升与供应链管理为切入点，促进服务贸易与货物贸易协调发展

通过增加研发投入等方式缩小与发达国家的技术差距，建立并完善全球营销网络与分销渠道，完善产业链，促进企业的功能升级。通过专业化分工和服务外包，充分发挥中国产业配套优势和集群优势，提高经济运行效率。

制定税收、金融、外汇、进出口、运输等优惠政策，鼓励企业实施良好的供应链管理，为企业供应链管理提供全方位的公共服务。推动企业供应链信息网络的发展，大力发展物联网。

（五）以沿海城市建设服务贸易示范区为抓手，促进服务贸易与货物贸易协调发展

协调相关部门出台鼓励服务业发展的政策，积极稳妥地扩大服务业开放，推动沿海省市构建和完善服务贸易发展的管理、统计和促进体系，完善服务贸易发展保障措施。加快培育龙头服务企业，大力发展服务外包，建立有利于服务出口的投、融资环境，培育服务贸易新增长点。

（六）以建设综合配套改革试验区为契机，促进服务贸易与货物贸易协调发展

结合综合配套改革试验区建设，将服务贸易与货物贸易协调发展的政策创新纳入其中，适时推进自由贸易区试点，并以此推进国际航运中心、金融中心与贸易中心的联动。加大金融对外开放、深化金融改革，推动落实“起运港退税政策”，在保税物流园区及其辅助区域内实行特殊的财税金融等优惠政策。以上海世界博览会为契机，积极推进服务领域的国际合作，促进国际组织和外国政府对“中国服务”的国际采购，进而带动中国的各项出口。对沿海发达城市在向服务经济转型，促进服务贸易与货物贸易协调发展方面给予先行先试的政策支持。

服务贸易与货物贸易协调发展研究课题组

自由贸易区——促进服务贸易发展的有效途径

20 世纪 90 年代以来，世界服务贸易发展迅速，成为世界经济新的增长点。顺应此趋势，越来越多的国家和区域经济集团将服务贸易纳入其对外商谈的自由贸易协定，并做出了高于世界贸易组织（WTO）服务贸易协定（GATS）的服务业开放承诺，从而大大促进了世界贸易自由化和区域经济一体化进程。

一、世界自贸区服务贸易谈判的趋势和特点

（一）包含服务贸易的区域贸易安排数量大幅增加

截至 2010 年 7 月，向 WTO 通报、仍然有效的区域贸易安排已达 222 个，其中包含服务贸易并以 GATS 第 5 条“经济一体化”（EIA）条款通报的约占 1/3。服务贸易协议数量明显增加的趋势在近几年尤为突出。据 WTO 统计，共有约 50 个服务贸易协议是在 2001 年 WTO 启动多哈回合服务贸易谈判后通报的，约占已通报的服务贸易协议总数的 70%。

（二）各国均积极参加自贸区服务贸易谈判

发达国家和地区如美国、欧盟、日本、澳大利亚等，发展中国家和地区如中国、印度、东盟、新加坡、泰国、南方共同市场、智利等，都将服务贸易纳入了自贸区谈判，其中最为积极的是美国、欧盟和智利。

（三）自贸区对服务贸易自由化的推动作用越来越大

自贸区具有谈判对象可选、谈判内容可控等特点，各国在谈判中可针对不同对象国有选择地做出进一步开放承诺。对自贸区伙伴先开放一些服务部门，一方面可以通过试验性的开放逐步提高这些部门的竞争力、监管能力和抗冲击能力；另一方面又可以通过进一步的开放，促成更深层次的改革和发展。

（四）自贸区服务贸易谈判模式更多样化

服务贸易谈判的具体开放承诺列明在各国具体减让表中。GATS 采用的是“混合式列表法”（Hybrid—listing），如：有的描述为“除……之外，没有限制”；有的描述为“除……之外，不做承诺”。但在自贸区服务贸易谈判中，美国和欧盟等发达国家大多数采用了“否定式列表法”（Negative—listing），即将不开放的部门及对这些部门的限制措施列入清单，对于未列入清单的部门，包括将来新出现的服务部门或服务产品，都将自动承担开放的义务，如：北美自贸区（NAFTA）。由于该方式透明度高、对开放水平有稳定预期、有利于推动国内改革，从而提高了自贸区服务贸易自由化水平，并为多国所效仿。另外，还有的自贸区服务贸易谈判采用“肯定式列表法”（Positive—

listing)，即只有列入承诺表的部门和内容才开放，未列入的就不承担任何开放义务，如：内地与港澳更紧密经贸关系安排。

（五）自贸区服务贸易谈判开放部门更多、水平更高

绝大多数自贸区服务贸易谈判成果比GATS覆盖更多的部门，开放承诺水平较GATS也更高。如美国在自贸区服务贸易谈判中积极推动新金融服务领域的谈判；澳大利亚在其签署的自贸区服务贸易协议中对法律服务、零售、旅游、金融服务均承诺了比GATS更高的开放义务。

（六）自贸区服务贸易谈判内容更广泛

从自贸区服务贸易谈判看，其涵盖的范畴比多边服务贸易谈判更广泛，因而被称为多边贸易谈判的“试验场”。如：在自然人流动方面，在多哈回合谈判中，很少有成员就此做出新的开放承诺。但是，中国一新西兰自贸协定首次全面制定了自然人移动的纪律。再如：美国、欧盟等在自贸区谈判中将内容扩大到GATS不包括的领域：政府采购、补贴等。

二、中国自贸区服务贸易谈判情况

党的十七大报告高屋建瓴地提出要“实施自由贸易区战略”。自贸区建设已成为中国在加入WTO之后，以开放促改革、促发展的新平台和新方式。目前，在中国对外商谈的15个自贸区中，基本均包括服务贸易内容。已结束服务贸易谈判并签署协定的共9个，涉及国家和地区17个。具体为中国内地与港澳更紧密经贸关系安排、中国一东盟自贸区、中国一巴基斯坦自贸区、中国一智利自贸区、中国一新西兰自贸区、中国一新加坡自贸区、中国一秘鲁自贸区、中国一哥斯达黎加自贸区等。

（一）中国一东盟自贸区服务贸易协定

2007年1月14日，中国与东盟10国签署了服务贸易协定，并于2007年7月1日正式生效。根据该协定，中国在WTO承诺的基础上，在建筑、环保、运输、体育和商务服务等5个服务部门的26个分部门，向东盟国家做出新的市场开放承诺。东盟10国也在WTO承诺的基础上，分别在金融、电信、教育、旅游、建筑、医疗等12个服务部门的67个分部门向中国做出市场开放承诺。其中，新加坡的承诺主要包括商业服务、分销、教育、金融、医疗、娱乐和体育休闲服务、运输等部门；马来西亚的承诺主要包括商业服务、电信、建筑、金融、医疗、旅游和运输等部门；泰国的承诺主要包括专业服务、建筑及工程、教育、旅游和运输等部门；菲律宾的承诺主要包括商业服务、电信、建筑及工程、环境、旅游等部门；文莱的承诺主要包括旅游和运输等部门；印度尼西亚的承诺主要包括建筑及工程、旅游和能源服务。此外，东盟新成员柬埔寨、老挝、缅甸和越南也在商业服务、电信、建筑、金融、旅游和运输等部门做出了开放承诺，在不同程度上减少了市场准入限制。

（二）中国一新西兰自由贸易协定

2008年4月7日，中新两国正式签署了自由贸易协定，其中包括服务贸易章节。根据该协定，中国在商务、教育、环境、体育娱乐、运输等5大部门的15个分部门做出了高于加入WTO时的承

诺。新西兰在商务、建筑、教育、环境等4大部门的16个分部门做出了高于WTO的承诺。中新自贸协定的亮点在于，首次全面制定自然人移动的纪律，并首次通过自贸区有针对性地扩大中国劳务输出。例如，针对从事中国特色职业人员赴新就业，新西兰单方面承诺，为中医、中餐厨师、中文教师、武术教练、中文导游等5类职业，提供800个免劳动力市场测试的就业机会，承认中国的学历、执业资格和工作经验，允许在新西兰工作三年等。

（三）中国—智利自贸区服务贸易协定

2008年4月13日，中智双方正式签署了《中智自贸协定关于服务贸易的补充协定》，并于2010年8月1日起开始实施。根据该协定，中国的计算机服务、采矿服务、环境服务、体育服务、空运服务等22个部门和分部门，以及智利的法律服务、建筑设计服务、计算机服务、房地产服务、广告服务、采矿服务、分销服务、教育服务、环境服务、旅游服务、体育服务、空运服务等37个部门和分部门将在各自WTO承诺基础上向对方进一步开放。其中，智利有超过20个部门和分部门超越了其多哈改进出价。

（四）中国—巴基斯坦自贸区服务贸易协定

2009年2月21日，中巴正式签署了《中巴自贸区服务贸易协定》。根据该协定，巴方在11个主要服务部门的102个分部门对中国服务提供者进一步开放，包括建筑、电信、金融、分销、环境、医疗、旅游、运输、快递、研发、计算机教育、娱乐文化和体育等众多服务部门，其中分销、教育、环境、运输、娱乐文化和体育等5个主要服务部门在内的56个分部门为新开放部门。中国在6个主要服务部门的28个分部门对巴基斯坦服务提供者进一步开放，具体包括采矿、研发、环保、医院、旅游、体育、交通、翻译、房地产、计算机、市场调研、管理咨询、印刷出版、建筑物清洁服务等。

（五）中国—秘鲁自由贸易协定

2009年4月28日，中秘双方正式签署了《中国—秘鲁自由贸易协定》。根据该协定，中方在采矿、研发、中文教育、中医、武术等90个分部门在秘鲁获得与其国民相同的待遇，这些待遇也是秘方给予其他外国投资者待遇中最高的；同时中方在采矿、咨询、翻译、体育、旅游等16个分部门对秘方给予了同样待遇。特别是秘鲁承诺在武术和中医领域给予我国国民待遇，这将有利于中国进一步推广武术和中医等传统服务产业，同时让更多秘鲁民众能领略到博大精深的中医文化和中华武学的神奇魅力。

（六）中国—哥斯达黎加自由贸易协定

2010年4月8日，中哥两国正式签署了《中国—哥斯达黎加自由贸易协定》。该协定有望于2011年初正式实施。根据该协定，在各自对WTO承诺的基础上，哥方将在电信服务、商业服务、建筑、房地产、分销、教育、环境、计算机和旅游服务等45个分部门进一步对中方开放，其中电信服务是哥斯达黎加首次对外做出的最开放承诺；中方则将在计算机服务、房地产、市场调研、翻译和口译、体育等7个分部门对哥方进一步开放。

三、进一步推进中国自贸区服务贸易谈判机遇大于挑战

随着经济全球化的深入发展，服务贸易在全球贸易总量中的比重不断上升，通过推进自贸区战略加速发展服务贸易，有利于中国转变外贸增长方式，提升现代服务业发展水平，实现国民经济又好又快发展。

（一）机遇

1. 世界服务贸易发展有望重新进入“快车道”

国际金融危机爆发后，全球主要经济体均不同程度遭受打击，对外经济扩张的能力和愿望下降。当前，各国经济中的利好因素增多，经济下滑势头得以有效控制，双边贸易和投资重趋活跃，以国际航运、跨境金融服务等为代表的服务贸易需求进一步提升。

2. 中国服务贸易发展的空间较大

从1982年到2008年，中国服务贸易出口额年均增长17%，是世界增速的2倍，占全球比重已由0.5%提升至4.2%。同时，我们也看到中国服务业吸收外资不足总外资比重的1/3，对外出口仅占出口总额的10%。进一步提升服务贸易水平已成为当前及今后一段时间中国外贸工作的重要内容之一。

3. 各国将继续通过自贸区服务贸易谈判寻求突破

目前，多哈回合服务贸易谈判困难重重，发达国家和发展中国家围绕出价力度、谈判模式、金融监管、国内规制、政府采购等问题矛盾尖锐，短期内解决难度较大。各国通过自贸区等形式实现服务贸易增长的“曲线救国”意愿上升。

4. 中国自贸区谈判协调机制和干部队伍较为完备

中国开展自贸区建设时间不足10年。从第一个内地与香港更紧密经贸关系安排，到最近的中国一哥斯达黎加自贸区，由相关部委组成的谈判班子通力合作，密切配合，取得了丰硕的谈判成果，积累了丰富的谈判经验，为中国自贸区今后的发展打下了基础。

（二）挑战

1. 世界服务贸易领域的保护主义有所抬头

当前，欧美等发达国家经济不振，失业高企，政府执政压力增大。各国政府在大力推动本国服务业“走出去”的同时，对外国服务提供者进入本国市场却纷纷采取双重标准，用各种措施加以限制。中国通过自贸区谈判打开外国市场面临较大压力。

2. 中国通过自贸区谈判进一步开放服务业的难度较大

在加入世贸组织时，中国共对100个服务部门和分部门进行了承诺，不少服务部门均允许外资控股或独资，在服务贸易方面的承诺水平相对较高。因此，在与自贸区伙伴国谈判时，进一步做出开放承诺难度较大。

3. 中国自贸区服务贸易谈判的目的性和针对性有待进一步提高

在对象国市场上的利益是要价的基础，需客观、科学地评估中国服务出口的短期和长期利益。

自贸区是双向、互利的开放，不追求“一对一”式的利益平衡，而追求整体的、一揽子的利益平衡。因此，有些部门在未出价的情况下，也可以有针对性地提出合理要价，尤其是我国优势领域和有潜力领域的要价。

4. 中国自贸区服务贸易谈判研究有待进一步深入

与我国开展自贸区谈判国家的服务业发展水平层次不同，其法律法规、优势领域也各不相同。我国在谈判中应做好充分调研，加强与企业沟通，以便做到知己知彼。

开展自贸区建设，是党中央、国务院根据国际经济形势和国内发展需要做出的重大战略部署。服务贸易作为当前中国经济的重要增长点，将其纳入自贸区建设有助于提升我国服务业的发展水平，营造于我国有利的发展环境，实现与有关国家的共同发展。特别是，通过自贸区框架内服务业的双向互利开放，可引进国外服务业发展模式、经营理念和管理经验，促进国内服务业完善法律法规，加速改革步伐，提高整体竞争力，同时，可推动服务业“走出去”，并在“走出去”中发展壮大自己。

商务部国际司　张彬

中国加入世界贸易组织与东盟自贸区《服务贸易协议》的承诺比较

一、导言

目前，服务贸易自由化已成为全球化不可分割的一部分。从多边服务贸易自由化的进展来看，1994 年达成的《服务贸易总协定（GATS）》是目前业已取得的最重要成果之一。由于在多边服务贸易谈判的困难，近年来各国开始逐渐重视区域谈判在服务贸易自由化中的作用，特别地，近几年来中国在区域与双边自由贸易区协议基础上陆续签订一系列服务贸易自由化协议，如与东盟（2007）、新西兰（2008）、新加坡（2008）、智利（2008）、巴基斯坦（2009）、秘鲁（2009）、香港（2003）以及澳门（2003）等，除此之外，中国还与澳大利亚、冰岛等国在开展自贸区谈判中，表明了中国政府对于开放本国服务贸易的决心。

为准确评估中国在区域与双边服务贸易自由化方面的现状，本文主要在 Hoekman（1995）的频度分析基础上进行进一步细化，通过各国在服务贸易承诺减让表中的承诺表达方式进行五级分类的“加权平均”算法，用以对《中国加入世界贸易组织法律文件》附件 9[①] 以及《中国一东盟自贸区服务贸易协议》[②] 的“服务贸易具体承诺减让表”所反映的自由化程度进行定量评估比较。

表 2—8 反映了中国与东盟双边服务贸易的发展情况，从表 2—8 可知，虽然中国服务贸易、中国一东盟服务贸易近年来平稳增长，但同时逆差也在同步扩大，2007 年与 2008 年中国与东盟双边服务贸易逆差分别占中国总服务贸易逆差的 27.1%和 22.3%，因此，要缩小服务贸易逆差，中国必须要扩大对东盟的服务出口，为此，我们也有必要对中国一东盟服贸协议的承诺减让表进行解读，以预测与评估此协议对双边服务贸易的影响。

表 2—8　中国一东盟服务贸易发展情况

单位：亿美元

中国服务贸易			中国一东盟服务贸易		
年份	2007	2008	年份	2007	2008
中国服务进、出口总额	2509	3045	中国服务进、出口总额	179.1	233.6
占世界服务贸易进、出口比重（%）	4.0	4.2	占中国服务贸易进、出口比重（%）	7.1	7.7
中国服务出口额	1216	1465	中国服务出口额	79.1	104
占世界服务贸易出口比重（%）	3.7	3.9	占中国服务贸易出口比重（%）	6.5	7.1

① 以下简称“附件 9”

② 以下简称“东盟服贸协议”

续表

中国服务贸易			中国—东盟服务贸易		
年份	2007	2008	年份	2007	2008
中国服务进口额	1293	1580	中国服务进口额	100	129.6
占世界服务贸易进口比重（%）	4.2	4.6	占中国服务贸易进口比重（%）	7.7	8.2

数据来源：中国商务部服务贸易司；中国服务贸易发展报告（2008、2009）

二、服务贸易承诺减让表、承诺表达分类标准与承诺覆盖率

服务贸易在提供模式与壁垒形式上的特点，使得它的减让表与货物贸易减让表存在很大区别。

（一）承诺减让表的解读

1. 承诺的内容与方式

第一，减让表中的承诺内容包括三部分：市场准入、国民待遇以及附加承诺。上述三部分承诺内容都以“正清单”方式列入减让表，[①] 由于中国与东盟各国只针对个别服务活动做了附加承诺，因此在下文的分析中对其忽略不计。第二，承诺的方式包括两种：“水平承诺”与“部门承诺”。前者适用于减让表中所列的服务部门与活动，而后者则针对具体分类的部门或活动。第三，在具体做出承诺时，成员需要对每一个服务部门或活动按照 GATS 所定义的服务 4 种提供模式做出减让或约束。[②] 需要注意的是，在承诺减让表中如果对某种服务提供模式在“水平承诺”中列明了限制措施，即使在部门承诺中没有限制，后者也被视为受到限制。

2. 服务部门与活动的分类

附件 9 以及东盟服贸协议减让表中的部门分类是以《联合国中心产品分类系统》（CPC）为基础，共包括乌拉圭回合谈判的 12 大类约 160 个具体服务活动。[③] 由于需要与东盟其他成员的减让表进行国际比较，本文将结合 WTO 秘书处（2001）与 Hoekman（1995）的研究，具体分析中国 11 大类服务（其中排除了“其他未包括的服务”）的 154 种服务活动的承诺情况，[④] 这其中对中国及相应国家个别具体服务活动的分类进行了调整。[⑤] 另外，由于服务贸易有 4 种提供模式，这意味着我们将一共有 154×4=616 个承诺，而由于承诺表中又进一步把承诺分为市场准入与国民待遇，因此对于每个成员而言，这将有 616×2=1232 种承诺情况。

3. 承诺所表达的方式

承诺所表达的方式，即承诺深度。例如，“没有限制”的承诺表明对该服务活动的市场准入不

---

① 即只针对特定服务活动做出具体准入承诺，对于不太愿意开放服务市场的成员国来讲，“正清单”是极为有利的。

② 服务 4 种提供模式分别是：跨境交付、境外消费、商业存在和自然人流动。

③ 具体分类表参见《乌拉圭回合协议导读》（中译本）[M]，世界贸易组织秘书处，法律出版社，2001。

④ 其中，商务服务共有 46 种活动，通讯服务共有 24 种活动，建筑服务共有 5 种活动，分销服务共有 5 种活动，教育服务共有 5 种活动，环境服务共有 4 种活动，金融服务共有 17 种活动，健康服务共有 4 种活动，旅游服务共有 4 种活动，娱乐服务共有 5 种活动，运输服务业共有 35 种活动。

⑤ 例如，针对中国的减让表中做出承诺但没有对应分类号的具体部门进行了调整，将“维修服务”、“办公机械和设备（包括计算机）维修服务”归入“设备维修及保养服务（CPC633+8861—8866）”，“寻呼服务”、“移动语音和数据服务”归入“语音电话服务”（CPC7521），“计算机订座系统服务”归入“航空运输支持服务”（CPC746），“笔译和口译服务”等归入所在大类的“其他服务”，“非银行金融机构从事汽车消费信贷”和“租赁服务”因无法归类而略去。

做任何限制（代表完全的自由化），除“没有限制”外，其他所做承诺都是有约束的，反映了一国进行承诺减让的意愿程度，因此可以相应地进行具体的量化。这正如 Hoekman（1995）所指出，一国“进行承诺的意愿”可以用来指示对服务业实施限制政策程度的指标。如果政策越趋向于自由化，那么政府对某种服务部门或提供模式进行承诺的意愿也就越强。在以往的文献中，采用“简单加权”与“加权平均”两种方法对承诺深度进行计算。前者将所有约束承诺设为 1，其他为 0。而后者考虑到限制的程度，采用三级分类的标准，即：将“没有限制”设为 1，有保留的承诺设为 0.5，其他为 0。这方面的研究如 Hoekman（1995）、盛斌（2002）、Langhammer（2005）和 Adlung—Roy（2005）。但上述研究只对承诺深度划分为三类，掩盖了承诺减让表中的很多信息，为了弥补上述研究的缺陷并细化我们的研究，本文尝试把各国在承诺减让表中的承诺表达方式采用五级分类的“加权平均”方法，分别用不同的数字来指代在承诺表中，这五种承诺表达方式相应的自由化水平。具体的分类内容如下：

（1）“没有限制”（None）反映了政府进行完全自由化的承诺，即完全的市场准入和国民待遇，我们用数字 1 来表示这种情况。

（2）我们用 None$^+$ 来代表政府承诺的限制程度要比 None 更多一些，但是同时要比具体的限制措施（见下面的 Bound）要少一些的情况，我们用数字 0.75 来表示这种情况下的承诺开放度，这一类通常指除了所指定的情况以外，该国承诺完全的市场准入和国民待遇。这样的提法如：①某个部门的例外，如“None, except for cabotage”；②在某个时期实施某种限制措施，超过这个时期即实施完全的开放，如“None, except as indicated in the horizontal section”或者“None, except companies must reinsure 20% of their risk until 1 January 2008”等。

（3）Bound 代表对某个部门或提供模式而言，存在着明确的准入限制措施，我们用数字 0.5 来表示这种情况下该国的承诺开放度。

（4）与 None$^+$ 相类似，Unbound$^+$ 代表该国不太愿意对某种服务业进行承诺，但是对某些部门或情况下可以例外，这样的表述如“Unbound except as indicated in horizontal commitments”，我们用数字 0.25 来表示这种情况下该国的承诺开放度。

（5）Unbound 代表着不作任何承诺，我们用数字 0 来表示这种情况。除此之外，由于技术上的原因，从而使通过某种提供模式不能实现某种服务的跨国提供，我们也把它归入到 Unbound 的情况之下。

（二）承诺覆盖率的计算指标

1. x 部门承诺的平均数

$$Average\quad Count(x) = \sum_{i=1}^{N}\sum_{j=1}^{4} a_{ij}/(N \cdot 4) \cdots \tag{1}$$

其中，i 代表 x 部门中第 i 种活动，N 代表 x 部门中的服务活动总数，j 代表第 j 种服务提供模式，a 为在承诺表中该活动是否做出了承诺，即除了“不做承诺”（*Unbound*），$a_{ij}=0$ 以外，其他无论做出了什么样的承诺，$a_{ij}=1$。

2. x 部门做出没有限制的活动占服务总活动数的比例

$$No\quad Restrictions(x) = \sum_{i=1}^{N}\sum_{j=1}^{4} a_{ij}/(N \cdot 4) \cdots \tag{2}$$

如果当 x 部门 i 活动所做承诺为“没有限制”（即做出“None”的承诺）时，$a_{ij}=1$，否则，无论做出了其他什么样的承诺，$a_{ij}=0$。

3. x 部门承诺的平均覆盖率

$$Average\quad Coverage\,(x)=\sum_{i=1}^{N}\sum_{j=1}^{4}a_{ij}/(N\cdot 4)\cdots \tag{3}$$

其中，$a\in\{1,0.75,0.5,0.25,0\}$，分别代表着 5 种承诺方式（None，None⁺，Bound，Unbound⁺，Unbound）相对应的开放度，数字越大，表明承诺所代表的开放程度就越高。如果该承诺为“None”，则 $a_{ij}=1$；如果承诺为 None⁺，则 $a_{ij}=0.75$；如果承诺为 Bound，则 $a_{ij}=0.5$；如果承诺为 Unbound⁺，则 $a_{ij}=0.25$；如果承诺为 Unbound，则 $a_{ij}=0$。可以认为，承诺的平均覆盖率指标要比承诺的平均数指标更为准确地反映了一国的承诺开放水平。

据此，我们按照上述指标与计算方法，分别对中国在附件 9 及与东盟服贸协议中 11 个服务部门市场准入和国民待遇的具体承诺情况进行对比分析。

三、中国在附件 9 及与东盟服贸协议中相关开放承诺的对比分析

（一）分部门承诺覆盖程度的对比分析

表 2—9 列出了中国在附件 9 及与东盟服贸协议中对 11 个服务部门共 154 种服务活动的市场准入和国民待遇的承诺覆盖情况。其中表 2—9 中的“平均数”和“平均覆盖率”是按照前述的公式（1）进行“简单平均”以及公式（3）进行“加权平均”方法计算的。它们分别反映了在考虑和不考虑承诺深度的情况下，中国在两个协议中对 616 项具体承诺（154 个部门×4 种提供模式）中的承诺情况。就市场准入而言，在考虑了承诺深度之后，中国各部门的覆盖率有所降低，其根本原因在于中国做出“没有限制”承诺的活动比例较低，这直接影响了服务贸易自由化的真实程度与水平。国民待遇的情况与之相类似，但其承诺的开放度要高于市场准入。

当前一些学者认为，中国在东盟服贸协议中的承诺比其在附件 9 中的承诺开放度要高，但从表 2—9 的计算结果可知，上述结论是较为武断的。例如，在两个协议中都做出承诺的四个部门里（商务、运输、环境、建筑），对商务和运输部门而言，中国在东盟服贸协议中所做出的承诺要更为严格（无论是市场准入或国民待遇），但同时对环境部门（市场准入）和建筑部门（国民待遇）的承诺要更为放宽；另外，在附件 9 里，中国只对健康和娱乐两大类服务部门未做任何承诺，而在东盟服贸协议承诺中，中国却对六大类服务部门（通讯、分销、教育、金融、健康、旅游）未做出任何承诺。这一方面反映出中国与东盟在整体利益的对等开放和部门结构的对称开放问题上存在复杂的关系和谈判的难度，双方在进行双边服务贸易开放上还保留着较为谨慎的态度；另一方面也体现了中国与东盟在双边服务贸易自由化领域尚存在巨大潜力与空间。

表 2—9 中国在附件 9 与东盟服贸协议中分服务部门的承诺情况比较

单位：%

服务部门	市场准入			国民待遇		
	平均数	平均覆盖率	没有限制的活动占总活动数的比例	平均数	平均覆盖率	没有限制的活动占总活动数的比例
商务	50/24.5	33.4/17	22.8/11.4	50/21	39.5/16.4	34.2/14.1
通讯	66.7/0	40.3/0	19.8/0	66.7/0	54.2/0	50/0
建筑	75/75	43.8/43.8	25/25	75/75	50/56.3	25/50
分销	90/0	57.5/0	35/0	90/0	65/0	50/0
教育	75/0	43.8/0	25/0	75/0	37.5/0	25/0
环境	75/100	50/56.3	25/25	100/100	81.3/81.3	75/75
金融	76.5/0	39.3/0	16.2/0	76.5/0	56.25/0	42.6/0
健康	0/0	0/0	0/0	0/0	0/0	0/0
旅游	50/0	34.4/0	25/0	50/0	37.5/0	31.3/0
娱乐	0/10	0/3.8	0/0	0/5	0/1	0/0
运输	29.3/17.1	18.6/11	10.7/6.4	29.3/16.4	19.4/12.4	18.6/10.7

注：斜杠“/”左边的数字为中国在附件 9 中的承诺计算值，右边为在东盟服贸协议中的承诺计算值。

资料来源：根据《中国加入世界贸易组织法律文件》附件 9 以及《中华人民共和国与东南亚联盟成员国政府全面经济合作框架协议服务贸易协议》—中华人民共和国服务贸易具体承诺减让表计算。

为了更细化我们的分析判断，我们以下结合服务的提供模式来对中国在附件 9 与东盟服贸协议中的承诺情况进行比较分析。

（二）中国在附件 9 与东盟服贸协议中分服务提供模式的承诺情况解读

表 2—10 和表 2—11 分别报告了中国在附件 9 和东盟服贸协议中，按照 4 种提供模式和 5 种承诺深度细分的中国服务业分部门的市场准入与国民待遇的具体承诺情况。另外，为了比较服务部门之间和提供模式之间的承诺程度，我们用均值来计算每个服务部门 x 的平均承诺程度：

$$Average\quad Value(x)=\sum_{i=1}^{4}a_iX_i\cdots \tag{4}$$

其中，$a_i\in\{1,0.75,0.5,0.25,0\}$ 分别表示 5 种承诺方式（None，None$^+$，Bound，Unbound$^+$，Unbound）的值，而 X_i 为 5 种承诺深度在每类中的百分比。

表 2—10 中国在附件 9 与东盟服贸协议中对服务具体部门市场准入的承诺情况（在每类中的百分比）

单位：%

	行业	商务	通讯	建筑	分销	教育	环境	金融	健康	旅游	娱乐	运输
跨境交付	N	41/20	13/0	0/0	40/0	0/0	0/0	12/0	0/0	50/0	0/0	11/9
	N+	0/0	0/0	0/0	0/0	0/0	0/0	0/0	0/0	0/0	0/0	3/0
	B	11/0	54/0	0/0	0/0	0/0	0/0	0/0	0/0	0/0	0/0	6/3
	U+	0/0	0/0	0/0	20/0	0/0	100/100	65/0	0/0	0/0	0/0	0/0
	U	48/80	33/100	100/100	40/100	100/100	0/0	24/100	100/100	50/100	100/100	80/88
	均值	46.5/20	40/0	0/0	45/0	0/0	25/25	28.25/0	0/0	50/0	0/0	16.25/10.5
境外消费	N	50/22	67/0	100/100	100/0	100/0	100/100	53/0	0/0	50/0	0/0	34/17
	N+	0/0	0/0	0/0	0/0	0/0	0/0	24/0	0/0	0/0	0/0	0/0
	B	2/0	0/0	0/0	0/0	0/0	0/0	0/0	0/0	0/0	0/0	0/0
	U+	0/0	0/0	0/0	0/0	0/0	0/0	0/0	0/0	0/0	0/0	0/0
	U	48/78	33/100	0/0	0/100	100/100	0/0	24/100	100/100	50/100	100/100	66/83
	均值	51/22	67/0	100/100	100/0	100/0	100/100	71/0	0/0	50/0	0/0	34/17
商业存在	N	4/4	0/0	0/0	0/0	0/0	0/0	0/0	0/0	0/0	0/0	0/0
	N+	2/13	0/0	0/0	40/0	0/0	0/100	12/0	0/0	0/0	0/0	0/9
	B	46/11	67/0	100/100	60/0	100/0	100/0	59/0	0/0	50/0	0/20	26/11
	U+	0/0	0/0	0/0	0/0	0/0	0/0	6/0	0/0	0/0	0/0	0/0
	U	48/72	33/100	0/0	0/100	0/100	0/0	24/100	100/100	50/100	100/80	74/80
	均值	28.5/19.25	33.5/0	50/50	60/0	50/0	50/75	40/0	0/0	25/0	0/10	13/12.25
自然人流动	N	0/0	0/0	0/0	0/0	0/0	0/0	0/0	0/0	0/0	0/0	0/0
	N+	0/0	0/0	0/0	0/0	0/0	0/0	0/0	0/0	0/0	0/0	0/0
	B	0/0	0/0	0/0	0/0	0/0	0/0	0/0	0/0	0/0	0/0	0/0
	U+	52/28	67/0	100/100	100/0	100/0	100/100	76/0	0/0	50/0	0/20	34/20
	U	48/72	33/100	0/0	0/100	0/100	0/0	24/100	100/100	50/100	100/80	66/80
	均值	13/7	16.75/0	25/25	25/0	25/0	25/25	19/0	0/0	12.5/0	0/5	8.5/5

注：⑴斜杠“/”左边的数字为中国在附件 9 中的承诺计算值，右边为在东盟服贸协议中的承诺计算值，②N 代表“None”，N+ 代表“None+”，B 代表“Bound”，U+ 代表“Unbound+”，U 代表“Unbound”。

资料来源：根据《中国加入世界贸易组织法律文件》附件 9 以及《中华人民共和国与东南亚联盟成员国政府全面经济合作框架协议服务贸易协议》—中华人民共和国服务贸易具体承诺减让表计算。

表 2—11 中国在附件 9 与东盟服贸协议中对服务具体部门国民待遇的承诺情况（在每类中的百分比）

单位：%

	行业	商务	通讯	建筑	分销	教育	环境	金融	健康	旅游	娱乐	运输
跨境交付	N	52/17	67/0	0/0	40/0	0/0	100/100	76/0	0/0	50/0	0/0	17/11
	N+	0/0	0/0	0/0	0/0	0/0	0/0	0/0	0/0	0/0	0/0	0/0
	B	0/0	0/0	0/0	0/0	0/0	0/0	0/0	0/0	0/0	0/0	3/0
	U+	0/0	0/0	0/0	20/0	0/0	0/0	0/0	0/0	0/0	0/0	0/0
	U	48/83	33/100	100/100	40/100	100/100	0/0	24/100	100/100	50/100	100/100	80/89
	均值	52/17	67/0	0/0	45/0	0/0	100/100	76/0	0/0	50/0	0/0	18.5/11

续表

	行业	商务	通讯	建筑	分销	教育	环境	金融	健康	旅游	娱乐	运输
境外消费	N	52/20	67/0	100/100	100/0	100/0	100/100	76/0	0/0	50/0	0/0	34/17
	N+	0/0	0/0	0/0	0/0	0/0	0/0	0/0	0/0	0/0	0/0	0/0
	B	0/0	0/0	0/0	0/0	0/0	0/0	0/0	0/0	0/0	0/0	0/0
	U+	0/0	0/0	0/0	0/0	0/0	0/0	0/0	0/0	0/0	0/0	0/0
	U	48/80	33/100	0/0	0/100	0/100	0/0	24/100	100/100	50/100	100/100	66/83
	均值	52/20	67/0	100/100	100/0	100/0	100/100	76/0	0/0	50/0	0/0	34/17
商业存在	N	37/20	67/0	60/100	60/0	0/0	100/100	18/0	0/0	25/0	0/0	23/14
	N+	0/0	0/0	40/0	40/0	0/0	0/0	59/0	0/0	25/0	0/0	0/0
	B	15/0	0/0	0/0	0/0	0/0	0/0	0/0	0/0	0/0	0/0	3/3
	U+	0/0	0/0	0/0	0/0	0/0	0/0	0/0	0/0	0/0	0/0	0/0
	U	48/80	33/100	0/0	0/100	100/100	0/0	24/100	100/100	50/100	100/100	74/83
	均值	44.5/20	67/0	90/100	90/0	0/0	100/100	62.25/0	0/0	43.75/0	0/0	24.5/15.5
自然人流动	N	0/0	0/0	0/0	0/0	0/0	0/0	0/0	0/0	0/0	0/0	0/0
	N+	0/0	0/0	0/0	0/0	0/0	0/0	0/0	0/0	0/0	0/0	0/0
	B	9/9	0/0	0/0	0/0	100/0	0/0	0/0	0/0	0/0	0/0	0/0
	U+	43/20	67/0	100/100	100/0	0/0	100/100	76/0	0/0	50/0	0/25	34/20
	U	48/72	33/100	0/0	0/100	0/100	0/0	24/100	100/100	50/100	100/75	66/80
	均值	10.75/9.5	16.75/0	25/25	25/0	25/0	25/25	19/0	0/0	12.5/0	0/6.25	8.5/5

注：①斜杠“/”左边的数字为中国在附件 9 中的承诺计算值，右边为在东盟服贸协议中的承诺计算值；②N 代表“None”，N+ 代表“None+”，B 代表“Bound”，U+ 代表“Unbound+”，U 代表“Unbound”。

资料来源：根据《中国加入世界贸易组织法律文件》附件 9 以及《中华人民共和国与东南亚联盟成员国政府全面经济合作框架协议服务贸易协议》—中华人民共和国服务贸易具体承诺减让表计算。

通过表 2—10 和表 2—11 的计算结果，并结合各服务部门相应提供模式的重要性，我们认为：

（1）对于所有做出承诺的服务部门而言，都对商业存在与自然人流动模式做出了相对严格的限制（其中对自然人流动模式的限制最严格），而对境外消费模式上所做出的承诺最开放。这种状况符合当前世界各国服务贸易自由化的一般惯例和通常的规则。

（2）在与东盟签订的服贸协议中，就中国做出承诺的五个服务部门（商务、建筑、环境、运输、娱乐）而言：

①无论对于哪一种服务提供模式而言，商务与运输部门在附件 9 里都显得比在东盟服贸协议里更为开放。而对商务和运输部门而言，跨境交付与商业存在模式是最为重要的，无论是对跨境交付或商业存在的承诺，中国在附件 9 中的承诺都要比在东盟服贸协议开放得多（市场准入：跨境交付 46.5/20、商业存在 28.5/19.25；国民待遇：跨境交付 52/17、商业存在 44.5/20）；当然，值得一提的是，虽然在附件 9 里运输部门的开放程度要更大，但境外消费对运输服务而言只占很小的比例，一般只包括的例子如：本国船只在外国港口进行修理，或者外国港口对本国船只进行运输的支持和辅助性服务等。因此总体而言，这两个协议对运输部门的开放承诺程度都略显不足。

②对建筑部门而言，虽然在两个协议里中国对境外消费模式做出了无限制的开放承诺以及对跨境交付模式不做任何承诺，[①] 但其实意义都不大，因为这两个协议对商业存在和自然人流动模式都只做出了中等程度的承诺，而这两个模式对建筑部门而言是最为重要的（市场准入：商业存在 50/50、自然人流动 25/25；国民待遇：商业存在 90/100、25/25）。考虑到东亚地区建筑业的竞争性和

① 建筑在技术上通过跨境交付模式实现交易的可能性并不强。

各国对于劳动力跨国流入均持审慎的态度，目前采取这种限制措施是必要的。但是，各国应当在这一领域加快谈判进度，积极推进其自由化的进程。

③对环境部门而言，商业存在与跨境交付方式比较重要，在两个协议中无论是市场准入或国民待遇都对境外消费模式做出了无限制的开放承诺。另外，在两个协议中都对商业存在做出了较为开放的承诺（市场准入：50/75；国民待遇：100/100）。但是显然地，在市场准入中对跨境交付的承诺程度还可以提高（25/25）。总体而言，在两个协议中中国对环境部门做了较为开放的承诺。

④对娱乐部门而言，跨境交付与商业存在模式比较重要，但中国只在东盟服贸协议中对商业存在模式做出试探性的开放承诺，主要是为了吸引外资，而在附件 9 中未做承诺；对于跨境交付模式，在两个协议中都未做承诺。

四、结论

本文主要在 Hoekman（1995）的频度分析基础上进行进一步细化，通过把服务贸易承诺减让表中的承诺表达方式进行五级分类的“加权平均”计算，用以对中国加入 WTO 法律文件的附件 9 及东盟自贸区服贸协议中的具体承诺减让表所反映的自由化程度进行定量评估比较。所得出的结论如下：

（1）在附件 9 里，中国对健康和娱乐两大类服务部门未做任何承诺，而在与东盟服贸协议承诺中，中国对六大类服务部门（通讯、分销、教育、金融、健康、旅游）未做承诺。这一方面反映出中国与东盟在整体利益的对等开放和部门结构的对称开放问题上存在复杂的关系和谈判的难度，双方在进行双边服务贸易开放上还保留着较为谨慎的态度；另一方面也体现了中国与东盟在双边服务贸易自由化领域尚存在巨大潜力与空间。

（2）对所有做出承诺的服务部门而言，都在商业存在与自然人流动模式做出了较为严格的限制（其中对自然人流动模式的限制最为严格），而在境外消费模式上所做出的承诺最为开放。这种状况符合当前世界各国服务贸易自由化的一般惯例和通常的规则。

（3）对商务和运输部门而言，中国在附件 9 中的开放承诺多于东盟服贸协议，但总体而言，这两个协议对运输部门的开放承诺程度都略显不足；在两个协议中，中国对建筑部门做出了中等程度的承诺，对环境部门做了较为开放的承诺；另外，对娱乐部门而言，在东盟服贸协议中对商业存在模式做出试探性的开放承诺，而在附件 9 中并没做任何承诺。

缩小与东盟服务贸易的逆差是减少中国服务贸易逆差的必然选择，为此，中国应进一步加强与东盟彼此之间的服务贸易开放，特别是对于商业存在与自然人流动模式的开放，以及双方具有互补性服务贸易的开放。

厦门大学经济学院副院长、教授　黄建忠

上海立信会计学院开放经济与贸易研究中心　蒙英华

后危机时代促进服务外包发展研究

一、后危机时代全球经济新环境对服务外包的影响

（1）服务外包增速短期减缓。2009 年上半年全球新签外包合同金额下降了 22%。印度 2000 多家小型信息科技公司中有许多要关闭。基于此，IDC 也调低了全球服务外包未来的增长预期（见图 2—1 与图 2—2）。

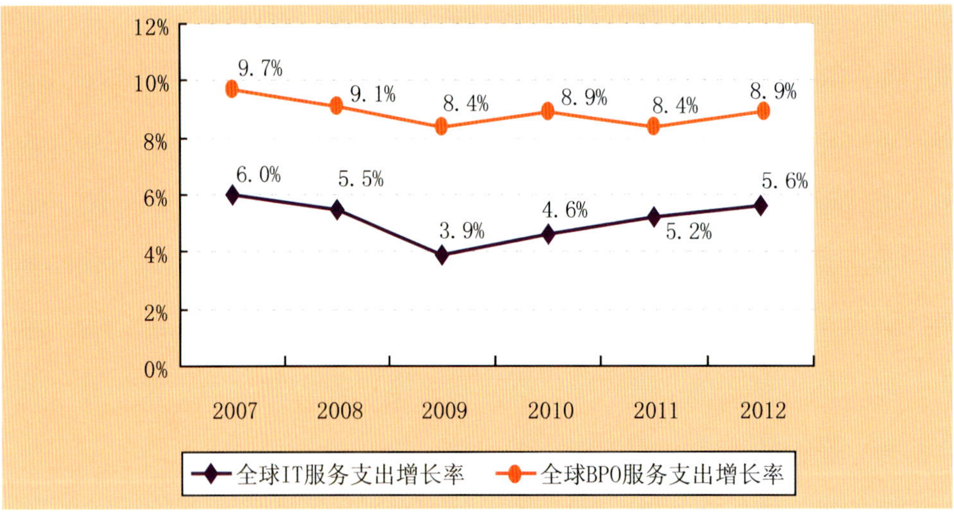

资料来源：IDC

图 2—1 全球 IT 服务与 BPO 支出增长率

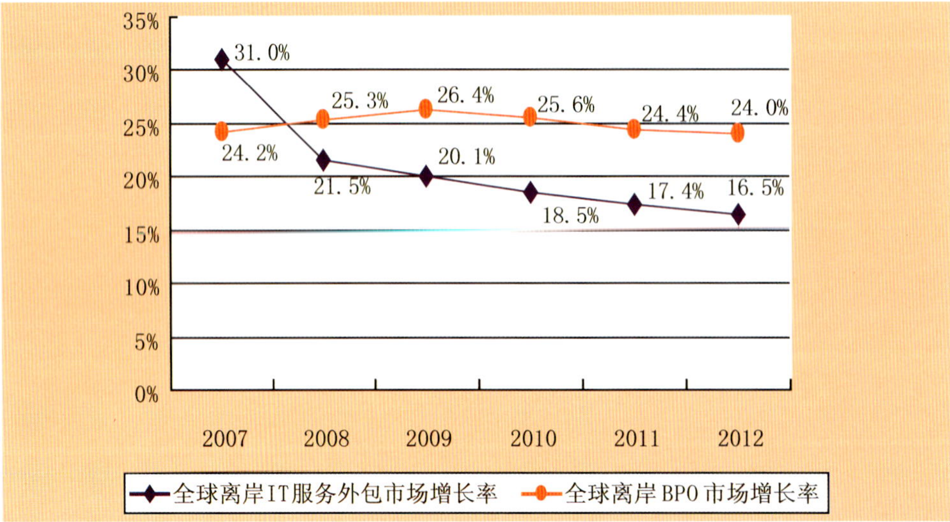

图 2—2 全球离岸 IT 服务与 BPO 支出增长率

(2) 服务外包反弹趋势明显。由于传统发包市场的复苏、新兴发包市场的增长、服务外包领域的拓展、商业模式的创新，2008 年制造业、电信业、交通运输业外包合同总额分别增长 80.5%、59.3%和 44%。

(3) 服务外包商业模式创新。全球服务外包企业在与客户紧密合作共同应对危机过程中，将通过交付模式、服务模式与合作模式的创新，为客户带来更大的回报和更高的业务灵活性。

(4) 服务外包接包地多元化。根据 Gartner 的研究，印度、中国、菲律宾等成为主要代表。但发达国家如爱尔兰、加拿大等越来越多的国家致力于大力发展服务外包产业。像埃及、突尼斯、摩洛哥、毛里求斯、加纳和南非等国家都有了成熟的 BPO 及客服中心行业。

(5) 服务外包要素重新配置。企业剥离与并购、产业转移与引进、人才解雇与回流等现象，日益凸显。不少大型跨国企业和欧美企业，迫于成本压力，剥离原建的共享中心或解雇员工，相当一批熟悉国际市场、掌握丰富行业经验的专业人士将会重新选择自己的工作地，那些发展面临人才瓶颈的国家和地区将会积极致力于自身急需人才的引进，从而导致人力资源在全球范围内重新配置。

二、后危机时代国内服务外包发展走势与重点关注领域

(一) 发展回顾

1. 政府创新机制强力推动

部委联合、多层共建。2006 年起，由商务部牵头组织实施旨在促进全国服务外包发展的“千百十工程”实施以来，国家有关部委共同合作，积极研究制定促进服务外包产业发展的各项政策措施，知识产权保护力度加强，交通、电信和网络基础设施快速增长，企业自身素质、服务质量、信誉与品牌影响力不断提升。

信息透明、及时公示。国家和各地服务外包的扶持政策通过中国服务外包网以及地方服务外包网公示，信息公开、透明、及时，便于企业查询。

2. 高度重视人才培训

国家用财政政策支持服务外包人才培训，同时制定人才培训机构的认定标准。示范城市都出台了人才培训的政策措施以及相应的地方财政支持政策，包括设立服务外包产业发展专项资金、实施多元化的服务外包人才培训模式、建立服务外包人才培训机构及实训基地等，并探索出多种服务外包人才培训方式。

3. 重点推进离岸外包

2008 年，在国际经济形势较为困难的情况下，中国服务外包出口仍保持快速增长，合同金额同比增长 83%，合同执行金额同比增长 92.6%。

4. 以示范城市为试点快速突破

示范城市的选择在总体布局上既体现了总体平衡，也反映了梯度特点。环渤海、长三角、珠三角和中西部四大板块都有若干示范城市，差异化竞争优势在发展过程中逐渐凸现，总的来讲呈现“一线城市接单、二三线城市交付运营”的特点。

(二) 国内服务外包发展新走势

1. 经济社会地位进一步提高

中国未来经济发展、气候减排、缓解能源制约、减轻就业压力及调整经济结构的需要更加迫切。而服务外包产业具有低消耗、低污染、人力资本密集的多重特性，有助于解决服务贸易比重偏低的结构性问题，国家和地方政府对服务外包产业的关注度与扶持力度也将不断加大。

2. 在岸外包市场潜力将进一步释放

(1) 中小企业市场逐渐崛起。到2006年底，中小企业数量已经超过4200万家，占全国企业总数的99%以上。创造的最终产品和服务价值相当于国内生产总值的60%左右，提供了75%以上的城镇就业岗位，吸纳了80%国有企业下岗人员实现再就业。目前，中小企业迫切需要服务模式拓展，降低企业信息化的门槛与风险，消除规模小、力量薄弱、专业人员少等劣势对中小企业发展的影响。特别是随着未来几年政府鼓励信贷向中小企业倾斜及其信息化建设的深入，对服务外包的要求也将更加丰富和提高。

(2) 国内跨国公司外包意愿增强。调研显示，国内跨国公司对于采购IT设备和软件的需求下降，而对IT服务管理的需求增加；随着国内经济进入稳定增长阶段，跨国公司必将进一步增加外包订单，扩大外包范围。如许多跨国公司大幅度削减研发经费，与中国研发外包企业联合从事产品研发，加紧在中国的研发资源部署。

(3) 政府和大中型企业扩大发包。中国政府实施的巨额投资计划以及十大产业振兴规划，不仅可以通过改善交通、电讯网络等基础设施来改善服务外包发展的硬环境，同时还将在教育培训、信息服务、医疗、法律服务、电子政务等领域给服务外包产业的发展带来新的机遇。

3. 产业并购整合速度将进一步加快

后危机背景下，资金、人才在全球范围内流动与重新配置，将使中国有机会通过并购国内外企业、引进国际合作伙伴、吸纳海外人才等手段，提升自身管理和技术水平，增强国际市场渗透能力。会有越来越多的外包企业，通过海内外并购，扩大自身规模，拓展市场渠道，获取一批具有接单能力和项目管理能力的复合型人才，提高自身竞争力。

4. 企业创新能力要求将进一步提高

长期以来对中国经济增长起到巨大支撑作用的劳动力资源，将发生从劳动力过剩到劳动力短缺的转变，这意味着中国靠人口红利、廉价劳动力促进经济增长的模式将失去劳动力支撑。因此，这就要求企业加强成本控制，不断利用新技术、专注垂直行业经验。

5. 向二三线城市转移将进一步加速

国际服务外包热点区域经过了几年的快速增长，逐渐显现出商务成本上升、人才短缺等发展“饱和”问题。中国也不例外，部分一线城市开始出现了服务企业和客户在二线或三线城市设立服务外包企业的趋势。

(三) 重点关注领域

1. 市场拓展层面

目前离岸服务外包市场拓展面临困难，国内在岸市场释放仍然面临诸多制约因素。

2. 企业竞争力层面

国际市场接单能力弱，缺乏和客户的有效沟通能力。跨国项目管理能力差，懂技术、英语能力和文化沟通能力强的人员缺乏。人员规模偏小，缺乏承接细分行业的外包经验。

3. 行业支持配套层面

与印度、爱尔兰和菲律宾等国家相比，中国的法律系统、教育系统、金融系统、海关系统、电信系统等都存在改进的空间。

4. 产业管理与政策层面

产业管理与政策层面主要包括服务外包统计体制，税收优惠政策可操作性，企业规模和品牌建设，产业服务意识等，均需引起重点关注。

5. 地方政府推动层面

目前中国示范城市存在的共性问题是产业导向差异不大、优惠政策基本类同、行业缺乏统一管理，地方政府需要在这些方面努力改进。

表 2—12 中国服务外包示范城市重点产业列举

城市	重点产业
北京	信息服务外包、研发服务外包、金融服务外包、商务服务外包
天津	软件研发外包、金融后台服务外包、医药研发外包、物流外包、系统维护、财务外包、行政管理及人力资源服务外包、客户服务中心、动漫、工业设计
上海	金融服务、影视游戏制作、应用软件开发与维护、物流和财会
重庆	通信软件、平台软件、嵌入式软件、信息安全软件、数字娱乐
大连	应用及嵌入式软件开发；航运物流类、装备制造类、工业设计和管理类软件的研发和应用；金融服务、客户服务、物流服务等 BPO、制造、电信等行业外包
深圳	软件研发与信息技术服务外包、金融服务外包、物流供应链管理服务外包、产品技术研发、工业及动漫设计外包等
广州	软件开发、电信服务、数据加工处理、后台服务、网游动漫产品设计与制作、药物委托合同研发和加工、第三方检测、工业设计、金融服务、现代物流、会展服务、人力资源等服务外包
武汉	应用软件、嵌入式软件、IT 系统维护服务、重点领域模块设计、软件测试、软件本地化、定制解决方案和其他高附加值服务；运营管理、工程设计、电信增值服务；工业研发等
哈尔滨	空间地理信息、呼叫中心、动漫外包、信息技术外包、嵌入式软件外包
成都	信息技术、数字娱乐、生物医药、金融后台、呼叫中心服务
南京	信息技术、移动通信、动漫制作、医药研发外包
西安	行业应用软件研发；嵌入式软件研发；后台 IT 技术支持和业务流程外包、客户联络服务中心、数据资讯服务；电子商务、电子交易等现代服务业务
济南	软件信息、金融财务、数据备份、数据处理、动漫、研发设计、售后服务、呼叫中心、物流供应等外包
杭州	金融后台服务、应用软件开发、托管应用管理、嵌入式软件、动漫游戏制作，电信运营服务外包

续表

城市	重点产业
合肥	科技研发、IC 设计，工业设计，咨询，物流、财务、人力资源外包等 BPO 业务，软件外包等 ITO 业务
南昌	软件开发外包、研发设计外包、呼叫中心、创意产业外包、软件测试外包和电信工程外包
长沙	文化创意产业和软件职业教育产业、动漫外包、文化内容外包
大庆	油田开采中涉及的物探、钻井、测井、采油等领域的技术支持与服务等
苏州	软件外包、研发设计外包、物流外包、动漫创意外包、后台数据处理外包和信息基础设施外包等
无锡	技术先进型服务外包、信息技术外包、业务流程外包、动漫创意外包

资料来源：中国服务外包研究中心整理、分析

三、战略定位与对策建议

（一）战略定位

1. 制造＋服务

（1）制造业服务化。制造业本身就包含了很多服务需求，如设计研发、采购、物流、财务、人事、市场销售等。可委托第三方公司依靠 ICT 技术（包括网络和通信技术）实现精益化管理的业务流程外包（BPO）；另外，制造业通过改制、转型，自身演变为服务外包企业或孕育出新的服务外包企业。

（2）服务业制造化。服务外包的发展，以新兴的信息化技术为手段，突破了服务业消费和生产不能分离的局限，在模块化、标准化的基础上可以大规模向多个客户提供服务，大大拓展了服务广度和深度，实现“服务业制造化”。

2. 在岸＋离岸

（1）在岸扩规模。规模对于服务外包企业而言十分重要，服务外包的能级建立在规模基础上，达到一定量的规模，服务外包企业就可以向全国乃至全球辐射。庞大的服务外包内需市场也是中国区别于印度的优势所在。

（2）离岸促能力。国外发包商在剥离非核心业务流程、对服务供应商及人员进行培训、控制离岸交付质量和管理服务供应商等诸多方面，积累了丰富的经验。这对中国服务外包企业的学习和成长十分有利，同时可以加快本土企业与国际市场和国际标准的接轨，并使本土企业可以利用溢出效应获取丰富的行业知识。

3. 外包＋创新

（1）接包企业本身的创新。中国大多服务外包企业主要参与程序开发、编码、测试及本地化等工作，较少从事整体框架设计、综合解决方案等高端外包服务；较少作为总接包商，较多承担三级、四级分包工作（见图 2—3）。因此需要通过技术创新、管理创新、流程创新等多种创新途径，摆脱处于价值链低端的不利地位。

外包层次	特点	服务内容
高端整体外包	参与客户的需求分析过程	需求分析；系统设计，包括概要设计、详细设计
中端阶段外包	不参与需求分析，只参与系统设计	系统设计，包括概要设计、详细设计；软件编码和软件测试
低端功能模块外包	不参与系统设计和需求分析，仅负责某个子模块的编程，或设计成果转换为可执行的程序代码	软件编码、系统测试、本地化、维护运营

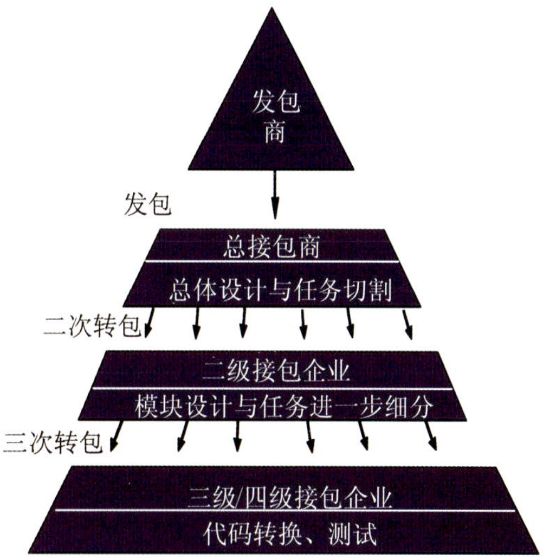

资料来源：中国服务外包研究中心整理、分析

图 2—3 服务外包的层次性与阶段性

（2）从承接服务外包到自主创新。离岸服务外包往往被视为服务业领域的加工贸易。因此不能停留在只从事服务外包阶段，必须立足于发展具有自主品牌和自主创新能力的服务业这一目标，将静态比较优势转化为动态竞争优势。

（二）对策建议

1. 推动特惠制转向普惠制

在各项试点政策相对成熟后，建议借鉴其他国家的成功经验，优惠政策从面向示范城市转向面向整个服务外包行业，对符合条件的服务外包企业提供统一扶持政策，不因所在地区不同而有所差异，打破地域界限，促使各地把精力放在总体统筹规划、提高服务质量和创新服务模式上。

2. 打造“中国外包”品牌

针对国外发包商对中国接包环境及中国接包企业不了解甚至存在一定程度误解的现状，在积极倡导成员企业采用与国际先进水平同步的质量标准的同时，聘用世界知名的专业机构，在国家平台上，明确“中国外包”的价值定位，并进行统一的品牌策划、形象设计、对外推广等系列工作。在“中国外包”的统一品牌下，推动未来国内示范城市的重点从打造“城市品牌”转向打造“产业品牌”，打造一个“企业、城市、国家”三个层面相互支撑、相互促进的立体外包品牌，不遗余力地提升“中国外包”的国际形象与国际知名度。

3. 积极拓展发包市场

制定切实可行的鼓励发包措施，针对政府担心的信息安全以及国有大中型企业知识产权方面的顾虑，完善相关实施细则，促进政府与大中型企业释放发包需求。同时，面向政府采购部门和结合“中国外包”的品牌宣传，与目前已向中国发包的全球知名跨国企业合作，打造国内成功接包的典型案例，对外宣传它们在中国实施离岸外包的成功经验。

4. 培育服务外包企业

支持有实力的大企业抓住后危机机遇，进行海外并购，并利用中小板、创业板的机会鼓励有潜力的服务外包中小企业上市，加速发展壮大。同时适当放宽对技术先进型服务企业“两个50%”的要求，探索对服务出口给予相应的退税与免税待遇。鼓励培训机构开展对国内服务外包企业管理者的培训。

5. 强化服务外包培训

拓宽培训视野。培训对象不仅仅是大学生，还应包括对潜在接发包企业和政府管理层的培训；鼓励各服务外包示范城市面向政府管理部门，组织服务外包专题培训，使政府领导层面以及实际操作层面，都能了解为什么要发展服务外包和如何发展服务外包。

6. 优化管理与服务体系

从国家层面对整体产业发展进行规划，确定未来服务外包产业在中国发展的路径和目标，全面建立产业的政策、人才、企业扶植体系，从产业链角度建立行业支撑体系，并针对细分行业的需求特点，在已有政策框架内制定细分行业扶持政策。同时，尽快建立一个从上到下、便于操作的统一服务外包统计体系，对服务外包的统计对象、范围、内容进行明确清晰的规定，便于地方政府管理部门的日常管理和相关考核评价。

后危机时代促进中国服务外包发展研究课题组

建立服务贸易和服务外包促进体系研究

发展服务贸易、承接服务外包，是中国调整产业结构、转变对外贸易增长方式、实现由贸易大国向贸易强国跨越的重要途径。中国的服务贸易促进体系尚未完全建立，对服务贸易促进的主体、对象、职能、载体、手段、政策措施等体制内容尚在探索中。

一、中国服务贸易促进的现状、模式及成效

现存的服务贸易促进机构主要分为五个层面：①商务部（服务贸易司）是服务贸易管理和促进的行政主管部门，各服务业的专业部委对本行业的服务贸易承担行政管理和促进职能；②商务部外贸发展事务局、投资促进局是服务贸易的官方促进机构，其工作重心和主要功能在于促进货物贸易；③中国国际贸易促进委员会，地区或行业性组织，中国服务贸易协会及地区性服务贸易协会是服务贸易和服务外包促进的社会中介机构；④金融机构，尤其是中国进出口银行和中国出口信用保险公司是促进服务贸易的政策性金融机构；⑤地方政府有关部门以及科研、教育等其他机构。

工作协调机制分为两种不同层面的部际协调机制：一是商务部牵头的综合性服务贸易部际协调机制；二是行业主管部门牵头的专业性服务贸易协调机制。与此同时，北京、上海等地方政府也相应建立了服务贸易促进机制。

现有的服务贸易促进方向主要是通过政府间协议减少服务贸易壁垒；鼓励服务企业联合重组；努力降低企业运营成本；鼓励企业“走出去”和发展服务外包。

现有的服务贸易促进方式较少，主要包括中国服务贸易大会等国际论坛、展会和专业洽谈会；“中国服务贸易指南网”建设及其他公共信息服务；小范围的财税和金融支持。

服务贸易促进主要政策可分为国家、国务院部门和地方政府三个层次。2007 年，国务院发布了《关于加快发展服务业的若干意见》，确认了《服务贸易发展“十一五”规划纲要》的发展目标。

经过几年的发展，服务贸易促进工作取得了一定的效果，服务贸易总额快速增长，增速远高于世界平均水平，结构不断优化，承接国际服务外包和服务外包企业“走出去”都得到快速发展。

二、中国服务贸易促进工作存在的主要问题

中国服务贸易发展起步较晚，尚未形成与世贸组织规则相符的服务贸易促进组织体系、工作机制和政策、服务体系，导致中国服务贸易促进工作基础相对薄弱。

（1）促进工作基础薄弱。由于服务业总体发展水平滞后、市场开放历史较短，中国服务贸易促进工作的基础较为薄弱，对促进工作的思想认识不足，同时，统计制度刚刚建立，历史数据不全。

（2）法律依据缺失。对服务贸易管理和促进的法律依据《对外贸易法》覆盖面广，针对性及适用性不强。

（3）组织构架不成体系。现有促进机构没有统一的促进目标、导向和行动纲领，无法凝聚资

源，集中力量实施促进。

(4) 机制不完善。各部门间、中央与地方间等职能交叉、错位，主体不明、分工不清、关系不顺、效率不高、政策协调性较弱。除少数发达地区外，大部分地方政府没有建立起与国务院主管部门完全对接的服务贸易促进机制，综合性和行业性的服务贸易社会中介机构的促进工作也基本停留在中央层面。

(5) 政策不到位。在国家宏观经济政策层面，促进服务贸易尤其是服务出口的政策尚不突出，缺少中长期规划，也没有形成促进政策体系。

(6) 促进方式单一。全国性和综合性的促进方式较少，政策的普及性欠缺。如“中国服务贸易指南网”作为重要的促进平台，连续两年无法获得足额财政预算。

(7) 运行模式模糊。决策和执行混淆，服务贸易主管部门既是行政主管部门，又是促进机构。由政府直接主导的促进措施易于受到其他WTO成员方的补贴起诉。

三、世界主要发达国家和地区服务贸易促进体系借鉴

美国、新加坡和中国香港等发达国家和地区在服务贸易促进方面经验较为丰富，均把促进服务贸易发展置于国家战略的重要位置。

(1) 注重立法保障是发达国家促进服务贸易的基础。首先，法律确定了其政府各部门的分工，为通力协调部门利益、避免职能和定位交叉，形成合力促进服务贸易发展奠定了基础。其次，法律成为发达国家政府对外缔结贸易安排的指导。最后，法律保持了政策的连续性，保障了企业经营环境的稳定性。

(2) 支持中小企业是发达国家发展服务贸易的重点。发达国家政府对出口的支持力度很大，大多数国家把促进中小企业出口放在国民经济的重要位置，通过设立专门的基金、提供相关的服务，着力推动中小企业开拓国际市场。

(3) 突出自身优势着力发展特色产业。发达国家根据自身的优点和特色，注重促进针对特殊国别地区和特殊行业的服务出口。如美国利用其高科技优势、新加坡利用其金融中心和航运中心的优势，大力促进服务出口。

(4) 不断完善产业发展环境，加强基础研究和统计体系建设，成为发达国家发展服务贸易的重要保障。各发达国家政府均加强通讯和互联网等基础设施建设，通过港口和机场等基础设施的建设改善物流条件、增强对商务人员的吸引力。同时，加强服务业相关从业人员的培训，逐步完善产业环境政策。

四、建立中国服务贸易促进体系的思路

(一) 指导思想

以邓小平理论和“三个代表”重要思想为指导，深入贯彻落实科学发展观，充分把握国际要素流动和国际服务业转移的历史契机，以市场为导向、官方促进为主体、公共服务为基础、人才培养为根本、制度创新为支撑，通过覆盖全国和所有服务行业的组织体系建设、工作机制建设、法律和政策体系建设、服务体系建设，重点解决服务贸易发展中存在的，制约业务可持续发展的突出问

题，创造更有利于服务贸易发展的硬环境和软环境，推动中国传统和现代服务贸易不断形成新的竞争优势，扩大贸易规模，优化对外贸易结构，为中国从贸易大国向贸易强国转变提供支撑，实现中国服务贸易的持续、健康、协调、平衡发展。

（二）近期目标

建立覆盖全国各地、各行业的服务贸易促进机构，完善促进工作机制，扩大促进范围，丰富促进模式，扩大服务贸易规模，推动电信、金融、计算机和信息服务、商业服务、工业研发等企业对外投资，提高中国服务贸易主体的国际竞争力。

（三）中长期目标

建立既符合世贸组织规则又符合中国国情、质量和效益导向型、具有国际竞争力的服务贸易促进组织体系、工作体系、政策体系和服务体系，为中国服务贸易的发展营造良好的外部环境，以满足中国产业结构调整和开放型经济发展的长期需要，初步形成各具特色、区域协调的服务贸易发展格局，培育一大批拥有自主知识产权、知名国际品牌的服务业跨国公司，从而不断提高服务贸易的综合竞争力，为实现服务贸易发展的中长期目标奠定坚实基础。

（四）五个原则

坚持政府引导与市场调节相结合的原则；坚持扩大规模和优化结构并重的原则；坚持服务贸易与服务业发展相结合的原则；坚持服务贸易的重点行业发展与区域布局相结合的原则；坚持发展服务贸易与发展先进制造业相结合的原则。

服务贸易促进要抓住一个重心，实现两个转变，推动三个结合，确立四项保障。即以“扩大规模和优化结构”作为工作中心；转变“重视货物贸易、轻视服务贸易促进”以及“片面追求出口数量增长、忽视出口附加值”，“重视中央部委促进、忽略地方服务贸易促进”的旧观念，转变“多部门平行工作、多层面重复促进”的工作机制；实现出口促进和进口促进相结合、发挥传统的服务贸易优势和催生新的竞争优势相结合、国内促进与国外促进相结合；确立服务贸易促进的法律保障，以国务院分管领导牵头且以商务部为主的促进机制协调性保障，以促进中长期规划为载体的促进政策系统性保障以及以固定促进资金来源为基础的政策稳定性保障。

同时，应发挥中央和地方两个积极性，调动官方和民间促进资源，并用好香港服务贸易促进平台，发挥香港服务贸易发展的标杆作用、带动作用和纽带作用，以逐步实现香港和内地服务贸易促进平台的互通互接。

五、中国服务贸易促进体系的框架建议

为提高中国服务贸易的国际竞争力，应在市场体系、组织体系、工作体系、政策体系和服务体系等五大要件上共同入手，形成合力，建立起具有国际竞争力的促进体系。

（1）不断完善的市场体系。加强行业标准和规范、基础设施、行业自律制度、统计制度、预警机制和培训制度的建设。

（2）三位一体的组织体系。要在全国构建包括政府主管部门、官方促进机构和社会中介组织三位一体，形成国内一国外、中央一地方、官方一社团矩阵式的三个层次的促进构架。在全国各地建

立与中央层面对口的三位一体的服务贸易促进组织机构，形成由上至下、完全对接的组织体系。

（3）协调一致的工作体系。在多元促进主体之间形成职责清晰、分工明确、相互衔接、协调一致的工作机制，包括决策层、执行层和服务层，形成政府引导、促进局管理、社会中介组织运作的促进模式。

（4）竞争力强的政策体系。制定有国际竞争力的政策措施，包括产业政策、对外政策、外资政策、贸易政策、投资合作政策等。

（5）适应性强的服务体系。建设服务贸易公众信息网，开展多种形式的服务贸易出口推广工作，利用各种会展平台加强国际交流，提升中国服务贸易会展知名度和影响力，改进服务业投资促进工作，着重培育中国服务贸易品牌，以及加强人才培训基地建设等。

（6）服务贸易促进体系建设的近期任务。建立覆盖全国和各行业的促进组织体系，完善商务部牵头的服务贸易综合协调机制，设立服务贸易专项促进资金，进一步完善和强化信息服务体系，完善人才培养体系，壮大社会服务体系，建立进出口预警体系，并加强对地方服务贸易促进工作的指导。

六、完善中国承接服务外包促进体系的思路

（一）中国服务外包促进的现状和成效

（1）政策体系基本建立。2006年，商务部“千百十工程”的实施打开了服务外包发展的新局面。2009年，国务院办公厅下发《关于促进服务外包产业发展问题的复函》，同意确定20个中国服务外包示范城市，并实施相关的政策促进措施。几乎所有的省、副省级及部分地级政府都开展了服务外包的促进工作。

（2）组织体系基本形成。商务部、工信部、科技部等设立了服务外包主管机构，逐渐形成了由政府到民间、由中央到地方的服务外包促进组织体系框架。

（3）工作机制基本顺畅。国务院分管领导主要负责、相关部门参加的服务外包部际合作协调机制已经建立，在动漫等领域还形成了专题性的部际联席会议制度。中央与地方主管部门也形成了上下一致的工作机制。

（4）市场环境体系有较大改善。电信、通讯、互联网和航空运输等基础设施条件大大改善；知识产权保护和知识产权战略等保障逐渐建立，标准认证体系日臻完善。

（5）社会服务体系初步建立。行业协会等民间组织力量不断增强，信息服务体系日益发达，知名展会品牌影响力不断扩大，全国规模的区域电子商务平台体系逐步形成，支持服务外包的专业研究机构已经成立。

上述服务外包促进工作的开展，有效促进了中国服务外包业务的发展，对于扩大服务外包规模、了解国际市场、提升“中国外包”的国际影响力都发挥了积极作用。据商务部统计，2009年，全国新增服务外包企业4175家，新增从业人员71.1万人，服务外包企业承接服务外包合同执行金额138.4亿美元，同比增长181.8%，其中国际（离岸）服务外包合同执行金额100.9亿美元，同比增长152%。截至2009年12月，全国服务外包企业共8950家，从业人员154.7万人。

（二）中国服务外包促进存在的主要问题

（1）促进服务外包的法律层级尚需提升。《知识产权法》、《专利法》和《保守国家秘密法》等

均未直接涉及有关服务外包的知识产权保护，不足以保护发包方和承包商在商业信用等其他方面的合法权益。

(2) 促进服务外包的战略构架尚不清晰。中国服务外包的促进政策依然比较零散，在总体发展规模、产业发展布局、发展模式、价值链位置、区域政策、财税、教育等方面，尚未形成整体的战略构架和配套措施。

(3) 服务外包的市场环境体系依然需要改善。国内区域布局和市场经营秩序问题显露，承接外包的国际产业分工地位较低，支持承接服务外包的金融服务体系尚未健全。

(4) 统计系统尚不够健全。目前的统计基本只涵盖软件外包，而商业流程服务外包业务没有包含在内。

(三) 世界主要国家促进服务外包的经验借鉴

为了获得服务外包的竞争优势，服务外包的主要国家都能够立足自身情况，因地制宜地选择产业和区域的切入点，合理确定承接服务外包的主要布局。促进措施主要包括：加强硬件保障、加强法律保护、提供税收支持、注重人才培养、形成产业集群、完善标准体系以及发展行业协会等。

(四) 完善服务外包促进体系、发展中国服务外包的思路

(1) 明确中国服务外包发展的战略构架。首先，要明确中国服务外包发展的总体战略定位。要通过“引进来”和“走出去”的更高融合、国内市场和国际市场的内外联动，扩大承接服务外包的业务领域，优化结构，提高质量，形成经济全球化条件下参与国际分工和竞争的新优势。其次，要制定中国承接服务外包的产业战略。要根据服务外包产业发展的规律，调整原有的产业布局，减少对ITO市场的过分依赖，兼顾承接ITO和BPO；发挥地方优势的产业布局；鼓励部分企业承接大型数据托管等资本密集型业务，提升单项合同金额。再次，要引导中国承接服务外包的区域市场战略。要“内外并举、双管齐下”，一方面固守本土在岸业务市场，另一方面大力开拓海外市场。

(2) 优化承接服务外包的法制环境。首先，尽快制定规范服务外包整个商务流程的法律法规，明确发包方和承包方的关系，强化信息安全保护，增强商业信誉观念；其次，加大执法力度，严惩违法行为；再次，建立电子商务所必需的网上交易公证机构；最后，打击不正当竞争。

(3) 为促进服务外包的发展，可探索实施以下政策措施：统筹布局服务外包的管理和促进体制；进一步改善承接服务外包的基础设施；推进竞争有序的服务外包市场体系建设；规范承接服务外包的行业标准；实施教育人才战略，提升产业结构；扶持重点产业服务外包发展；健全金融保险制度，扩大融资渠道；鼓励跨区域的资源整合，培育核心骨干企业；改进招商方式，赢得更大市场空间；加大境外促进力度，支持企业“走出去”；整合信息资源，创建国际化的服务外包沟通和交易平台。

建立服务贸易和服务外包促进体系研究课题组

国内外服务贸易展会发展现状和趋势[①]

一、国外服务贸易展会活动发展情况分析[②]

当前，全球服务贸易正伴随着经济全球化快速发展，同时，也影响了国际展会活动的发展特点和趋势。

（一）大量服务贸易专题论坛和研讨会应运而生

进入新世纪以来，达沃斯世界经济论坛、福布斯财经论坛、全球财富论坛等世界知名论坛都非常关注服务贸易的进展，开发出大量专题论坛和研讨会。2009 年夏季达沃斯（大连）论坛 15 个分论坛的议题就几乎都与服务贸易有关，美国的 Gartner 外包峰会和 Outsource World 全球外包论坛及博览会也是世界著名的服务贸易专门展会项目。与此同时，随着制造业与生产性服务业的相互融合，服务贸易在制造业展会中的比重也在增加，大量工业产品展会都设立了关于工业设计、软件研发、技术转让、零件分包的专馆或专区。

这种情况还突出体现在国际展览联盟（UFI）组织的变革上。2004 年在曼谷召开的 UFI 第 71 届年会上，UFI 实行了重要改革，从一个单纯的货物贸易型展会联盟转变成了包括货物贸易型展会、服务贸易型展会项目（投洽会）、会展协会、会展数据统计和审计机构的开放性会展业组织，并将名称改为“国际会展业协会”。中国国际投资贸易洽谈会（厦门）、中国文化产业博览会（深圳）等展会就是在这种改革背景下加入 UFI 的。

（二）服务贸易展会在数量上呈现增长趋势

根据全球展览信息网（TFG）统计（见表 2—13），2006—2009 年国外服务贸易展会共有 1549 个，占同期全部 14743 个展会的 10.5%。由于部分服务贸易展会是每两年举办一届，2006 年、2008 年为展览会举办年份，因此这两年的展览会数量分别高于 2007 年、2009 年。考虑到这种因素，将 2006 年与 2008 年、2007 年与 2009 年服务贸易展览会数量分别进行对比后可以进一步发现，后者数量均高于前者。所以，在此期间尽管展会总量有所下降，但服务贸易展会的数量却有所上升。据 UFI 数据，截至 2009 年，经其认证的 844 个国际性展会中与服务贸易行业相关的展会数量为 247 个，占比 29.3%。

---

① 本文部分摘自《服务贸易促进平台建设理论与制度创新研究》课题。

② 目前，全球展览会信息并无公认的权威发布机构，因此对国外展览会信息进行统计有一定的难度。经过比较，课题组选择 TFG 全球展览信息网（www. tradefairguide. com）作为研究国外服务贸易展览会发展态势的主要信息渠道。

表 2—13 2006—2009 年国外服务贸易展览会的总体数量图表

年份	2006	2007	2008	2009	合计
服务贸易展会总数（个）	399	367	410	373	1549
全部展会总数（个）	3891	3653	3736	3463	14743
服务贸易展会占比（%）	10.3	10.0	11.0	10.8	10.5

数据来源：全球展览信息网（TFG）

（三）一批知名国际服务贸易会展品牌已经形成

当前，服务贸易为主的各种专业展会迅速发展，一批品牌项目已经凸显。其中包括：德国慕尼黑国际物流博览会（Transport Logistic）、德国汉诺威举办的国际信息与通讯技术博览会（CeBIT）、英国励展集团的国际商务及会奖旅游展览会（IBTE）、法国戛纳高端物业展览会、日本东京动漫博览会、韩国首尔电子游戏大赛及产品博览会、印度软件及服务业领袖论坛、世界广告大会、国际律师联盟大会（Terralex）、世界建筑师大会（UIA WORLD CONGRESS）、世界会计师大会（WCOA）、伦敦创意展览会、世界建筑设计双年展等。目前，这些项目都已成为本行业最具权威性和影响力的展会活动。

（四）国际服务贸易展览会大多以专业性为主

从 2006—2009 年全球服务贸易展会总体来看，专业性展会的数量为 1505 个，占全部服务贸易展会数量的比例高达 97%；而综合性服务贸易展会的数量只有 44 个，只占 3%。参照 WTO 关于服务贸易行业的分类标准，对专业性服务贸易展览会进行分类统计后发现，服务贸易交易会的行业集中度较高。从 2006—2009 年服务贸易展会总体来看，“通讯服务”、“环境服务”、“旅游及相关服务”和“商业服务”的交易会较为活跃，四者占服务贸易展会的比重达到 2/3，而其他类型的展会仅占 1/3。其中，“通讯服务”展会占服务贸易展会的比例达到 23%，以较为明显的优势排名第一；紧随其后的“环境服务”、“旅游及相关服务”和“商业服务”所占的比例分别为 16%、15%和 11%；除“金融服务”所占比例较低之外（仅为 2%），其他类型的展会所占比例基本上都在 5%左右（见表 2—14）。

表 2—14 2006—2009 年专业服务贸易展会行业类型占比情况

单位：%

年份	2006	2007	2008	2009
通讯服务	25	22	25	21
环境服务	17	17	17	13
旅游及相关服务	17	16	17	13
商业服务	9	12	12	12
教育服务	7	6	6	7
文化娱乐服务	7	7	3	8

续表

年份	2006	2007	2008	2009
交通运输服务	5	4	4	7
建筑服务	5	5	4	4
销售服务	4	4	5	5
健康与社会服务	2	5	5	8
金融服务	2	2	2	2
合计	100	100	100	100

数据来源：全球展览信息网（TFG）

（五）国外综合性服务贸易展览会以共同的主题将若干行业联系起来

从所涵盖的行业数量来看。综合性服务贸易展览会涵盖的行业数量很少，基本上为2～4个行业，其中涵盖4个行业的展会只有两个，分别是“利比亚国际项目及石油、天然气、电力能源贸易展”和“日本创新企业展”。

从所涵盖的行业类型来看，综合性服务贸易展会涵盖的行业类型主要有商业、建筑、金融、交通运输和通讯等行业，少数综合性展会的行业类型还涉及环境、健康和文化娱乐等行业。

从所涵盖的行业关联来看，综合性服务贸易展会主要通过共同主题，将若干行业联系起来，其主题的主要形式为：

（1）以建筑工程服务为主题的综合性展览会。此类展览会大多以建筑工程服务为核心主题，选取为建筑工程提供技术服务，或者与建筑工程相关性较大的行业类型共同举办展览会。此类展览会主要有两种展示形式，一是展示“建筑与技术服务”，以建筑工程为主要展示对象，同时将环境、能源、通讯、交通运输、商业等技术和服务纳入到展会，达到建筑工程与服务技术相互补充的效果；二是展示“建筑和基础设施”，以基础设施建设服务以及工程合同外包为主题，主要展示铁路、公路、航空、海运以及通讯、水利等基础设施建筑工程及相关服务。

（2）以房地产开发和投资为主题的综合性展会。此类展会围绕房地产主题，展出范围通常涵盖房地产咨询、房地产开发、房地产金融、建筑物管理、通讯服务等内容，涉及商业、金融、建筑等多个服务行业。

（3）以企业通讯服务为主题的综合性展会。此类展会根据服务对象的不同可以分为两种：一是面向服务型企业的展会，主要为服务性企业提供自动化系统服务、数据处理服务和资产管理服务；二是面向制造型企业的展会，主要为企业提供生产控制技术、物料管理技术等服务。

（4）其它类型的展会。此类展会包括以搭建服务贸易平台为主题的综合性展览会、以创新技术为主题的展览会、以文化娱乐为主题的展览会等。

表 2—15 国外主要综合性服务贸易展会情况概括

展会名称	国别	行业
维也纳建筑和能源展 Bauen & Energie	奥地利	建筑、环境
维也纳公共建设相关技术展 InfraKon — Die Infrastruck Tour Wien	奥地利	建筑、通讯、交通运输
柏林国际建筑业及相关信息技术展览会 Uild IT Berlin	德国	建筑、通讯、商业
布尔诺国际城镇发展技术、成果、服务博览会 URBIS	捷克	建筑、环境、商业
利比亚国际项目及石油、天然气、电力能源贸易展 Project Libya &Energy Libya	利比亚	建筑、交通运输、环境、通讯
国际基础设施设备贸易展 INFRASTRUCTURE AUSTRALIA	澳大利亚	建筑、交通运输、通讯
维也纳房地产投资展 REAL VIENNA	奥地利	商业、金融
国际商业房地产专业博览会 EXPO REAL	德国	商业、金融
亚洲城市规划展 Cityscape Asia	新加坡	商业、金融
迪拜房地产投资与开发博览会 Cityscape	阿联酋	商业、金融、建筑
迪拜中小企业博览会暨会议 SME EXPO & CONFERENCE	阿联酋	商业、金融、销售
马德里国际数据处理、多媒体与通信展 SIMO	西班牙	通讯、商业
新加坡国际企业信息技术展 Enterprise IT	新加坡	通讯、商业
法国国际工业信息处理及新技术展 IND. ao	法国	通讯、商业
日本创新企业展 Venture Fair Japan	日本	通讯、文化娱乐、健康、环境
美国电子娱乐展 E3 Expo	美国	文化娱乐、通讯
拉美国际交通基础设施展览会 TranspoQuip Latin America	巴西	交通运输、通讯、商业

数据来源：全球展览信息网（TFG）

二、[①]中国国内服务贸易展会活动发展情况分析

(一) 服务贸易展览会在总量上呈现出增长态势

据中国会展网（http：//www. expo—china. com）数据统计，2007—2009 年国内服务贸易展览会共计 873 个，而同期国内全部展览会共有 4329 个，服务贸易展览会占全部展览会的比重为 20. 2%。2009 年服务贸易展会的数量比 2007 年增长了 17. 2%，整体上呈现增长态势，但在 2008 年出现了一定程度的下滑（见表 2—16）。从国际展览协会的统计也可以看出，近三年服务贸易类展会占比呈上升趋势。截至 2008 年 6 月，全球 UFI 会员有 537 个，通过 UFI 认证展会 798 个。其中，中国通过 UFI 认证的展会共有 57 个。在这 57 个展会中，服务贸易类或有服务贸易内容的展会占比为 61. 4%。

① 目前，国内的展览会信息同样缺乏公认的权威发布机构，课题组通过对多个机构的比较分析，选择了中国会展网（http：//www. expo—china. com）作为研究国内服务贸易展览会发展态势的主要信息渠道。

表 2—16 2007—2009 年国内服务贸易展会数量情况

年份	2007	2008	2009	合计
服务贸易展会数量（个）	285	254	334	873
全部展会数量（个）	1430	1154	1745	4329
服务贸易展会占比（%）	19.9	22.0	19.1	20.2

数据来源：根据中国会展网数据整理

（二）国内服务贸易展会以专业性展会为主

统计结果显示，2007—2009 年的所有服务贸易展会尚无综合性展会，均为专业性展会。在专业性展会当中，大部分为实体商品结合相应服务的模式，例如通讯、建筑等行业的服务贸易展会。采用 WTO 关于服务贸易行业的分类标准，从 12 个领域对全国的服务贸易交易会进行分类统计后发现，商业服务类展会数量连续三年保持第一，占服务贸易展会总数的比例均在 20%以上，即使在 2008 年经济不景气的情况下，该类交易会数量也占到了服务贸易交易会总数的 21%。虽然商业服务交易会在 2008 年有所下降，但 2009 年该类交易会的数量大幅度提高。排名前四位的服务贸易展会分别是商业服务、建筑服务、通讯服务、健康及社会服务。

表 2—17 2007—2009 年国内服务贸易展会行业类型分布

展会数量分布行业	2007 年	2008 年	2009 年
商业服务	61	56	94
通讯服务	32	23	44
建筑服务	40	40	32
销售服务	8	17	23
教育服务	17	7	20
环境服务	27	21	31
金融服务	2	13	15
健康及社会服务	37	25	29
旅游及相关服务	9	7	8
文化、娱乐及体育活动	15	16	12
交通运输服务	16	15	16
其他服务	21	14	10
总计	285	254	334

数据来源：根据中国会展网数据整理

（三）新兴服务贸易类展会发展较快

销售和金融等新兴服务类的展览会发展较快。销售服务类展览会数量连续两年递增，由 2007 年的 8 个上升到 2008 年的 17 个，再上升到 2009 年的 23 个，所占比例增加了 4%。该类展览会数量增加可能是由于处在价值链末端的流通类行业为了解决库存、刺激销售，倾向于更加积极地利用展览会这一贸易手段。金融服务类展览会数量也是逐年增加，三年间增加了13个，所占比例增加了3%。虽然这两类展览会数量不断上升，但其所占比例仍较低，销售服务类展览会2009年仅占服务贸易类展览会总数的7%，而金融服务类所占比例只有4%。

（四）旅游、交通运输服务贸易展会数量相对稳定且占比很小

旅游、交通运输这两类传统型服务贸易展会的数量三年基本一致，与其他服务类型展会相比，无论是总体数量还是所占比例均较低。运输服务类展会数量三年间基本上没有变化，所占比例基本维持在6%。运输服务业是直接依赖于货物贸易流量的服务业，虽然金融危机会导致国际货物贸易量下降，进而使国际运输服务的大幅度下滑，但我国由于经济刺激政策的措施得当，贸易货物量稳步回升，所以整体来看运输服务类展会变化不大。

服务贸易促进平台建设理论与制度创新研究课题组

抓住世博会机遇 大力发展服务贸易

上海服务贸易具有基础好、发展快、规模大、结构全的特点，2000—2009 年，服务贸易进出口额由 79.1 亿美元增加到 747.32 亿美元，年均增长超过 30%。预计 2010 年仍将实现 25%的增长，有望超过 900 亿美元。多年来，在商务部的直接指导和关心支持下，上海服务贸易有很多开创性工作。在全国商务系统最早设立服务贸易处，提出“服务贸易与货物贸易并举”的指导思想，成立服务贸易企业集团，建立服务贸易统计指标体系，发布服务贸易年度发展报告，成立国际服务贸易行业协会，出台促进服务外包发展的若干意见，等等。2009 年，又制定出台了服务贸易专项政策，编制完成了服务贸易中长期规划，策划构建了服务贸易统计评估系统框架，为服务贸易发展奠定了扎实基础。2010 年，世界的目光再次聚焦中国、聚焦上海，上海世博会极大地拓展了服务贸易的发展空间，我们将借力世博，乘势而上，全面提升上海服务贸易发展的总体水平。

一、牢牢抓住世博机遇，加快发展服务贸易，必须进一步深化思想认识

思想是行为的先导。多年来，服务贸易发展的实践告诉我们，必须把提高对服务贸易发展重要性的认识贯穿于推进工作的始终，这是保证我们的工作摆正位置、落到实处的基础和前提。在 2010 年工作中，我们通过各种途径、在全市多个层面，凝聚对加快发展服务贸易特别是借力世博发展服务贸易的共识。进一步提高以下三方面的认识：

（一）承接国际产业转移给加快发展服务贸易提出的新要求

在经济全球化的推动下，服务业的国际化和跨国转移已经成为世界经济贸易发展的一个重要特征。从全球范围来看，服务贸易增长快于货物贸易增长，服务贸易额占全球贸易总额的比重已接近 1/5，服务业跨国投资已接近全球跨国投资的 2/3，服务贸易已经成为经济增长的新动力和大国竞争的焦点。上海作为中国重要的经济中心和改革开放前沿，有优势承接更多的服务业转移，更有责任起到服务贸易引领和示范作用。

（二）“转方式、调结构”给加快发展服务贸易增添的新动力

中央经济工作会议，把转变发展方式、调整经济结构提到了战略高度，强调要“在发展中促转变，在转变中谋发展”。上海也提出，要“坚定不移调结构，脚踏实地促发展”，“加快形成服务经济为主的产业结构”。服务贸易具有附加值高、贸易摩擦少、解决就业多、对环境友好等优点，切合了“转方式、调结构”的需要。必须把发展服务贸易与形成服务经济为主的产业结构结合起来，作为上海经济发展转型的一个重要突破口。

（三）上海世博会的举办给加快发展服务贸易带来的新机遇

世博会不仅是人类文明的盛会，也是世界上等级最高、范围最广、影响力最大的国际展会。上

海世博会巨大的人流、物流、商流、信息流，对服务贸易发展带来了全方位影响。比如，上海世博会7000万（海外350万）的游客数量，受益最直接的就是旅游业，并延伸至餐饮业、宾馆业、物流业、传媒业以及广告业等多个行业，具有规模大、档次高、时间长以及利润丰厚等特点。再比如，上海世博会2万多场各国多形态的演出，对加强国际文化交流、促进上海文化产业发展形成了推波助澜的效应。还比如，世博特许产品经营已成为汇聚优秀名牌、造就名牌舞台的重要舞台，截至2010年6月底，设计开发的29大类、24000款产品中，15000款已上市，实现销售额215亿元，收取权费3.29亿元，刷新了中国国际性大型会展活动中特许商品销售规模的最高纪录，形成了对设计研发、商贸服务、专有权使用和特许经营等服务贸易重点领域的巨大带动效应。上海世博会还汇集了大量当代科技成果，有效地利用这些成果，促进世博科技成果的产业化，催生新兴贸易产业。特别是世博会的品牌效应，世博会带来的基础设施和服务水平的提升，世博会留下的大面积会展设施将形成的服务贸易新的集聚区，都将对上海服务贸易发展产生长远的影响。

二、牢牢抓住世博机遇，加快发展服务贸易，必须进一步形成合力机制

发展服务贸易是一项涉及多部门、多行业的系统工程，必须加强整体协调，形成工作合力。多年来，上海服务贸易已经形成了商务部直接指导、市政府统一领导、各相关部门具体管理、行业协会协调配合、服务贸易企业广泛参与的整体工作格局。下一步，借力世博会、发展服务贸易，我们将依靠三个层面的有力合作，形成更加有效的工作机制。

（一）紧紧依靠服务贸易“部市合作”

2008年7月，商务部与上海市政府签署了共同推进上海服务贸易发展合作协议，建立起部市共同推进服务贸易发展的工作机制。2009年上海市政府出台的《关于促进上海服务贸易全面发展的实施意见》、《上海服务贸易中长期发展规划纲要》等，都得到了商务部的具体指导和帮助。2010年，上海将继续在商务部的指导和关心下，依托商务部协调国家相关部门在世博期间给予上海服务贸易相关政策上的支持，加快发展服务贸易。

（二）紧紧依靠长三角的“联动合作”

世博会不仅对上海，对长三角、对全国的服务贸易发展都会产生重要影响。世博会将加快推动长三角一体化发展，旅游等服务贸易的相关产业将共同受益于世博会的辐射和带动。比如世博会7000万游客中，将有30%～35%的人在长三角地区参观旅游。2010年借力世博，将结合长三角区域规划，通过江浙沪两省一市服务贸易工作交流机制加强区域联动，携手长三角各省市广泛开展多层次、多形式、宽领域的合作，形成服务贸易优势互补、各具特色的局面，加快发展服务贸易。

（三）紧紧依靠相关部门“横向合作”

充分发挥上海服务贸易发展联席会议的作用，建立服务贸易跨部门协调机制，加强各相关部门的联系沟通和密切配合。同时，加强市与区县的上下联动。重点突出区县特色，确立各区县服务贸易发展的重点领域、重点区域和关键环节，重点培育各区县内的特色项目和重点企业，使服务贸易的项目落地、企业聚集、品牌汇集。

三、紧紧抓住世博机遇，大力发展服务贸易，必须进一步突出推进重点

发展服务贸易是一项长期而又艰巨的任务，不可能一蹴而就。2010年借力世博，我们将进一步加强政府引导，用好“上海服务贸易发展专项资金”，进一步突出服务贸易重点企业、重点领域、重点平台、统计体系和服务贸易便利化，推进上海服务贸易全面协调可持续发展。

（一）突出培育上海服务贸易重点企业

充分利用世博会对服务贸易企业发展和人才集聚的带动作用，重点培育一批能够参与国际竞争的服务贸易重点企业。我们将选择金融、国际物流、信息技术和国际服务外包以及专业服务和文化等具有比较优势的行业形成龙头企业，建立重点企业联系和跟踪服务制度，研究制订各具特色的重点企业推介策略和国际市场拓展方案。探索开展“服务贸易百强企业”排名榜活动，鼓励服务贸易企业在扩大服务贸易出口的同时，注重创建企业和服务品牌。支持企业优势互补，做大做强。鼓励重点企业加强合作，促进软件企业联合“走出去”接包；促进文化企业与货物贸易企业的市场开拓有机结合，以文化服务出口为货物贸易产品出口造势。同时，支持各类服务业企业开展对外交流和合作，扶持中小服务贸易企业发展。

（二）突出发展上海服务贸易重点领域

按照普遍发展和重点扶持的原则，结合上海世博会和“四个中心”建设的需要，采取有针对性的措施，推进六个重点领域的发展。第一，突出金融保险服务。稳妥推动金融和保险服务对外开放进程，提高金融和保险服务水平，提升服务出口的竞争力；创新涉外金融服务产品，拓展金融服务市场；吸引国际知名的再保险公司来沪经营，积极探索开展离岸再保险业务。第二，扩大国际航运服务。发挥上海靠近国际主航线及长三角集疏运体系的优势，降低国际集装箱中转成本，提高航运企业的国际竞争力；加快推进国际物流业的发展，重点扶持一批在国际市场上已经形成一定影响力的品牌企业，拓展国际市场，积极推动其产品和服务进入国际市场。第三，做大旅游服务贸易。以世博会为契机，培育国际会展品牌；大力发展邮轮经济，加快发展国际体育赛事旅游，积极开拓国际高端旅游市场；重视重大旅游项目和旅游公益性设施的建设；加强旅游管理部门、会展场馆、酒店、航空、旅行社等相关行业之间的合作协调。第四，大力发展服务外包。以贯彻落实《国务院办公厅关于鼓励服务外包产业加快发展的复函》（国办函〔2010〕69号）精神为契机，按照“积极承接离岸，不断完善功能，重在发展高端，重点集聚总部，加强区域合作”的发展思路，加强服务外包示范园区建设，推动技术先进型服务企业、重点企业的认定和政策支持，精心打造“2010上海软件外包国际峰会”，促进服务外包快速发展。在政策支持方面，结合上海自身特色，迅速制订出台《上海市贯彻落实〈国务院办公厅关于鼓励服务外包产业加快发展的复函〉的实施意见》，为服务外包发展提供政策保障。2010年上半年上海服务外包合同金额已达7.25亿美元，同比增长145%，服务外包业务规模进一步扩大。第五，着力推进技术贸易。抓住世博会给技术贸易发展带来的难得机会，梳理世博会展示的科技成果，促进世博科技成果的产业化和商品化。把促进技术出口与对外投资、境外承包工程结合起来，引导高新技术、先进适用技术和成熟配套技术进入国际市场，带动成套设备、产品和服务出口。同时，在商务部的指导下，尽快在上海搭建国际技术交易服务平台。第六，加快文化“走出去”步伐。开展促进上海文化“走出去”专项研究，建立上海文化“走出

去”专项扶持资金，重点发展文化信息、数字出版、动漫服务贸易，加快发展演艺、影视、出版、印刷服务贸易，促进文化出口产业发展。

（三）突出建立上海服务贸易促进平台

继续发挥“上海服务贸易指南网”等信息服务平台作用，为服务贸易企业提供贸易环境介绍、法律援助等服务。建立服务贸易“走出去”信息服务体系，从投资政策、法律、市场信息等方面为企业提供咨询和指导。完善各类专业性服务贸易促进平台。建立服务外包信息、研究、培训等平台，发挥其信息发布共享、人才交流培养、市场分析研究的作用，形成全方位、多层次的上海服务外包促进体系。扩大“上海国际文化服务贸易平台”、国家音乐产业基地等平台的影响力和作用，为长三角乃至全国文化贸易企业提供商贸咨询、产品展示、版权交易、演艺经纪、创意制作等全方位服务。发挥上海软件对外贸易联盟等中介服务组织的作用，加强长三角和长江流域软件企业的互补合作，探索建立“联合接包”的新形式。

（四）突出完善上海服务贸易统计体系

加强服务贸易统计体系的时效性。2011 年起上海服务贸易 BOP 统计频率实现季报，同时试点开展企业抽样调查，探索服务贸易（BOP）统计数据的调整估算方法。全面推进区县服务贸易统计工作。建立区县国际收支服务贸易统计（BOP）和外国附属机构服务贸易统计（FATS）数据，把服务贸易统计工作延伸到区县第一线。建立“上海服务贸易统计和评估系统”，实现上海服务贸易数据实时查询、分析、预测和信息共享等功能，逐步实现服务贸易统计日常化、标准化、可管理化。

（五）突出提高上海服务贸易便利化水平

对服务贸易企业业务人员出访实行一次审批、一年内多次出国有效和多次往返港澳的方法，为服务贸易从业人员提供出入境便利；针对服务贸易企业进出口业务的特点，参照在沪跨国公司地区总部的政策，给予通关便利；为来沪游客提供法律咨询服务，研究延长过境旅游免签时间；制定便捷的专项外汇管理政策，对国内服务业企业与国外服务业企业股权互换给予支持；在货物贸易人民币结算试点的基础上，探索建立跨境服务贸易人民币结算试点；为本市服务外包企业的知识产权管理工作出台指导意见；鼓励外资进入电信服务、金融服务、旅游服务及文化服务等领域。

上海市政府副秘书长、市商务委主任　沙海林

关于云南服务贸易发展的几点思考

当前，服务贸易是新形势下各国经济竞争的新亮点。加快发展服务贸易，可以促进对外贸易增长方式的转变，有效减少资源和能源的消耗，获得产业高端附加值。

一、云南服务贸易发展现状及存在的问题

从总体上来看，云南服务贸易起步晚、基础差、规模小，处于初级发展阶段，但初步形成了一定特色和优势，潜力巨大。

（一）服务贸易稳步发展

据商务部按照国际收支口径的统计，2007年云南省服务贸易进出口总额为13.68亿美元，2008年进出口总额16.8亿美元，同比增长22.8%，比全国平均水平高出1.5个百分点；2009年云南服务贸易进出口总额16.52亿美元，同比下降1.4%，比全国平均降幅少4.4个百分点。2008年、2009年云南省服务贸易进出口总额均在全国排名第19位。2009年服务业实际利用外资占全省外资总量的30%，比制造业高出10个百分点，成为云南省外商投资的第一大领域。

（二）传统服务贸易占据主导地位，新兴服务贸易较快发展

旅游、建筑、运输等是云南传统服务贸易部门，所占比重高，约占全省服务贸易进出口总额的80%左右，具有一定比较优势。据省旅游局统计，2009年，云南服务贸易项下旅游服务实现出口11.7亿美元，占全省服务贸易出口的55.7%。金融、保险、通讯邮电、特许专利等新兴服务贸易领域，虽然目前出口金额不大，处于初级阶段，但从发展趋势来看，却是当前云南服务贸易项下出口增长速度最快的行业。文化、教育、影视、宣传等文化产品与服务“走出去”步伐加快，2009年，来滇留学生规模已超万人，一批文化企业和项目分别入选国家文化出口重点企业和重点项目。

（三）国际经济技术合作是云南服务贸易的特色和亮点

据统计，2009年云南对外承包工程、劳务合作、设计咨询完成营业额7.4亿美元，同比增长18.9%，居全国第16位，派出各类劳务人员8013人，同比增长59%；2010年上半年，云南对外承包工程和劳务合作完成营业额4.4亿美元，同比增长20%，派出各类劳务人员5916人，同比增长34%。截止2010年上半年，已建立各类省级劳务基地21家，国家级劳务基地1家，成立了首个政府主导的外派劳务信息网和全省首个外派劳务考试中心，全省形成了行业齐全的外派劳务基地。

（四）制约服务贸易发展的因素依然存在

（1）服务贸易整体水平落后。云南服务贸易整体竞争力不强，缺乏本土知名品牌，在全国服务贸易进出口总额中的比重不足1%，2008年为0.55%，2009年为0.6%。

(2) 现代服务业发展不充分。2009 年云南省第三产业增加值实现 2524 亿元，在全国排名 23 位，第三产业占 GDP 的比重为 39.3%，比全国平均水平低 3.3 个百分点，低于世界平均水平约 30 个百分点。

(3) 结构性矛盾突出。主要表现在服务贸易大都集中在劳动密集程度较高、附加值较低的上游产业链环节，与周边国家和西南各省（区、市）同质化竞争激烈。

(4) 服务贸易人才紧缺。全省缺少拥有国际视野、市场经验丰富、能适应“服务走出去”的服务贸易人才；缺少懂国际服务贸易规则和规范、熟悉服务贸易操作流程、具备国际市场开拓能力的管理型人才。

(5) 区域发展不平衡。据云南省外管局不完全分析，昆明市服务贸易进出口大约占全省总数的 70%左右，而其他地区相对较少。

(6) 配套扶持政策还不够完善。服务贸易政策环境、部门协调机制、法律体系尚未建立，统计工作还处于起步阶段，相关基础数据缺乏。

二、云南加快服务贸易发展面临难得的历史机遇

(一) 国家新一轮西部大开发和“桥头堡”建设深度调整了云南对外开放格局

2009 年 7 月，胡锦涛总书记在云南考察工作时做出了“要使云南成为中国向西南开放的重要桥头堡”的重要指示。2009 年 12 月云南省委八届八次全委会把建设中国面向西南开放的桥头堡纳入了云南省经济社会发展新的战略目标，提出了“两强一堡”的战略。2010 年 6 月，中央出台了关于深入实施西部大开发战略的若干意见，提出了财政、税收、投资、金融等 10 个方面的支持政策。新形势下云南省对外开放的格局将发生深刻变化，外向型产业培育、载体平台、硬件设施、服务体系、人才队伍都将得到极大改善，许多与服务贸易行业密切相关的改革将深入推进，诸多制约服务贸易发展的瓶颈将逐一破除，将为云南服务贸易发展提供充满活力的内部环境。

(二) 中国—东盟自贸区的建成，为云南服务贸易发展带来了广阔前景

在中国与东盟各国签订的服务贸易协议中，各国对服务领域都采取了积极的开放态度，降低了服务业市场准入门槛。而且，云南省服务贸易产品与东盟国家之间有较强的互补性，在旅游、运输、建筑安装和劳务承包等传统服务贸易领域具有比较优势和较强的竞争力，同时也积累了良好的发展基础。同时，云南省新兴服务贸易开始起步，如云南与东盟跨境贸易人民币结算的推广将带动全省金融领域服务贸易发展，中国—东盟自贸区门户网站、GMS 贸易投资便利化平台的相继建设也将有力推动全省国际信息服务发展。

(三) 云南具有不可替代的面向西南开放的区位人文优势

云南地处“三亚两洋”的结合部，是沟通中国与东南亚、南亚，太平洋与印度洋的桥梁与纽带，面临两个巨大的国际市场，一个是拥有 11 个国家、5 亿多人口、充满活力的东南亚市场，一个是拥有 8 个国家、14 亿多人口的南亚市场。随着中国连接东南亚、南亚国际水陆空立体交通网络建设的快速推进，云南全方位拓展对外开放、发展服务贸易的基础支撑不断完善，优势日益明显。此外，云南有 4060 公里的陆路边境线，有国家一类口岸 13 个、国家二类口岸 7 个、边境通道 90 多条

和边民互市点近100个，全省26个民族中有16个民族跨境而居，与周边国家友好往来历史悠久，称得上是“山同脉、水同源、人同宗”。这种同源文化和亲缘关系，有利于云南发展同东南亚、南亚国家的国际合作。

（四）云南发展服务贸易的实力不断增强

对外贸易发展的关键取决于经济社会发展的程度，2009年云南实现生产总值6168亿元，同比增长12.1%，增幅高于全国平均水平3.4个百分点，第三产业增加值达到2524亿元，增长12.1%，增幅高于全国平均水平，对外开放服务业的基础条件进一步改善。近年来，文化事业与文化产业良性互动，推出了一批如“云南映象”等具有广泛影响的文化产品和知名品牌，文化竞争力不断增强。云南是世界知名的旅游目的地，2009年实现旅游业总收入810.73亿元，比上年增长22.2%，旅游服务贸易优势突出。云南人力资源也相当丰富，在发展对外承包工程、劳务合作和设计咨询上有较大的发展前景。

三、云南加快发展服务贸易的重点领域

推动云南服务贸易科学发展，必须结合市场需求以及云南自身特点和优势，在以下领域加大工作力度：

（一）推动旅游业跨越发展

旅游业是云南服务业的支柱产业，要以全面开展云南旅游产业改革发展试点省建设为契机，加快推进云南旅游产品体系和旅游目的地体系建设，着力建设特色生态旅游区、特色民族文化旅游区、特色沿边开放旅游区、特色康体休闲度假旅游区。扎实推进公共服务体系和配套设施建设，打造以昆明为中心的商务会展旅游区，完善旅游服务体系和供给水平、旅游安全与保障体系建设，全面提升以旅游为重点的服务业发展动力和活力。推进旅游发展体制机制创新，着力建立统筹协调的旅游资源开发管理机制，不断提升和优化旅游发展环境。

（二）着力加快发展现代物流业

以提高物流效率、降低物流成本为核心，充分发挥云南区位优势，建立健全功能完善、通关便利、商品集散快捷安全的现代物流体系。在稳妥推进国际大通道建设的基础上，大力促进各类运输方式有效衔接，加快构筑以昆明为中心的滇中物流核心圈、昆河经济带蒙自综合物流区、滇西口岸带转口与加工贸易物流区、滇西南澜沧江—湄公河国际物流合作区、以大理为中心的滇西北物流区和滇东北长江上游水陆联运物流区，配套建设和做大做强花卉、果蔬、农产品、有色金属、钢材、煤炭、铁矿石、木材、家电、农资、医药、成品油等一批专业物流中心。此外，要加快现代物流信息平台建设，以信息化提升云南物流产业现代化水平。

（三）大力发展商贸服务业

重点把云南打造成中国面向东南亚、南亚的具有核心竞争力的商品集散中心，形成以现代新昆明为核心区域，以玉溪、曲靖、楚雄、个开蒙为重点区域，以大理、丽江、景洪、德宏、文山、昭

通等为次中心的商贸服务业集聚区，着力培育以名牌、名品、名店为重点的商贸流通业。加强商品市场建设，构建布局合理、设施完善的市场流通体系，进一步推广连锁经营、物流配送、电子商务等现代流通方式，用先进的技术和管理方式改造提升传统商贸流通业，提高综合服务能力和水平。推动少数民族餐饮文化和地方餐饮业的发展，打造地方民族品牌。

（四）促进对外工程承包和劳务合作

进一步加大“走出去”力度，加快“走出去”步伐，立足于云南建筑企业的特点和水平，加大扶持力度，提高建筑企业国际竞争力。加强境外能源、交通、电力、通讯等领域调研，鼓励企业进入国外尤其是东南亚、南亚地区大型基础设施和能源领域。积极开展劳务合作，拓宽对外劳务合作的市场和领域，加强与省外及国外劳务组织的联系，进一步开发东南亚、南亚劳务市场。切实加强外派劳务基地建设，在巩固普通劳务的同时，积极发展技术劳务，开拓高层次劳务，做大做强对外劳务合作产业。

（五）积极发展金融保险服务

积极推进跨境贸易人民币结算试点工作，尽快把云南建设成为中国面向西南开放的金融中心。完善或签订与周边国家的货币结算协议，设立境外人民币统一清算银行，推进云南省与境外金融机构互设分支机构，推动各大银行实现境内外分行联动，加强征信、支付体系等金融基础建设，提高人民币国际清算服务的便捷程度。进一步完善金融保险市场，拓宽保险服务领域，鼓励和引导企业通过境内保险公司为云南出口货物提供相关保险，促进保险服务出口。

（六）加快发展信息服务业

大力发展国际信息传输服务业，加大昆明国际出口局建设力度，积极推进电信网、广电网和互联网“三网”融合，将昆明打造成区域性国际交换中心。加快发展信息技术服务业，以中国—东盟自贸区商务门户网站和GMS贸易投资便利化平台为依托，积极推进云南特色电子商务发展，建立健全电子商务信用和安全体系，建设安全便捷的国际电子商务交易平台。发挥省内软件基地对软件企业发展的孵化器作用，引导支持软件企业做大做强，加快软件成果转化。

（七）培育服务外包产业

以承接国际服务外包作为扩大云南服务贸易的切入点，抓紧研究制定加快云南服务外包产业发展的中长期规划，加快发展面向文化、旅游、物流、金融、保险、教育、医疗卫生等行业的应用软件开发与外包和金融、财务、人力资源、后台支持服务等业务流程外包，以及系统操作、技术支持、需求管理和客户服务等业务运作外包。优化区域布局，引导服务外包企业向特定经济功能区聚集。加大对服务外包人才培训、企业国际资质认证或评估、企业开拓国际市场等的支持力度。

（八）开拓对外文化教育服务

充分开发利用特色文化资源，推动云南民族文化产品和服务更多地进入国际市场。扶持广播影视、新闻出版、文化演出、文化娱乐、体育健身等文化产业的出口。支持动漫游戏、电子出版物等新兴文化产品进入国际市场，加快创意产业园区和基地建设。稳步扩大云南的大学和专业技术学校面向周边国家招生规模，提升云南的大专院校与印度等国家的大学和专业技术学院合作办学水平，加大云南中学和中专招收周边国家中学生的力度。建立科技创新服务体系，利用云南对贵金属、植物、灵长类动物研究水平高的优势，充分发挥科技对服务贸易的支撑和引领作用。拓展体育发展新空间，推进体育产业社会化进程。

（九）推动会展产业发展

积极发展面向周边的国际会展服务。在成功举办昆交会、南亚国家商品展、南亚商务论坛等系列活动的基础上，按照国际化、专业化、规范化、标准化的原则，进一步提高服务和管理能力，把昆交会、南亚展办成区域合作的国际盛会。积极争取国家支持，将每年在昆明举办的中国一南亚国家商品展更名升格为中国一南亚博览会，与昆交会同期举办，实现南亚展提质增效，打造新的更大的对外交往平台。努力提升云南目前现有的茶博会、石博会、花博会、酒博会、特色农产品交易会等展会的水平和档次。着力培育跨境会展旅游服务，把云南建设成为区域性国际会展商务旅游目的地。

（十）做大做强珠宝玉石产业

大力发展云南珠宝玉石产业。以形成完整产业链条为目标，以稳定原料市场为依托，大力引进国内外资金、先进技术和行业顶尖人才。建设以德宏、保山（含腾冲）为主的珠宝玉石原料交易中心，以昆明、大理、丽江、景洪为重点的珠宝玉石销售中心，加快形成以昆明为产业中心，瑞丽、腾冲为基础支点，版纳、丽江为辅助，辐射带动周边的珠宝玉石产业发展格局，把云南建成中国珠宝玉石产业大省和世界重要的珠宝集散中心和产业加工中心。

云南省商务厅厅长　熊清华

浙江省服务贸易发展现状及工作展望

浙江省把大力发展服务贸易作为促进经济发展的重点，进一步制定完善加快服务贸易发展的扶持政策，采取多种措施，大力推动全省服务贸易加快发展。在世界贸易额急剧下滑的背景下，处于重要起步阶段的浙江国际服务贸易经受了严峻考验，保持了平稳增长的态势。

一、浙江省服务贸易运行总体特点

2009 年，浙江居民与非居民间的跨境服务贸易（按国际收支口径统计，不含政府服务，下同）进出口规模稳步扩大，进出口总额达到 156.1 亿美元，比上年增长 3.7%，其中出口 91.7 亿美元，增长 11%，而同期全省货物贸易总额和货物出口分别比上年下降 11.1%和 13.8%。全年服务贸易进口 64.4 亿美元，比上年下降 5.1%。

（一）服务贸易占贸易总额的比重进一步上升

2009 年浙江服务贸易占全省贸易总额（服务贸易与货物贸易之和）的比重由上年的 6.7%上升到 7.7%，上升了 1 个百分点。占全国服务贸易总额的比重由上年的 4.9%上升到 5.5%，其中服务贸易出口占全国的比重由上年的 5.6%上升到 7.1%。

（二）服务贸易顺差大幅增长

2009 年，全省服务贸易顺差达到了 27.3 亿美元，比上年增长 85.1%。其中对外劳务、旅游和计算机信息服务是 2009 年浙江省服务贸易顺差主要来源。建筑安装和工程承包服务、国际旅游是浙江省服务贸易特别是服务贸易出口的传统支柱行业，2009 年这两个行业保持了稳定快速增长，服务贸易出口 61 亿美元，比上年增长 19.2%，占出口总额比重由上年的 61.9%上升到 66.5%，实现贸易顺差 39.7 亿美元，比上年增长 11.1%。计算机和信息服务迅速崛起，取代运输服务成为浙江省第三大服务贸易出口行业和第三大贸易顺差来源。2009 年全省计算机和信息服务出口 12.3 亿美元，实现贸易顺差 11.9 亿美元，比上年增长 5.4 倍（见图 2—4）。

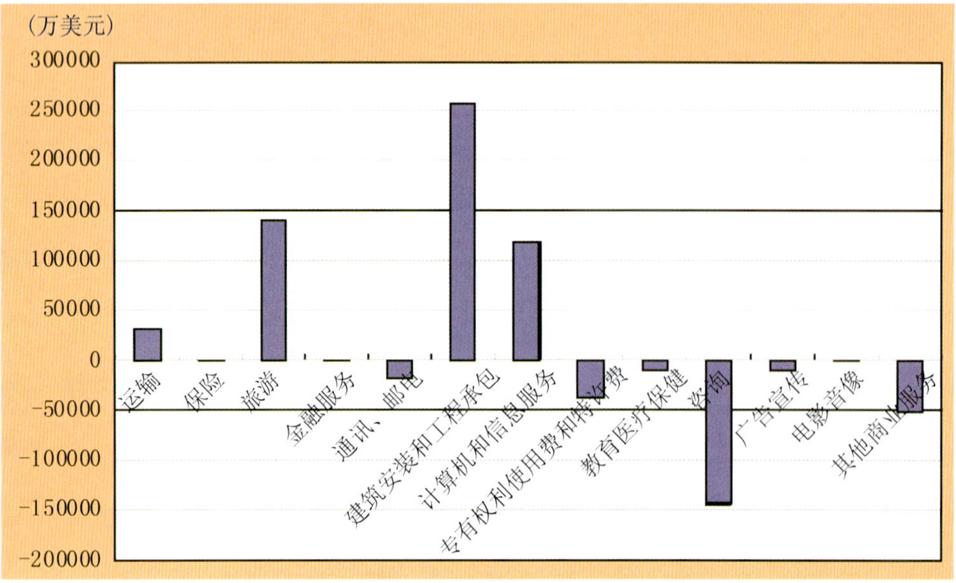

图 2—4　2009 年浙江省服务贸易顺差主要来源

（三）服务外包发展取得新突破

服务外包是国际产业转移的新趋势，是科学发展的新机遇，也是经济转型升级的新动力和重要推进器。2009 年下半年以来，随着全球外包市场的探底回升，浙江省软件外包产业率先走出低谷，全年离岸服务外包合同执行额达到 12.3 亿美元，同比增长 2.5 倍。服务外包入库企业数达到 823 家。浙江省服务外包以信息技术外包服务（ITO）为主要内容，外包市场以欧、美、日等发达国家为主，全年对欧美市场服务外包执行额为 6.4 亿美元，对日本市场为 2.8 亿美元，分别占总额的 51.9%和 22.7%，均高于全国平均水平。全省服务外包发展呈现全面推进的态势，除了杭州、宁波等服务外包发展先行一步的市继续保持快速增长的态势外，嘉兴、金华、温州、湖州、台州等市也迅速起步，实现了零的突破。

（四）运输、保险、金融、其他商业服务等贸易大幅下挫

由于外需市场急剧萎缩，2009 年浙江省货物贸易遭受重创，全年货物进出口总额 1877.3 亿美元，比上年下降 11.1%，其中货物出口 1330.1 亿美元，下降 13.8%，这是浙江省改革开放 30 多年来货物进出口贸易的一次全面下降。与货物贸易密切相关的物流、金融、专有权利使用费和特许费等服务贸易领域受到拖累，大幅下挫，2009 年全省运输服务、保险服务、金融服务、专利使用费和特许费服务、其他商业服务出口分别比上年下降 44.3%、48%、77%、87.7%和 33.9%。

二、浙江服务贸易主要行业情况

1. 运输服务

2009 年进出口额 17.6 亿美元，比上年下降 41.8%。其中运输出口 10.4 亿美元，比上年下降 44.3%，进口 7.2 亿美元，下降 40.5%，实现贸易顺差 3.2 亿美元，比上年下降 48.7%。

2. 旅游服务

旅游业是2009年浙江省服务贸易进出口及服务贸易出口最大的行业。2009年，浙江省旅游服务进出口50.5亿美元，比上年增长11.5%。其中旅游出口32.2亿美元，增长6.6%。浙江旅游出口的市场主要有香港、澳门、台湾及日本、韩国、美国等。全省实现旅游进口18.3亿美元，比上年增长21.5%。

3. 建筑工程服务

建筑安装和工程承包是2009年浙江省服务贸易出口第二大行业，同时也是浙江省贸易顺差最大的来源。2009年建筑服务贸易进出口总额31.8亿美元，比上年增长49%。其中出口28.8亿美元，增幅为37.5%，实现贸易顺差25.7亿美元。

4. 计算机和信息服务

2009年以服务外包为主要方式的浙江省计算机和信息服务贸易出口12.3亿美元，比上年增长4.8倍，占服务贸易出口总额的比重由上年的2.6%快速上升到13.4%。实现贸易顺差11.9亿美元，比上年增长5.4倍。

5. 国际咨询服务

2009年浙江省实现国际咨询服务进出口额5.7亿美元，比上年下降28.9%，其中出口2.3亿美元，增长5.4%；进口3.4亿美元，下降41.8%。

6. 国际文化服务

2009年浙江省广告宣传、动漫作品、音像制品等文化服务贸易进出口1.4亿美元，比上年增长26.2%，其中出口0.2亿美元，进口1.3亿美元，分别比上年增长66.9%和22.3%。

7. 国际教育医疗卫生服务

2009年浙江省教育、医疗和保健服务进出口14.8亿美元，比上年增长61.6%。其中进口14.6亿美元，比上年增长61.9%，是2009年浙江省除旅游服务之外第二大服务进口行业。

8. 其他商业服务

2009年浙江省包括营销、策划、租赁服务等内容的其他商业服务出口5.1亿美元，比2008年下降33.9%；进口10.22亿美元，下降51.7%。

三、浙江服务贸易商业存在和自然人移动发展情况

（一）境内商业存在稳步增长

2009年，按WTO行业分类，浙江省服务贸易领域（含银行、保险、证券）新设立外商投资企业708家，比上年同期增长5.7%，占新批外商投资企业总数的40.7%，比2008年提高4.6个百分点；合同利用外资58.1亿美元，实际利用外资34.9亿美元，分别比上年增长7.3%和13.8%，在全球经济恶化、利用外资整体下滑的形势（2009年全省合同利用外资同比下降10.1%，实际利用外资下降1.3%）下表现了很好的抗跌性，占全省实际利用外资的比重由上年的30.4%提高到35.1%。批发零售业、住宿和餐饮业、科学研究、技术服务、地质勘察和房地产业保持较高增长是

服务业利用外资比重提高的主要原因。2009 年全省批发零售业实际利用外资 5.2 亿美元，比上年增长 1.5 倍；住宿餐饮业实际外资 1.7 亿美元，增长 64.7%；科学研究、技术服务和地质勘察业、水利环境和公共设施管理业以及房地产业分别增长 53.9%、24.5%和 2 倍。2009 年银行业引资又取得新突破，杭州银行股份有限公司的境外战略投资者澳洲联邦银行，认购该行 2009 年增资扩股的 7000 万股股份，成为当年银行业引资的最大亮点。

（二）境外商业存在迅猛发展

2009 年，浙江服务业（按照《国民经济行业分类》标准）对外直接投资 7 亿美元，比上年增长 48.9%，占全省对外直接投资总额的 56.7%，比重比上年提高了 1.7 个百分点。贸易业是浙江省服务业对外投资的主要领域，2009 年浙江省在境外设立贸易公司 235 家，兴办市场 1 家，投资 4.2 亿美元，比上年增长 1 倍，占服务业境外投资的 59.7%。此外，研发、房地产开发、设计咨询等领域也有涉及。从投资国别（区域）来看，亚洲仍是浙江省境外投资的首选地，占项目数的近一半，其次是欧洲和北美洲，均占 18%左右。

（三）劳务输出有所减少

2009 年末，在浙江省各企事业单位中从业的港澳台及外籍人员约 2.2 万人。全年浙江派出境外各类劳务人员（包括对外工程承包、对外劳务合作和对外设计咨询三项中的劳务提供者）0.88 万人，比上年减少 47.6%，年末在外各类劳务人员 2.35 万人，比上年末减少 6.2%。

四、推进浙江服务贸易发展的工作举措

（一）总体要求

浙江省服务贸易工作的总体要求是：以科学发展观为指导，深入实施浙江省“两创”总战略，围绕“保增长、抓转型、重民生、促稳定”的工作主线，以国际服务外包为切入点和突破口，大力拓展国际服务贸易，促进外贸发展方式的加快转变和外资结构的调整提高，促进全省经济保持平稳较快发展。深入开展调查研究，积极推进统计分析工作，加快建设政策促进体系，大力促进重点行业发展，努力实现全省国际服务贸易总额增长 15%，把国际服务贸易培育成为浙江省对外开放新的“引擎”，将浙江省建设成为全球服务外包的重要承接地和具有国际竞争力的服务贸易重要基地，打造“浙江服务”的整体品牌形象。

（二）提高全社会对发展服务贸易重要意义的认识

深入贯彻落实党中央、国务院关于大力发展国际服务贸易的一系列指示精神，大力宣传发展国际服务贸易对于实现经济社会又好又快发展的重要意义。充分认识大力发展国际服务贸易是学习实践科学发展观的重要载体，是缓解社会就业压力、扩大大学生就业的重要渠道，充分认识发展国际服务贸易对提升浙江省服务业发展水平的重大作用，提高各市地、各部门对发展国际服务贸易重要性和紧迫性的认识，形成共同关注国际服务贸易发展、大力支持国际服务外包发展的良好社会氛围。

采取多种形式加大对国际服务贸易的启蒙培训。开展对各市地领导的培训，组织国际服务贸易

的专题培训班，境内培训与境外培训相结合，提高各级领导干部对国际服务贸易工作的思想认识。开展国际服务贸易专门人才培训，举办国际服务外包和服务贸易综合知识、国际服务贸易统计等培训班，提高浙江省国际服务贸易工作人员和企业骨干的理论水平和业务工作能力。

（三）制定出台浙江省服务贸易扶持政策措施

研究制订支持和鼓励浙江省服务贸易发展的政策措施。会同有关部门制订出台贯彻落实《国务院办公厅关于鼓励服务外包产业加快发展的复函》的实施意见，协调财税、金融、外汇、通关、商检、人员出入境等方面出台支持政策，为国际服务外包产业加快发展创造条件。调整优化国际服务贸易专项资金管理办法。实施好国家、省级外经贸扶持政策中涉及国际服务贸易部分的扶持资金。推动各市研究出台适合本地国际服务外包和服务贸易发展的政策措施，引导各类资源向有优势的国际服务贸易行业集中。

（四）明确浙江省国际服务贸易发展重点

积极与有关部门合作，有重点、分阶段、多形式地明确浙江省国际服务贸易重点行业。一是深度挖掘旅游和建筑等传统服务行业出口。二是重点培育和推动国际服务外包、国际运输、金融保险等服务行业出口。这些领域增长潜力很大，与货物贸易相配套的国际运输和物流业，浙江省具有较好的区位优势和自然资源，要以宁波—舟山港的建设为契机，把宁波、舟山、义乌、绍兴打造成重要的运输和物流基地。发挥杭州在金融软件产业上的优势，打造国家级服务外包基地。三是要关注外籍船舶修理等新兴服务出口产业。近几年，外籍船舶修理业快速发展，要加快发展船舶修造业，把舟山打造成中国重要的船舶修理基地。

（五）促进浙江省重点行业国际服务贸易加快发展

一是大力促进服务外包产业的发展。服务外包是浙江省国际服务贸易工作的切入点和突破口，也是当前工作的重中之重。要强化对全省服务外包产业发展的指导和支持。支持杭州办好国家服务外包示范城市，支持宁波、嘉兴申报国家服务外包示范城市。充分发挥浙江省杭州、宁波、嘉兴、绍兴、舟山等地在软件等信息技术服务、港口物流服务等产业的优势，支持和促进服务企业承揽来自美国、欧盟、日韩等地区的高端信息服务外包业务和劳动密集型业务流程外包，积极培育一批有浙江特色和竞争优势的服务外包企业，创建一批省级“国际服务外包示范园区”，有序承接国际服务业转移，使服务外包成为浙江省国际服务贸易的新增长点。

二是开拓对外文化贸易。贯彻落实鼓励和支持文化产品和服务出口的政策措施，会同有关部门组织申报浙江省列入国家文化出口重点企业和项目目录。鼓励和支持各地文化类骨干企业参加中外大型国际展会，组织有国际竞争力和出口潜力的文化企业和项目赴海外推介，促进企业努力扩大文化产品和服务出口。

三是开展注册会计师和中医药国际服务贸易。落实商务部的工作部署，鼓励和支持浙江省会计师事务所为各类型企业“走出去”提供专业服务，开展中医药国际服务贸易试点建设工作。建立符合国际规范的注册会计师和中医药国际服务贸易促进体系，推动注册会计师和中医药国际服务贸易发展。

浙江省商务厅党组副书记、副厅长　周日星

第三部分

行业篇

运　输

一、运输行业发展概况

（一）国际发展概况

联合国贸易和发展会议（UNCTAD）发布的《2009 年世界海运回顾》显示，2008 年，因为全球经济低迷和第四季度货物贸易出口量的下降，全球海运贸易量增长缓慢，增速为 3.6%，比 2007 年减少 0.8 个百分点，海运货物总量达到 81.7 亿吨，其中干散货运输量为 54.2 亿吨，仍占最大份额，达到 66.3%（见表 3—1）。

表 3—1　国际海运贸易的发展

单位：百万吨

年份	油类	主要散装货	其他干散货	总计
1970	1442	448	676	2566
1980	1871	796	1037	3704
1990	1755	968	1285	4008
2000	2163	1288	2533	5984
2006	2648	1888	3009	7545
2007	2705	2013	3164	7882
2008	2749	2097	3322	8168

注：主要散装货包括：铁矿，谷物，煤，铝土矿和磷肥

数据来源：UNCTAD 秘书处根据报告国的数据估算

受国际金融危机影响，2009 年全球民航旅客及货邮运输量均出现下降趋势。根据国际民航组织（ICAO）统计数据，2009 年全球旅客周转量为 42445 亿人公里，旅客运输量为 22.77 亿人次，分别比 2008 年下降 1.9%和 0.7%；货邮周转量为 1406 亿吨公里，货邮运输量为 3780 万吨，分别比上年下降 10.4%和 7%。

2009 年，全球铁路营业里程为 101.3 万公里，比上年增长 0.3%。全年完成客运周转量 27119 亿人公里，比上年增长 0.9%；完成货运周转量 89879 亿吨公里，比上年减少 12.0%。全球投入运营的高速铁路总里程为 1.34 万公里。

（二）国内发展概况

1. 公路运输

截至 2009 年年底，全国公路总里程达 386.08 万公里，等级公路里程 305.63 万公里，公路密度为 40.22 公里/百平方公里，公路养护里程 368.83 万公里，公路绿化里程 177.29 万公里；全国公路营运汽车达 1087.35 万辆，营业性货运车辆完成货运量 212.78 亿吨、货物周转量 37188.82 亿吨公里，比上年分别增长 11.0%和 13.1%，平均运距为 174.77 公里，比上年提高 1.9%；全国营业性客车完成公路客运量 277.91 亿人、旅客周转量 13511.44 亿人公里，比上年分别增长 3.6%和 8.3%，平均运距为 48.62 公里，比上年提高 4.5%。2009 年，全社会完成公路建设投资 9668.75 亿元，比上年增长 40.5%。

2. 水路运输

截至 2009 年年底，全国内河航道通航里程 12.37 万公里，共有 4153 处枢纽，其中具有通航功能的枢纽 2344 处；通航建筑物中，有船闸 847 座、升船机 42 座。全国拥有水上运输船舶 17.69 万艘，比上年末减少 3.9%。其中，拥有内河运输船舶 16.48 万艘，比上年末减少 4.4%；拥有沿海运输船舶 10018 艘，比上年末增长 3.5%；拥有远洋运输船舶 2079 艘，比上年末减少 2.7%。

2009 年，全国完成水路客运量 2.23 亿人、旅客周转量 69.38 亿人公里，比上年分别增长 9.7%和 17.2%，平均运距为 31.09 公里，比上年提高 6.8%。全国完成水路货运量 31.90 亿吨、货物周转量 57556.67 亿吨公里，比上年分别增长 8.3%和 14.5%，平均运距为 1804.31 公里，比上年提高 5.7%。

3. 集装箱运输

2009 年，全国港口集装箱吞吐量为 1.22 亿 TEU，比上年减少 4.6%；全国公路运输集装箱 5281.94 万 TEU、货运量 59588.22 万吨，分别比上年减少 21.9%和 16.6%；水路运输集装箱 3011.03 万 TEU、货运量 34578.31 万吨，分别比上年减少 6.5%和 1.1%。

4. 铁路运输

2009 年，全国铁路旅客发送量完成 152451 万人，增长 4.3%；旅客周转量完成 7878.89 亿人公里，增长 1.3%。货运总发送量（含行包运量）完成 333348 万吨，增长 1.9%，货运总周转量（含行包周转量）完成 25239.17 亿吨公里，增长 0.5%。全年共投产铁路新线 5557.3 公里、复线 4128.8 公里、电气化铁路 8448.3 公里，分别比上年增长 2.2 倍、1.1 倍和 3.3 倍，均为历史最多。

截至 2009 年年底，全国铁路营业里程达到 8.6 万公里，里程长度升至世界第二位。路网密度 89.1 公里/万平方公里，比上年增加 6.1 公里/万平方公里。全国铁路复线里程达 3.3 万公里，增长 15.0%，复线率 38.8%，比上年提高 2.6 个百分点。电气化里程 3.6 万公里，增长 29.4%，电气化率 41.7%，比上年提高 7.1 个百分点。西部地区营业里程达到 3.3 万公里，增长 9.2%。已建成投产 10 条高速客运专线，共计 3459.4 公里。

截至 2009 年年底，全国铁路机车拥有量达到 1.9 万台，比上年增加 485 台，内燃机车占 62.3%，电力机车占 37.0%，全国铁路客车拥有量达到 4.9 万辆，比上年增加 4279 辆，国家铁路货车保有量达到 603082 辆，其中提速货车占 94.2%，比上年增加 11289 辆。

5. 航空运输

2009 年，全国民航业完成运输总周转量 427.1 亿吨公里，旅客周转量 3375.24 亿人公里，旅客运输量 2.3 亿人次，分别比上年增长 13.4%、17.1%和 19.7%；货邮周转量 126.23 亿吨公里，货邮运输量 445.5 万吨，分别比上年增长 5.5%和 9.3%。民航全行业完成固定资产投资总额约 600 亿元，民用机场总建筑面积增加 66 万平方米。新增腾冲驼峰、玉树巴塘、伊春林都、大庆萨尔图、鸡西兴凯湖和佛山沙堤（军民合用）等 6 个运输机场，全国颁证运输机场从 2008 年底的 160 个增加到 166 个，年旅客吞吐量超过 1000 万人次的机场达到 14 个。通用航空完成作业飞行 12.6 万小时，比上年增长 13.5%，截至 2009 年年底共有通用航空企业 99 家，比上年底增加 20 家。

二、最新开放情况

根据 2009 年 10 月 1 日起实施的 CEPA 的补充协议六，允许香港服务提供者在内地设立独资船务公司，为该香港服务提供者租用的内地船舶经营香港至广东省二类港口之间的船舶运输，提供包括揽货、签发提单、结算运费、签订服务合同等日常业务服务。

根据 2009 年 1 月 1 日起实施的 CEPA 的补充协议五，中国内地允许香港服务提供者在广东省试点设立独资企业及其分支机构，为广东省至港澳航线船舶经营人提供船舶代理服务。

2009 年，中国与克罗地亚、智利和苏丹正式签署了双边航空运输协定。截止到 2009 年 12 月 17 日，中国共与 112 个国家签署了航空运输协定，其中与 13 个国家草签了航空运输协定。

2009 年增辟两条海峡两岸空中双向直达航路，两岸定期客货运输航班正式开通。2009 年 11 月 23 日、2009 年 10 月 26 日，民航局分别与香港、澳门特区政府主管部门签署了港澳服务提供者在内地设立航空运输销售代理企业有关经济担保的规定。

三、相关政策法规

2009 年 6 月 9 日，交通运输部根据《中华人民共和国国际海运条例》第二十条的规定，正式对外发布 2009 年第 20 号公告，要求从 6 月 15 日起在全国范围内实施国际集装箱班轮运价备案制度，国际班轮运输经营者应按公告规定的格式向交通运输部报备运价。公告过渡期 45 天。由此，运价备案制度从原先 1997 年江、浙、沪两省一市出口集装箱班轮运价备案试点覆盖到全国。经国务院批准，从 2007 年 7 月 1 日开始到 2009 年 6 月 30 日采取特案免税政策，鼓励已在境外登记的中资船舶回国登记，取得中华人民共和国国籍，悬挂五星红旗航行。2009 年 4 月，国务院发布的《关于推进上海加快发展现代服务业和先进制造业建设国际金融中心和国际航运中心的意见》（国发［2009］19 号），明确中资方便旗船回国特案免税登记政策延期 2 年，延期至 2011 年 6 月 30 日。截至 2009 年年底，已有 55 艘船舶回国登记。

2009 年 6 月 1 日，《移动设备国际利益公约》和《关于航空器设备特定问题的议定书》经全国人大常委会批准后在中国正式实施。2009 年，民航局颁布《民用机场管理条例》，进一步健全了中国的民航法规体系；制定残疾人航空运输管理办法，充分维护残疾人在航空运输过程中的合法权益。同时，明确儿童、婴儿及革命伤残军人、因公致残的人民警察旅客票价，建立民航国内航线旅客运输燃油附加与航空煤油价格联动机制，完善航权航班分配和管理机制。

四、运输服务贸易分析

（一）国际情况

根据WTO公布的数据，2009年世界运输服务出口总额为7000亿美元，比2008年下降23%，占世界服务出口总额的20.9%。2009年，受危机影响，世界各地区进、出口额均实现负增长。

从出口来看，欧洲地区运输服务出口规模最大，总额为3510亿美元，同比下降22%，占世界运输服务贸易出口比重为50.1%；亚洲地区受影响最为严重，同比下降26%；非洲地区减退最为轻微，下降14%。2000—2009年，独联体地区运输服务出口增长仍旧最快，年均增长13%。从进口来看，2009年，欧洲地区运输服务进口规模最大，总额为3070亿美元，同比下降24%，占世界运输服务贸易进口比重为36.7%；独联体地区运输服务减少最为严重，同比下降31%；中东地区减退最为轻微，下降15%。2000—2009年，独联体地区运输服务进口增长仍旧最快，年均增长18%（见表3—2）。

表3—2　2009年世界运输服务贸易分地区情况

单位：十亿美元

	出口额	出口占比（%）		年均增长率（%）		进口额	进口占比（%）		年均增长率（%）	
年份	2009	2000	2009	2000—2009	2009	2009	2000	2009	2000—2009	2009
世界	700	100.0	100.0	8	−23	835	100.0	100.0	8	−22
北美	82	17.1	11.7	4	−21	101	18.4	12.1	3	−22
中南美	21	2.9	3.0	8	−18	35	4.8	4.2	6	−24
欧洲	351	47.8	50.1	9	−22	307	38.8	36.7	7	−24
#欧盟27国	318	42.5	45.4	9	−23	279	35.5	33.5	7	−24
独联体	26	2.5	3.7	13	−17	18	1.0	2.2	18	−31
非洲	20	2.2	2.9	—	−14	49	3.5	5.8	—	−16
中东	19	2.1	2.7	—	−20	62	4.5	7.4	14	−15
亚洲	182	25.4	26.0	8	−26	263	29.1	31.6	9	−20

数据来源：WTO秘书处

2009年，世界运输服务出口排名前三位的国家和地区分别为欧盟、美国和日本，运输服务出口额分别为3180亿美元、718亿美元和316亿美元。排名前15位的国家和地区无一例外均为负增长，其中中国和韩国降幅均超过1/3，分别下降39%、35%。中国排名由2008年的第5位下降到第7位，中国香港排名第6位。世界运输服务进口排名前三位的国家和地区分别为欧盟、美国和中国，运输服务进口额分别为2795亿美元、807亿美元和466亿美元。排名前15位的国家和地区也均为负增长，降幅较大的国家为韩国和挪威，分别下降36%和32%（见表3—3），中国香港排名第11位。

表 3—3　2009 年世界运输服务国家和地区前 15 名进出口情况

单位：十亿美元

排名	国家和地区	出口额	出口占比（%）		年均增长率（%）		国家和地区	进口额	进口占比（%）		年均增长率（%）	
		2009	2000	2009	2000—2009	2009		2009	2000	2009	2000—2009	2009
1	欧盟 27 国	318.0	42.5	45.4	9	—23	欧盟 27 国	279.5	35.5	33.5	7	—24
2	美国	71.8	14.5	10.2	4	—21	美国	80.7	15.7	9.7	2	—23
3	日本	31.6	7.4	4.5	2	—32	中国	46.6	2.5	5.6	18	—7
4	新加坡	30.7	3.4	4.4	11	—14	日本	40.6	8.0	4.9	2	—25
5	韩国	28.9	3.9	4.1	9	—35	印度	34.7	2.1	4.2	17	—17
6	中国香港	25.0	3.7	3.6	8	—13	新加坡	26.4	3.0	3.2	9	—14
7	中国	23.6	1.1	3.4	23	—39	韩国	23.4	2.6	2.8	9	—36
8	挪威	15.9	2.8	2.3	6	—27	阿联酋	23.0	1.1	2.8	20	—10
9	俄罗斯	12.4	1.0	1.8	15	—18	加拿大	17.3	2.2	2.1	7	—18
10	印度	10.8	0.6	1.5	21	—5	泰国	17.3	1.6	2.1	11	—25
11	加拿大	8.9	2.2	1.3	2	—22	中国香港	13.6	1.5	1.6	9	—14
12	土耳其	7.6	0.8	1.1	11	—3	印度尼西亚	12.0	1.0	1.4	13	—13
13	埃及	6.7	0.8	1.0	11	—18	沙特阿拉伯	11.5	0.5	1.4	20	—27
14	乌克兰	6.3	0.8	0.9	9	—18	澳大利亚	10.5	1.5	1.3	6	—29
15	泰国	5.8	0.9	0.8	7	—20	挪威	9.9	1.2	1.2	8	—32
—	以上合计	605.0	86.4	86.2	—	—	以上合计	645.0	80.0	77.5	—	—

数据来源：WTO 秘书处

（二）中国跨境服务贸易

2009 年，中国运输服务出口和进口均出现负增长，其中运输服务出口 236 亿美元，比 2008 年减少 38.6%；进口 466 亿美元，减少 7.4%。2000—2009 年，中国运输服务出口年均增长 26.4%，占中国服务出口总额的比重由 12.2%增长到 18.4%；中国运输服务进口年均增长 18.8%，占中国服务进口总额的比重基本维持在 30%左右，成为中国最大的服务进口部门；中国运输服务贸易逆差从 67 亿美元上升到 230 亿美元，是中国服务贸易逆差最大的行业（见图 3—1）。

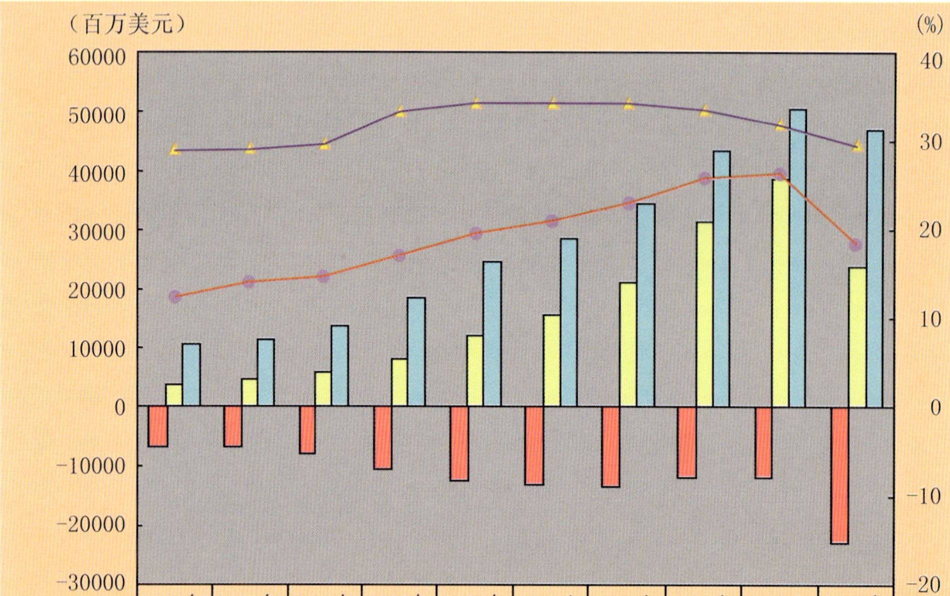

	2000年	2001年	2002年	2003年	2004年	2005年	2006年	2007年	2008年	2009年
差额	-6725	-6689	-7892	-10327	-12477	-13021	-13354	-11947	-11911	-23000
出口	3671	4635	5720	7906	12067	15427	21015	31324	38417	23600
进口	10396	11324	13612	18233	24544	28448	34369	43271	50328	46600
出口占比	12.2%	14.1%	14.5%	17.0%	19.4%	20.9%	23.0%	25.7%	26.2%	18.4%
进口占比	29.0%	29.0%	29.5%	33.2%	34.3%	34.2%	34.3%	33.5%	31.9%	29.5%

数据来源：国家外汇管理局

图3－1　2000－2009年中国运输服务进出口情况

（三）中国商业存在

截至2009年年底，有142家境内外国际集装箱班轮公司在华取得国际集装箱班轮运输经营资格，从事进出中国港口的班轮运输业务，其中境外公司数量约占2/3。据统计，境内外国际集装箱班轮公司在上海开辟有770多条国际集装箱班轮航线，宁波有460多条、青岛有300多条、盐田有270多条集装箱班轮航线。丹麦马士基、法国达飞、瑞士地中海航运、德国赫伯罗特、韩国现代商船、大陆中远、香港东方海外、日本川崎汽船、台湾长荣、大陆中海等大型中外国际集装箱班轮公司投入挂靠中国航线舱位总计600多万TEU。

截至2009年底，外商在华设立独资船务公司40家，分公司186家；外商在华设立外商独资集装箱运输有限公司7家、分公司73家；1200多家外商投资企业在华取得无船承运业务经营资格。

2009年，民航新增外资项目3个，投资总额1.33亿美元，外资金额4560万美元。外资主要来源于香港。

五、运输行业展望

（一）海运服务

2009年4月14日，国务院《关于推进上海加快发展现代服务业和先进制造业建设国际金融中心和国际航运中心的意见》（国发〔2009〕19号）正式发布。国务院明确了上海“国际金融中心”和“国际航运中心”的战略定位。如今，上海国际航运中心建设取得了重大进展，港口集疏运体系进一步优化，现代航运服务体系得到大力发展，探索建立国际航运发展综合实验区取得了进展，启运港出口退税试点工作有所进展。交通运输部发布了《关于外国籍邮轮在华特许开展多点挂靠业务的公告》，积极促进和规范了邮轮产业发展。

（二）铁路运输

2010年，全路安排基本建设投资7000亿元，计划新线铺轨3690公里，复线铺轨3150公里，新线投产4613公里，复线投产3438公里，电气化投产6401公里。到“十一五”末，中国铁路营业总里程将超过9万公里。到2012年底，中国铁路营业里程将达到11万公里以上，其中客运专线和城际铁路将达到1.3万公里，复线率和电气化率分别达到50%以上，建成新客站800多座。

2010年全国铁路运输经营的主要目标是：旅客发送量16.4亿人，同比增加1.2亿人，增长7.6%；货物发送量35亿吨，同比增加1.8亿吨，增长5.4%；运输总收入4250亿元，同比增加472亿元，增长12.5%。全国铁路将抓住经济回升向好的有利时机，统筹利用运力资源，大力强化市场营销，加强客货运输组织，确保完成运输经营目标。

（三）航空运输

国际航空运输协会（IATA）预测，2010年全球航空运输业将亏损56亿美元，亏损额高于此前预测的38亿美元。从2000年到2009年，全球航空业共亏损491亿美元，平均每年亏损近50亿美元。不过目前的统计数据显示形势正朝着好的方向发展。随着全球经济的复苏，2011年全球航空业需求将继续改善，IATA预计客运量与今年相比将增长4.5%，货运量将增长7%。2011年全球航空业总收入预计比2010年增长4.9%，达到4780亿美元。

中国民用航空局预测，2010年预计民航全行业运输周转量493亿吨公里，旅客运输量2.6亿人次，货邮运输量498万吨，分别比2009年增长15.5%、13%和12%左右；通用航空作业飞行小时比2009年增长15%左右；固定资产投资总规模达到900亿元。

旅　　游

一、旅游行业发展概况

（一）国际发展概况

2009 年，受国际金融危机的持续影响，全球国际旅游业出现了自 2003 年以来的首次下降，国际过夜游客人数为 8.80 亿人次，比上年减少 0.39 亿人次，下降 4.2%；实现国际旅游收入 8520 亿美元，比上年减少 900 亿美元，下降 5.7%。

从地区看，除非洲国际游客人数继续保持增长外，其他各洲及地区的国际游客人数和国际旅游收入均出现不同程度的下降。欧洲作为全球接待国际游客人数最多的目的地地区，国际游客人数降幅最大，同比下降 5.7%，所占全球市场份额较上年下降了 0.7 个百分点，为 52.2%；国际旅游收入下降 6.5%，所占市场份额从上年的 50.1%下降到 48.5%，降低了 1.6 个百分点。亚太作为全球第二大国际旅游目的地地区，降幅最小，所占市场份额稳中有升，国际游客人数同比下降 1.3%，所占市场份额为 20.6%；国际旅游收入下降 0.9%，所占市场份额为 23.8%。美洲国际旅游收入同比降幅最高，接近一成，下降 9.8%，所占市场份额稍有下降；国际游客人数下降 4.6%，所占市场份额较上年基本持平。非洲和中东地区所占市场份额保持稳定。非洲是全球唯一接待国际游客人数出现增长的地区，同比增幅为 2.9%，国际旅游收入同比下降 4.0%；中东地区接待国际游客人数和国际旅游收入均有下降（见表 3—4）。

表 3—4　2009 年全球国际旅游人数和国际旅游收入

	国际旅游人数（百万人次）	同比增长（%）	市场份额（%）	国际旅游收入（亿美元）	同比增长（%）	市场份额（%）
全球	880.0	－4.2	100.0	8520	－5.7	100.0
欧洲	460.0	－5.7	52.2	4133	－6.5	48.5
亚太	181.6	－1.3	20.6	2032	－0.9	23.8
美洲	140.1	－4.6	15.9	1652	－9.8	19.4
非洲	45.6	2.9	5.2	287	－4.0	3.4
中东	53.2	－4.9	6.0	418	－3.7	4.9

数据来源：UNWTO World Tourism Barometer Volume 8，No. 2，June 2010

（二）国内发展状况

2009 年，受益于国内旅游市场的持续快速发展，中国旅游业在入境旅游市场下滑以及出境旅游市场增速放缓的情况下，总体保持了平稳较快增长。全年入境旅游人数 12647.59 万人次，比上年下降 2.7%。其中：外国人 2193.7 万人次，下降 9.8%；香港同胞 7733.6 万人次，下降 1.3%；澳门同胞 2271.8 万人次，下降 1.1%；台湾同胞 448.4 万人次，增长 2.2%。在入境游客中，入境过夜游客人数 5087.5 万人次，比上年下降 4.1%，居世界第 4 位。旅游外汇收入为 396.7 亿美元，比上年下降 2.9%，居世界第 5 位。

2009 年，中国内地公民出境总人数 4765.6 万人次，比上年增长 3.9%。其中：因公出境 544.7 万人次，下降 4.7%，占出境总人数的 11.4%；因私出境 4221.0 万人次，增长 5.2%，占出境总人数的 88.6%。

2009 年，国内旅游人数为 19.0 亿人次，比上年增长 11.1%。其中：城镇居民 9.0 亿人次，增长 28.4%；农村居民 10.0 亿人次，下降 1.0%。国内旅游收入为 10183.7 亿元，同比增长 16.4%。

2009 年，全国国际国内旅游业总收入达到 12894 亿元，比上年增长 11.3%。

二、最新开放情况

（一）内地与香港、澳门关于建立更紧密经贸关系的安排（CEPA）

2009 年，内地继续深化与港澳旅游合作，积极推动 CEPA 补充协议六中有关旅游政策的落实，支持香港、澳门繁荣稳定。

为进一步提高内地与香港特别行政区以及澳门特别行政区经贸交流与合作水平，2010 年 5 月，经国务院批准，内地与两个特别行政区分别签署了《〈内地与香港关于建立更紧密经贸关系的安排〉补充协议七》以及《〈内地与澳门关于建立更紧密经贸关系的安排〉补充协议七》，在 14 个领域内进一步放宽市场准入的条件，协议于 2011 年 1 月 1 日起开始生效。其中，涉及旅游的相关承诺有：允许在北京市和上海市设立的香港和澳门独资或合资旅行社，申请试点经营北京市和上海市居民（具有北京市和上海市正式户籍的居民）前往香港、澳门的团队旅游业务。

（二）自由贸易区

2009 年，中国与巴基斯坦、秘鲁分别签署了自由贸易区协议，在旅游方面作出了相关承诺，推进了双边国际旅游交流。其中，《中国—秘鲁自由贸易协定》于 2010 年 3 月 1 日起实施；与挪威、海合会自由贸易区旅游服务贸易谈判稳步推进；与哥斯达黎加旅游服务贸易谈判取得了实质性进展。

三、相关政策法规

2009 年 5 月 1 日起施行的《旅行社条例》在外商投资旅行社注册资本最低限额、投资者条件的限制、设立分支机构等方面大大降低了准入门槛。经国务院批准，即将开展外商投资旅行社经营中国公民出境游业务试点工作。

为进一步全面推进依法行政，切实保障《旅行社条例》准确、顺利实施，2009 年 10 月 11 日，国家旅游局与商务部共同决定废止 3 个部门规章，分别是国家旅游局和商务部于 2003 年 6 月 12 日公布的《设立外商控股、外商独资旅行社暂行规定》、2005 年 2 月 17 日公布的《对〈设立外商控股、外商独资旅行社暂行规定〉的修订》以及 2005 年 12 月 29 日公布的《〈设立外商控股、外商独资旅行社暂行规定〉的补充规定》。

2009 年 12 月 1 日，国务院正式下发了《关于加快发展旅游业的意见》（国发［2009］41 号），确立了把旅游业培育成国民经济的战略性支柱产业和人民群众更加满意的现代服务业的战略定位，提出了新时期旅游业发展的基本原则、发展目标、主要任务和支持政策。在主要任务中提到要深化旅游业改革开放，积极引进外资旅游企业；在试点的基础上，逐步对外商投资旅行社开放经营中国公民出境旅游业务等。该意见的出台，标志着旅游业进入了国家战略体系，预示着中国旅游业将迎来新一轮发展高潮。

四、旅游服务贸易分析

（一）国际情况

根据 WTO 公布的数据，2009 年世界旅游服务出口总额为 8700 亿美元，比 2008 年下降 9%，占世界服务出口总额的 26%。

从出口来看，2009 年欧洲地区旅游服务出口规模最大，总额为 3950 亿美元，同比下降 13%，占世界旅游服务贸易出口比重为 45.3%；独联体地区受影响最为严重，同比下降 22%；中东地区实现轻微增长，同比增长 2%。2000—2009 年，独联体和非洲地区旅游服务出口增长最快，年均增长分别 15%、12%。从进口来看，2009 年，欧洲地区旅游服务进口规模最大，总额为 3660 亿美元，同比下降 14%，占世界旅游服务贸易进口比重为 46.4%；欧洲和独联体地区旅游服务降幅最为严重，分别下降 14%、12%；中东地区同比增长 1%；亚洲地区实现零增长。2000—2009 年，独联体地区旅游服务进口增长最快，年均增长 11%（见表 3—5）。

表 3—5　2009 年世界旅游服务贸易分地区情况

单位：十亿美元

	出口额	出口占比（%）		年均增长率（%）		进口额	进口占比（%）		年均增长率（%）	
年份	2009	2000	2009	2000—2009	2009	2009	2000	2009	2000—2009	2009
世界	870	100.0	100.0	7	−9	790	100.0	100.0	7	−9
北美	145	24.6	16.7	2	−11	110	19.6	14.0	3	−9
中南美	40	4.9	4.6	6	−6	27	3.5	3.5	7	−1
欧洲	395	46.2	45.3	7	−13	366	48.3	46.4	6	−14
#欧盟 27 国	341	42.0	39.2	6	−13	334	45.3	42.3	6	−15
独联体	17	1.0	1.9	15	−22	28	2.4	3.5	11	−12
非洲	40	3.1	4.5	12	−5	21	1.9	2.7	—	−9

续表

	出口额	出口占比（%）		年均增长率（%）		进口额	进口占比（%）		年均增长率（%）	
年份	2009	2000	2009	2000—2009	2009	2009	2000	2009	2000—2009	2009
中东	37	2.8	4.2	—	2	61	3.4	7.8	—	1
亚洲	199	17.5	22.8	10	−3	175	20.9	22.2	8	0

数据来源：WTO秘书处

联合国世界旅游组织的统计资料表明，前15位国家和地区的旅游出口额合计4841亿美元，占世界旅游服务贸易出口总额的56.8%，比上年下降了0.3个百分点；除澳大利亚、中国香港和马来西亚出口额同比增长外，其余国家出现不同程度的下降，其中美国降幅最大，同比下降达14.6%。美国旅游服务贸易出口额为939亿美元，占世界出口总额的11.0%，继续保持第一大旅游服务贸易出口国的地位；西班牙、法国、意大利和中国紧随其后。在进口方面，前15位国家和地区的旅游进口合计4904亿美元，占世界旅游服务贸易进口总额的57.6%，比上年增加了0.5个百分点；中国和沙特阿拉伯两国的进口额增长强劲，同比增幅超过两成。前五大进口国的格局出现调整，中国超过法国成为世界旅游服务贸易第四大进口国（见表3—6）。

表3—6 2009年世界旅游服务贸易前15位出口和进口国家和地区的情况

单位：亿美元

排名	国家和地区	出口额	出口占比（%）	比上年增长（%）	国家和地区	进口额	进口占比（%）	比上年增长（%）
1	美国	939	11.0	−14.6	德国	808	9.5	−6.3
2	西班牙	532	6.2	−9.0	美国	732	8.6	−8.1
3	法国	494	5.8	−7.9	英国	485	5.7	−16.5
4	意大利	402	4.7	−7.2	中国	437	5.1	20.9
5	中国	397	4.7	−2.9	法国	385	4.5	−1.9
6	德国	347	4.1	−8.5	意大利	278	3.3	−4.6
7	英国	301	3.5	−1.6	日本	251	2.9	−18.4
8	澳大利亚	256	3.0	11.2	加拿大	242	2.8	−3.6
9	土耳其	213	2.5	−3.2	俄罗斯	208	2.4	−12.5
10	奥地利	194	2.3	−5.2	荷兰	207	2.4	0.4
11	中国香港	165	1.9	7.1	沙特阿拉伯	188	2.2	24.4
12	泰国	159	1.9	−9.9	比利时	179	2.1	−4.6
13	马来西亚	158	1.9	9.1	澳大利亚	178	2.1	4.0
14	希腊	145	1.7	−10.6	西班牙	166	1.9	−13.8
15	瑞士	139	1.6	−2.8	中国香港	160	1.9	−1.3
	总计	4841	56.8	—	总计	4904	57.6	—

数据来源：UNWTO World Tourism Barometer Volume8，No.2，June 2010

（二）中国跨境服务贸易

2009 年，中国旅游进口和出口继续呈现出不同走势。在旅游出口方面，受国际金融危机、甲型流感疫情持续蔓延以及突发事件等因素的影响，仍然出现负增长，出口额为 396.7 亿美元，比上年下降 2.9%；在旅游进口方面，则继续保持高速增长的态势，为 437.0 亿美元，比上年增长 20.9%。2000—2009 年，旅游服务贸易出口额从 162 亿美元增加到 397 亿美元，年均增长率为 10.4%。旅游服务贸易进口额从 131 亿美元增长到 437 亿美元，年均增长率为 14.3%。2009 年，旅游服务贸易自 1982 年以来首次出现逆差，差额为 40.0 亿美元（见图 3—2）。

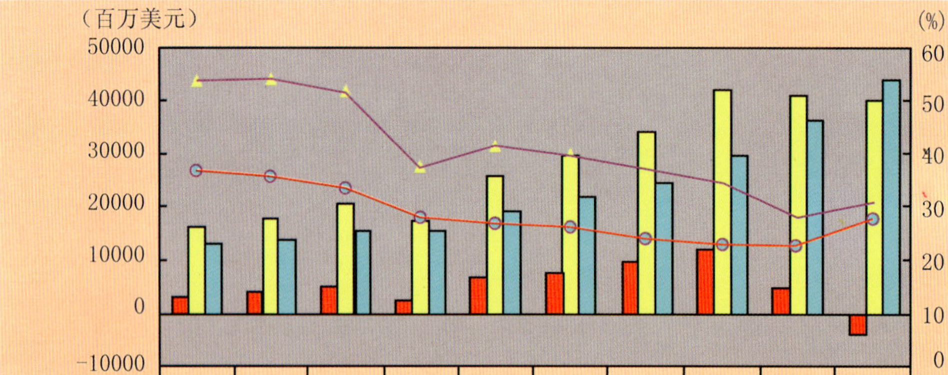

	2000年	2001年	2002年	2003年	2004年	2005年	2006年	2007年	2008年	2009年
差额	3117	3883	4987	2219	6590	7537	9627	12133	4686	-4000
出口	16231	17792	20385	17406	25739	29296	33949	41919	40843	39700
进口	13114	13909	15398	15187	19149	21759	24322	29786	36157	43700
出口占比	53.8%	54.1%	51.8%	37.5%	41.5%	39.6%	37.1%	34.5%	27.9%	30.9%
进口占比	36.6%	35.6%	33.4%	27.7%	26.7%	26.2%	24.2%	23.0%	22.9%	27.6%

数据来源：国家旅游局、国家外汇管理局

图 3—2　2000—2009 年中国旅游服务进出口情况

（三）中国商业存在

截至 2008 年末，中国外商投资的星级饭店有 222 家，比上年末减少 17 家，占星级饭店总数的 1.6%，固定资产 344.9 亿元，营业收入 108.4 亿元；港澳台投资的星级饭店 339 家，比上年末减少 14 家，占星级饭店总数的 2.4%，固定资产 416.0 亿元，营业收入 144.2 亿元。

截至 2009 年末，获得国家旅游局批准的外商投资旅行社共计 38 家。其中，外商独资旅行社 21 家、外商控股合资旅行社 8 家、中方控股合资旅行社 9 家。外商投资旅行社旅游业务营业收入占全国的 1.4%，旅游业务毛利润占全国的 2.3%。

五、旅游行业展望

2010 年以来，伴随着世界经济复苏，全球国际旅游业开始恢复并发展。中国旅游业总体发展态势良好，增长动力比较充足，旅游市场较快增长，但仍然存在一些制约因素：一是国内外经济环境极为复杂，国际金融危机影响的严重性和经济复苏的曲折性都超过预期；二是越来越多的发达国家和周边国家为推动本国旅游业发展，加大了对本国入境旅游市场的支持力度，对中国入境旅游形成新的挑战；三是一些不确定性因素的影响仍不容忽视，今年以来自然灾害频繁，国际交通、国际上的传统和非传统安全因素已经或正在对中国旅游业产生一定负面影响。

（一）入境旅游

2010年上半年，中国入境旅游市场加速回升，入境旅游人数6552.0万人次，比上年同期增长5.6%，其中，外国人同比增幅为23.0%。主要得益于：一是全球宏观环境有所改善，除欧洲外的国家和地区经济逐步复苏和稳定，促进了当地民众旅游消费需求的释放；二是中国与有关国家和地区的经贸合作进一步深化，对外商务往来频密；三是中国应急管理体制不断完善，旅游接待服务质量和环境不断提升和改善，接待能力进一步增强，国际形象显著提升；四是世博效应日益凸显。预计全年入境旅游市场将结束2008年以来持续下滑的局面，实现增长。

（二）出境旅游

2010年上半年，中国内地公民出境旅游市场强劲增长，出境总人数2685.9万人次，比上年同期增长19.1%，同比增幅创2006年以来新高。预计全年出境旅游人数将有较大幅度的攀升。有利因素：一是中国经济回升向好的趋势更加明显，居民收入继续增加，旅游消费保持旺盛；二是各国和地区纷纷针对中国市场出台各种促进政策，如日本于2010年7月1日起放宽了对中国游客的签证限制，韩国也将大幅放宽中国个人旅游签证标准；三是中国内地公民旅游目的地数量不断增加，截止到2009年末，已开放的目的国家和地区为104个，2010年以来，朝鲜、加拿大等6个国家陆续开放；四是进一步放宽了内地公民赴港澳“个人游”政策，2009年底正式实施非广东籍深圳常住居民赴港“个人游”政策，大陆与台湾两岸官方和民间交流日益频繁，2010年7月18日起，大陆31个省（区、市）全部开放赴台旅游。

通信服务

一、通信行业发展概况

（一）国际发展概况

1. 电信

2009 年，受国际金融危机影响，全球电信业收入下降 2%左右，为新世纪以来的最低水平。其中，发达国家下降 4.2%，特别是欧元区下滑较为明显；发展中国家增长 1.8%，非洲、南美等地区增势较为明显。话音业务逐步萎缩，特别是固定话音业务收入通信下降了 4.8%。

移动电话普及率继续提高。根据 ITU 统计，截至 2009 年年底，全球电话用户超过 55 亿户；移动用户数 46 亿户左右，普及率为 67%，全球固定电话用户数为 10 亿户左右，普及率为 16%左右。从地区看，亚太地区用户数排名首位，占全球比重为 40%左右；欧洲次之，所占比重达 20%左右；第三是北美地区，所占比重约为 9%。近五年，全球新增移动用户数超过 25 亿，年均增长率超过 20%，其中 2/3 以上来自发展中国家，非洲年均增长率接近 40%，亚洲的年均增长率接近 30%。新一代移动通信业务发展迅速，至 2009 年底，全球 3G 用户超过 10 亿户。全球电话主线普及率逐步提高，2009 年全球电话主线普及率达到 20 线/百人左右。

互联网使用不断普及，2009 年全球互联网用户数达 17 亿，普及率达到 26%，其中发达国家普及率超过 50%，发展中国家则不足 20%。宽带业务发展迅速，全球宽带上网用户数接近 4.7 亿户，全年新增 5600 万户，增长率达到 13.6%。移动宽带用户达到 2.7 亿户，增长 43%。中国、美国、日本、德国、印度等国家在互联网用户和宽带上网用户上位居前列。2009 年全球电脑出货量达到 3 亿台，目前全球电脑拥有量已达 17 亿台以上。

2. 邮政

根据万国邮政联盟（UPU）网站公布的数据，截至 2008 年年底，全球约有国有邮政员工 562 万名，邮政局所 67.7 万个，与 2007 年基本持平。2008 年，全球邮政函件业务基本保持稳定，包裹业务持续增长，整体收入持续增加。2008 年全球邮政收入 2104 亿 SDR[①]，约合 3240 亿美元，比 2007 年增加 1.1%。

受全球金融经济危机和电子通信技术替代的双重影响，2008 年，全球邮政共处理函件 4168 亿封，同比减少 2.92%；共处理包裹 55.85 亿件，同比增长 3.15%。包裹业务量的稳定增长得益于邮政技术革新、服务质量提升和电子商务迅速发展所带来的商品寄递量的增加。2008 年，亚太地区

① SDR，即特别提款权，是国际货币基金组织的成员国政府之间用于结算国际收支的单位，适用于万国邮联成员国邮政之间的业务结算。

邮政业务量增长较快，邮政函件、包裹业务量的增幅分别为2.13%和5.93%。

全球邮递市场在竞争中稳步发展。根据Adrenale公司为万国邮政联盟（UPU）提供的研究报告[①]，2008年，全球邮递市场总收入为5千亿美元，其中函件市场总收入约3千亿美元，快递和包裹市场总收入约2千亿美元。其中，国有邮政运营商[②]的函件业务量占函件市场的85%；排名前四位的快递运营商（UPS、FedEx、DHL和TNT）业务收入约占全球快递和包裹市场总收入的55%以上。[③]

（二）国内发展概况

1. 电信

2009年，中国完成电信业务总量25681亿元，增长14.4%。电信业务收入8424亿元，增长3.9%，其中移动通信网业务收入5091亿元，固定本地电话网业务收入1357亿元，长途电话网业务收入983亿元，数据通信网业务收入994亿元。电信固定资产投资3725亿元，增长26.1%。电信综合价格水平下降9%，近五年累计已下降超过50%。

全国电话用户总数达到10.61亿户，其中固定电话用户31369万户，移动电话用户74738万户，通信网络规模和用户数继续保持世界第一，固定电话普及率和移动电话普及率分别达到23.6部/百人和56.3部/百人。基础电信运营企业互联网用户中，拨号用户达到871万户，宽带接入用户达到10323万户。全社会互联网网民新增8600万，总数达到3.84亿人，普及率达到28.9%，超过全球平均水平。

全国光缆线路长度新增149万公里，达到827万公里；局用交换机容量达到49219万门；移动电话交换机容量142111万户。基础电信运营企业互联网宽带接入端口13952万个。国际互联网出口带宽866367Mbps。

全国固定本地电话通话量达到5398亿次，同比下降12.7%，其中传统电话通话量4222亿次，无线市话通话量1176亿次。移动本地电话通话时长达到32965亿分钟，同比增长19.5%。固定长途电话826亿分钟，移动长途电话2376亿分钟，IP电话1186亿分钟。无线市话短信业务量127亿条，同比下降45.6%；移动短信业务量7713亿条，同比增长10.2%。

2. 邮政

2009年，中国邮政行业保持平稳较快发展。业务量总计完成1632.1亿元，同比增长16.4%；业务收入总计完成1094.7亿元（不包括邮政储蓄银行直接营业收入），同比增长14%。

邮政普遍服务业务保持稳定。邮政企业函件业务量完成75亿件，包裹业务量完成7230万件，报纸业务量完成162亿份，杂志业务量完成10.2亿份，汇兑业务量完成2.7亿笔。

快递业务继续呈现加快增长态势。全国规模以上快递服务企业[④]业务量完成18.6亿件，同比增长22.8%；业务收入完成479亿元，同比增长17.3%。其中，同城、异地、国际及港澳台快递业务量分别占全部快递业务量的23.5%、70.4%和6.1%，业务收入分别占全部快递收入的7.3%、

① Adrenale公司（2010年）《国际信件、轻型包裹和快递服务项目市场研究报告》，提交给万国邮政联盟国际局。

② 国有邮政运营商即政府指定承担邮政普遍服务义务的国有邮政运营商。

③ 数据来源：《快递业对全球经济的影响》，《牛津经济学》2009年9月刊

④ 快递服务企业，指所有经营快递业务的企业，包括邮政企业及快递企业。规模以上快递服务企业的划分标准见国家邮政局2007年11月发布的《邮政业统计报表制度》。

55.7%和31.7%。

二、最新开放情况

中国在加入WTO时承诺开放快递服务（CPC75121），“现由中国邮政部门依法专营的服务除外”。2009年修订后的《邮政法》规定，外商不得投资经营信件的国内快递业务。这一规定与中国加入世贸组织的承诺是一致的，不会影响外商投资的快递企业依法继续在中国从事除私人信函和党政机关公文以外的信件的国际快递业务以及包裹等物品的国际国内快递业务。外商投资的快递企业在中国依法从事快递经营活动，将继续受到中国法律的保护。目前，外商投资的快递企业在中国的业务继续迅速发展。中国着力健全有关法规和制度，按照有序、可控的原则逐步开放市场。

三、相关政策法规

（一）电信

2009年1月，中国工业和信息化部宣布正式发放第三代移动通信牌照，允许中国移动通信集团公司、中国电信集团公司、中国联合网络通信集团公司分别经营基于TD－SCDMA、CDMA2000、WCDMA制式的3G业务。2009年5月，中国工业和信息化部发布了《电信网络运行监督管理办法》，从网络运行维护责任、网络构架保护措施、网络运行事故处理、网络运行监督管理方面进行了规定，并划分了网络运行事故种类，形成了报告监督机制，确保网络健康运行。2009年7月，中国工业和信息化部发布了《电信基础设施共建共享工程技术暂行规定》和《通信局（站）节能设计规范》，推动电信基础运营商在网络建设实现技术上的共建共享，并通过规范通信局（站）的建设提高设备节能水平。

2010年1月，中国工业和信息化部发布了《通信网络安全防护管理办法》，对通信网络单元的分级保护制度、符合性评测、安全风险评估、通信网络安全防护检查等内容进行了规定，形成了相应制度，确保网络的安全防护。2010年3月，中国工业和信息化部会同国家发展和改革委员会等六个部门共同发布了《关于推进第三代移动通信网络建设的意见》和《关于推进光纤宽带网络建设的意见》，积极落实3G网络和光纤宽带网络建设，促进网络共建共享和协调发展，出台网络建设扶持措施，并引导和鼓励网络应用发展和业务创新。2010年6月，国务院办公厅发布了《关于印发第一批三网融合试点地区（城市）名单的通知》，确立了北京市等12个地区作为首批试点地区，积极推进三网融合工作。

（二）邮政

2009年4月24日，修订后的《中华人民共和国邮政法》经十一届全国人大常委会第八次会议审议通过，并于2009年10月1日起施行，确立了邮政普遍服务法律制度，规定了普遍服务业务范围、承担主体、服务标准和支持政策；明确了快递业务和快递企业的法律地位，设立了快递业务经营许可制度，制定了快递服务规范；赋予了邮政管理部门监督管理邮政普遍服务、监督管理邮政市场的法定职责。

2009年8月27日，《快递业务经营许可管理办法》（交通运输部2009年第12号令）公布，并于2009年10月1日起施行，规定了快递业务经营许可的具体条件、审批程序以及有关违法行为应承担的法律责任。

2009年9月18日，国家邮政局发布《邮政普遍服务》标准，于2009年10月1日起施行，规定了普遍服务的基本内容，从用邮安全、邮政设施、营业时间、邮件传递时限、投递深度和赔偿等方面规定了邮政普遍服务的具体要求和服务规范。

2009年，国家邮政局分别发布了《长江三角洲地区快递服务发展规划（2009—2013年）》和《珠江三角洲地区快递服务发展规划（2010—2014年）》。这两部规划，根据国家促进经济社会发展的总体部署，结合区域快递服务发展实际和特点，提出了今后五年区域快递发展的目标、主要任务和政策措施。

四、服务贸易分析

（一）国际情况

根据WTO公布的数据，2009年世界通信服务出口总额为850亿美元，比2008年下降9%，占世界服务出口总额的2.5%。2009年，受危机影响，除独联体地区外，其他各地区出口额均实现负增长。

欧洲地区通信服务出口规模最大，总额为450亿美元，同比下降9%，占世界通信服务贸易出口比重为54.4%；中南美、亚洲地区受影响最为严重，分别下降14%、13%；独联体地区基本与2008年持平，同比增长1%（见表3—7）。

表3—7　2009年世界通信服务贸易分地区情况

单位：十亿美元

	出口额	出口占比（%）		年均增长率（%）	
年份	2009	2000	2009	2000—2009	2009
世界	85		100.0		—9
北美	12	—	14.1	—	—4
中南美	3	—	3.7	5	—14
欧洲	45	—	54.4	12	—9
#欧盟27国	42	—	50.3	—	—9
独联体	2	—	2.9	14	1
亚洲	10	—	12.5	6	—13

数据来源：WTO秘书处

2009年，共有114个国家和地区向IMF报告通信服务出口数据，总额为790亿美元，占世界服务出口总额的比重为2.4%。在114个经济体中，排名前20位的国家和地区共出口618亿美元，占已有数据的114个国家和地区通信服务出口额的77.6%。美国、英国、科威特、德国、法国位列出口前五名，其出口额共计329.3亿美元，占已有数据的114个经济体通信服务出口额的41.4%。中国在已有数据的114个国家和地区中排名第17位。

2009 年，共有 115 个国家和地区向 IMF 报告通信服务进口数据，总额为 696.7 亿美元，占世界服务进口总额的比重为 2.2%。在 115 个经济体中，排名前 20 位的国家和地区共进口 547 亿美元，占已有数据的 115 个国家和地区通信服务进口额的 78.5%。美国、德国、英国、荷兰、法国位列进口前五名，其进口额共计 283 亿美元，占已有数据的 115 个国家和地区通信服务进口额的 40.6%。美国作为第一大进口国，2009 年通信服务进口额为 75 亿美元，占已有数据的 115 个国家和地区通信服务进口额的 10.8%。中国在已有数据的 115 个国家和地区中排名第 16 位（见表 3—8）。

表 3—8 2009 年世界通信服务主要国家和地区情况

单位：百万美元

排名	国家和地区	出口额	出口占比（%）	排名	国家和地区	进口额	进口占比（%）
1	美国	9547.7	12.0	1	美国	7503.5	10.8
2	英国	6992.3	8.8	2	德国	6610.3	9.5
3	科威特	6905.5	8.7	3	英国	6303.2	9.0
4	德国	4855.9	6.1	4	荷兰	4121.2	5.9
5	法国	4629.5	5.8	5	法国	3753.4	5.4
6	荷兰	4450.3	5.6	6	比利时	3141.6	4.5
7	比利时	3859.9	4.8	7	西班牙	3034.7	4.4
8	卢森堡	3017.1	3.8	8	瑞典	2219.9	3.2
9	加拿大	2325.3	2.9	9	意大利	2130.8	3.1
10	西班牙	2079.6	2.6	10	俄罗斯	1898.4	2.7
11	瑞典	1934.7	2.4	11	沙特阿拉伯	1857.3	2.7
12	意大利	1718.6	2.2	12	加拿大	1838.8	2.6
13	奥地利	1560.3	2.0	13	新加坡	1627.7	2.3
14	俄罗斯	1336.7	1.7	14	爱尔兰	1518.2	2.2
15	瑞士	1330.7	1.7	15	卢森堡	1408.3	2.0
16	新加坡	1322.1	1.7	16	中国	1209.6	1.7
17	中国	1198.3	1.5	17	奥地利	1179.9	1.7
18	印度尼西亚	1030.8	1.3	18	日本	1123.4	1.6
19	罗马尼亚	863.0	1.1	19	罗马尼亚	1117.0	1.6
20	埃及	841.9	1.1	20	韩国	1099.8	1.6
	以上合计	61800.1	77.6		以上合计	54696.7	78.5

数据来源：根据 IMF 数据整理

（二）中国跨境服务贸易

2009 年，中国通信服务出口和进口均出现负增长，其中通信服务出口 12 亿美元，比 2008 年下降 23.6%；进口 12 亿美元，下降 20.5%。

2000—2009 年，通信服务贸易出口经历了由 2000 年到 2001 年急剧下降而后整体上经历了逐渐上升的过程，年均增长率为 15.6%，占中国服务出口总额的比重维持在 1%左右；中国通信服务进口年均增长 21.7%，占中国服务进口额的比重基本维持在 0.8%左右。2009 年，通信服务贸易出现收支平衡（见图 3—3）。

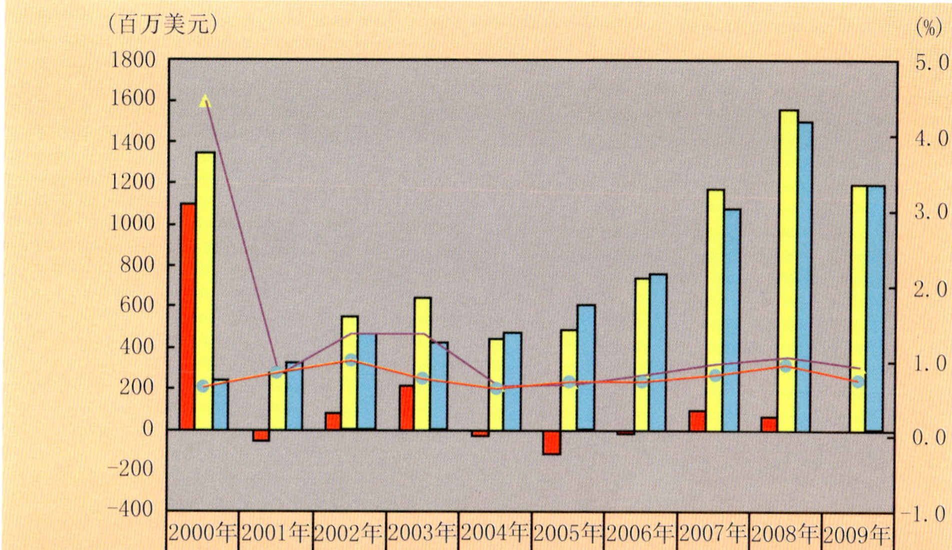

	2000年	2001年	2002年	2003年	2004年	2005年	2006年	2007年	2008年	2009年
差额	1103	-55	80	211	-32	-118	-20	93	60	0
出口	1345	271	550	638	440	485	740	1175	1570	1200
进口	242	326	470	427	472	603	760	1082	1510	1200
出口占比	4.5%	0.8%	1.4%	1.4%	0.7%	0.7%	0.8%	1.0%	1.1%	0.9%
进口占比	0.7%	0.8%	1.0%	0.8%	0.7%	0.7%	0.8%	0.8%	1.0%	0.8%

数据来源：国家外汇管理局

图 3—3　2000—2009 年中国通信服务进出口情况

（三）中国商业存在

1. 境内的外国商业存在

截至 2009 年年底，已有数十家企业向中国工业和信息化部提出设立外资电信企业的申请，其中 19 家企业正式通过了电信业务经营许可审定，包括日本 NTT、韩国 SK 等国际电信巨头均在国内设立了合资公司。在增值电信业务中，目前在中国获得经营许可证的企业 2 万家，其中多个外资公司通过对这些企业进行并购、合资、参股等，进入中国电信增值运营市场。

自 2009 年 10 月 1 日《中华人民共和国邮政法》实施之日起，国家对经营快递业务实行许可制度。国家邮政局依法受理外商投资快递企业快递业务经营许可的申请。

2. 境外的中国商业存在

目前，中国移动、中国电信、中国联通等几家大型基础电信运营商与各国主要运营企业建立了对等互联，在国外进行了多项网络延伸工程；在上百个国家和地区设立了代表处或分公司，在美国、日本、韩国、新加坡等多个国家和地区拥有电信相关的运营牌照；还通过并购和合资进入巴基斯坦、罗马尼亚、非洲等多个国家和地区的市场。一些中国通信设备企业通过参股当地电信企业参与非洲、美洲的电信运营；华为、中兴等企业已进入国际电信设备供应商的一线阵营。

中国邮政行业的国际化发展处于起步阶段。其中，邮政企业依托万国邮政联盟的国际邮政网络为用户提供国际函件、包裹和EMS速递服务；在亚太地区，与美国、日本、韩国、澳大利亚、中国香港等6个国家（地区）的邮政部门组成紧密的“卡哈拉合作组织”，提供地区间高质量的EMS速递服务。中国邮政航空公司开通了上海—日本大阪、北京—韩国首尔、天津—韩国首尔等国际航线。

截至2009年年底，邮政速递、民航快递、中外运、顺丰速运、宅急送、申通快递、圆通快递等中国企业在美国、英国、俄罗斯、日本、韩国、新加坡、中国香港、中国澳门、中国台湾等多个国家和地区设立了代表处或子公司，通过当地企业，以委托代理、合资等形式，开展国际快递业务。

五、行业及贸易发展展望

（一）电信

2010年，随着世界经济逐步复苏，随着技术、业务结构转型升级和网络融合趋势进一步突出，全球电信业出现一些新的趋势：国家战略促进宽带大提速成为一种潮流；全业务宽带趋势日益显现，移动化、宽带化、非话音化趋势将日趋明显；传统的电信业日益从单一话音产业向融合电信、互联网、传媒与娱乐于一体的复杂产业生态体系转变；全IP化成为技术与业务发展的演进方向等。同时，据ITU及多家权威电信研究机构预测，2006—2010年全球手机用户的复合增长率将超过6%，特别是非洲和亚太地区将成为增长最快的地区，预计到2010年全球电信市场增长3%左右，手机用户将达到50亿户左右。预计2010年，中国电信业务发展速度将超过5%，电话用户11.5亿户左右。

（二）邮政

中国邮政企业正在向现代服务业转型。邮政管理部门正在编制行业发展“十二五”规划，将大力推动邮政、快递基础设施建设，促进科技进步和技术应用，引导行业从劳动密集型逐步向技术和劳动密集型高度结合的方向发展。支持邮政企业采用先进信息技术改造和优化运营管理流程，发展实物流、资金流、信息流融合型业务。鼓励快递企业实现管理体制创新和服务产品升级，积极向产业上下游延伸。通过国家规划引导和政策支持，使邮政行业的国内与国际业务、城市与农村业务、传统业务与电子商务配送等新型业务联动发展。

建筑服务

一、建筑行业发展概况

（一）国际发展概况

2009年，国际工程承包市场发展受国际金融危机影响较大。据英国国际商业监测机构BMI预测，除亚太地区建筑业在2009年保持微弱增长外，其余地区的建筑市场规模较2008年均有所缩减，欧洲地区市场下滑10%。国际基础设施的投资与建设在金融危机后成为世界经济复苏增长的焦点所在。各国采用多种形式投资，包括增加基础设施建设来扩大内需，推动经济复苏，取得了一定的成效，基础设施的投资与建设成为实现经济复苏的一支重要力量。

（二）国内发展概况

2009年，在扩大内需、加大固定资产投资的推动下，建筑市场规模高位波动，建筑业也继续保持较快增长，呈现良好的发展态势。全国建筑业企业（指具有资质等级的总承包和专业承包建筑业企业，不含劳务分包建筑业企业，下同）完成建筑业总产值75864亿元，比上年增加13827亿元，增长22.3%；全年全社会建筑业实现增加值22333亿元，比上年增加3590亿元，增长18.2%；完成竣工产值43798亿元；施工合同总额达131931亿元，比上年增加27690亿元，增长26.6%。

2009年，中国有50家中国承包商入选《工程新闻记录》的“全球最大国际承包商225强”（ENR225）名单，企业总额达356.3亿美元，占225强总营业额比重的9.15%，列国家排名第4位。

二、最新开放情况

（一）中国建筑领域加入世贸组织的承诺

1. 关于建筑设计服务方面的承诺

在市场准入方面：对于方案设计的市场准入没有限制；除方案设计以外的设计要求与中国专业机构合作；允许设立合资、合作企业，允许外方拥有多数股权。中国加入WTO五年内，允许设立外商独资企业。

在国民待遇方面：外国服务提供者应为在其本国从事建筑、工程、城市规划服务的注册建筑师、工程师或企业。

2. 关于建筑及相关工程服务方面的承诺

在市场准入方面：允许设立中外合资、合作建筑业企业，允许外资控股。中国加入WTO后三年内，允许设立外商独资建筑业企业。但外商独资建筑业企业只允许承包四类建设项目，外资建筑企业只允许在其资质等级许可的范围内承包下列工程：一是全部由外国投资和/或赠款捐助的项目；二是由国际金融机构资助并通过根据贷款条款进行的国际招标授予的建设项目；三是外资等于或超过 50%的中外联合建设项目，外资少于 50%、但因技术困难而不能由中国建筑企业独立实施的中外联合建设项目；四是由中国投资，但中国建筑企业难以独立实施的建设项目，经省政府批准，可由中外建筑企业联合承揽。

在国民待遇方面：中国加入 WTO 后 3 年内取消建筑企业注册资本与国内企业的差别要求；取消对合资、合作建筑业企业承包外资工程的义务要求。

（二）CEPA 情况

自 2003 年开始，中央政府与香港、澳门特别行政区政府开始签署《内地与香港关于建立更紧密经贸关系的安排》和《内地与澳门关于建立更紧密经贸关系的安排》及相关补充协议，这些协议的签署进一步扩大了市场的开放，促进了两地市场的融合和经贸关系的发展。2009 年 5 月，《〈内地与香港关于建立更紧密经贸关系的安排〉补充协议六》和《〈内地与澳门关于建立更紧密经贸关系的安排〉补充协议六》签署，协议在建筑服务方面做出了如下规定："在建筑领域，双方同意开展内地监理工程师与香港建造工程师的专业人员资格（监理）相互承认工作；开展香港建筑师取得内地监理工程师资格的认可工作。双方主管部门或行业机构将开展两地风景园林专业的技术交流工作。自本协议签署之日起，对于已取得内地资质的港、澳资建筑业企业，在新的《建筑业企业资质标准》颁布前，原建设部关于港、澳资建筑业企业资质审查中对港、澳籍项目经理的认定政策不变，港、澳籍项目经理在原受聘港资建筑业企业资质管理中仍然有效。在新的《建筑业企业资质标准》颁布后，允许原认定的港、澳籍项目经理在该标准颁布前已承接或开工的工程项目中，继续作为项目经理直至项目竣工。"协议的签署及实施，进一步扩大了香港与内地在建筑领域专业人员资格互认的范围；同时对港、澳资建筑业企业的港、澳籍项目经理采用了过渡性质的安排，以使港、澳资企业完成项目经理制度向注册建造师制度的转变。

三、相关政策法规

按照中国加入世贸组织承诺，建设部废止了部分不符合承诺要求和世贸组织原则的规章及规范性文件，对部分规章进行了修订，颁布了体现入世承诺要求的规章和规范性文件，对入世承诺通过法律形式予以确定和保障。这一时期出台的主要规章及规范性文件包括：《外商投资建筑业企业管理规定》（建设部、对外贸易经济合作部令第 113 号）、《外商投资建筑业企业管理规定中有关资质管理的实施办法》（建市［2003］73 号）、《外商投资建设工程设计企业管理规定》（建设部、对外贸易经济合作部令第 114 号）、《关于外国企业在中华人民共和国境内从事建设工程设计活动的管理暂行规定》（建市［2004］78 号）、《外商投资建设工程设计企业管理规定实施细则》（建市［2007］18 号）、《外商投资建设工程服务企业管理规定》（建设部、商务部第 155 号令）等。同时，企业资质标准和相关资质管理规定修订后，国外企业与国内企业适用同一企业资质标准申请资质，取得资质后方可在在资质许可范围内开展业务活动。这些规章及规范性文件同其他相关法律、法规等构成了统一体系，对外资进入中国市场开展建筑活动进行了规范和保护，有利于建设公平竞争、规范有序的建筑市场。

为落实CEPA及补充协议，建设部印发了多份规范性文件，对协议中的内容予以保障落实。2009年6月11日，住房和城乡建设部印发了《关于落实国务院批准的〈内地与香港关于建立更紧密经贸关系的安排〉补充协议六和〈内地与澳门关于建立更紧密经贸关系的安排〉补充协议六有关事项的通知》（建计［2009］104号），自下发之日起施行。文件对《〈内地与香港关于建立更紧密经贸关系的安排〉补充协议六》和《〈内地与澳门关于建立更紧密经贸关系的安排〉补充协议六》中的人员资格互认和项目经理安排等内容进行了详细规定，以落实协议，这进一步促进了内地与香港、澳门建筑服务贸易的发展。

在对外承包工程方面，2008年7月20日，《对外承包工程管理条例》颁布，自2008年9月1日施行，对对外承包工程予以规范管理。2009年10月12日，商务部、住房和城乡建设部颁布《对外承包工程资格管理办法》（商务部、住房和城乡建设部令 第9号），自2009年11月1日起施行。《对外承包工程资格管理办法》对对外承包工程资格的申请条件、程序、《资格证书》管理以及商务部、住房和城乡建设部的监督管理活动进行了规定，要求企业需按照办法规定的条件和程序取得对外承包工程资格后方可在许可范围内从事对外承包工程，也明确了监管部门的责任。《对外承包工程资格管理办法》对规范和加强对外承包工程管理、促进对外承包工程健康发展具有重要意义。

在建筑业对外开放的进程中，中国政府加大了对建筑市场运行规则的改革力度，使得中国建筑市场的运行规则更加符合世贸组织服务贸易总协定的透明度原则和非歧视性原则，公开、公正、统一、规范的建筑市场新秩序初步建立，并由此带来生机勃勃、蓬勃发展的中国建筑业。

四、服务贸易分析

（一）国际情况

据WTO公布的数据，2009年世界建筑服务出口总额为800亿美元，比2008年下降13%，占世界服务出口总额的2.4%。2009年，受危机影响，全球大部分地区建筑服务出口额均出现负增长。欧洲地区建筑服务出口规模最大，总额为450亿美元，同比下降11%，占世界运输服务贸易出口比重为56.3%；独联体地区受影响最为严重，同比下降26%（见表3—9）。

表3—9 2009年世界建筑服务贸易分地区情况

单位：十亿美元

	出口额	出口占比（%）		年均增长率（%）	
年份	2009	2000	2009	2000—2009	2009
世界	80	100.0	100.0	12	−13
北美	—	—	—	—	
中南美	0	1.4	0.2	−8	−10
欧洲	45	62.7	56.3	11	−11
#欧盟27国	42	—	52.0	—	−11
独联体	4	1.0	4.9	33	−26
亚洲	26	29.0	32.8	14	−11

数据来源：WTO秘书处

2009 年，共有 70 个国家和地区向 IMF 报告建筑服务出口数据，总额为 823.8 亿美元[①]，占世界服务出口总额的比重为 2.5%。在 70 个经济体中，排名前 20 位的国家和地区共出口 750.6 亿美元，占已有数据的 70 个国家和地区建筑服务出口额的 91.1%。德国、日本、中国、法国、美国位列出口前五名，其出口额共计 486.7 亿美元，占已有数据的 70 个经济体建筑服务出口额的 59.1%。中国在已有数据的 70 个国家和地区中排名第 3 位。

2009 年，共有 88 个国家和地区向 IMF 报告建筑服务进口数据，总额为 724.8 亿美元，占世界服务进口总额的比重为 2.3%。在 88 个经济体中，排名前 20 位的国家和地区共进口 651.5 亿美元，占已有数据的 88 个国家和地区建筑服务进口额的 89.9%。日本、德国、中国、意大利、安哥拉位列进口前五名，其进口额共计 370.5 亿美元，占已有数据的 88 个国家和地区建筑服务进口额的 51.1%。日本作为第一大进口国，2009 年建筑服务进口额为 114.1 亿美元，占已有数据的 88 个国家和地区建筑服务进口额的 15.7%。中国在已有数据的 88 个国家和地区中排名第 3 位（见表 3—10）。

表 3—10　2009 年世界建筑服务主要国家和地区情况

单位：百万美元

排名	国家和地区	出口额	出口占比（%）	排名	国家和地区	进口额	进口占比（%）
1	德国	12969.0	15.7	1	日本	11413.7	15.7
2	日本	12436.1	15.1	2	德国	9907.4	13.7
3	中国	9462.8	11.5	3	中国	5867.6	8.1
4	法国	7015.3	8.5	4	意大利	5186.8	7.2
5	美国	6790.4	8.2	5	安哥拉	4676.4	6.5
6	西班牙	4192.1	5.1	6	俄罗斯	4509.9	6.2
7	俄罗斯	3254.5	4.0	7	法国	3346.2	4.6
8	荷兰	2942.3	3.6	8	沙特阿拉伯	3288.0	4.5
9	意大利	2909.6	3.5	9	西班牙	2322.2	3.2
10	英国	2546.6	3.1	10	英国	2247.4	3.1
11	波兰	1495.0	1.8	11	荷兰	2154.5	3.0
12	比利时	1405.8	1.7	12	哈萨克斯坦	2057.1	2.8
13	奥地利	1404.2	1.7	13	美国	1795.1	2.5
14	土耳其	1279.0	1.6	14	奥地利	1103.3	1.5
15	芬兰	1144.0	1.4	15	比利时	1078.5	1.5
16	新加坡	1040.1	1.3	16	波兰	993.0	1.4
17	以色列	786.2	1.0	17	瑞典	846.0	1.2
18	葡萄牙	711.6	0.9	18	印度尼西亚	798.1	1.1
19	埃及	675.8	0.8	19	泰国	782.2	1.1
20	瑞典	595.5	0.7	20	阿塞拜疆	773.7	1.1
	以上合计	75055.9	91.1		以上合计	65147.2	89.9

数据来源：根据 IMF 数据整理

① 由于统计原因，IMF 和 WTO 部分统计数据有出入。

（二）中国跨境服务贸易

2009 年，中国建筑服务出口在经过 2008 年迅猛增长之后，略有减少，达到 95 亿美元，比 2008 年减少 8.0%，进口继续大幅增长，达到 59 亿美元，增长 35.2%。2000—2009 年，中国建筑服务出口年均增长 40.8%，占中国服务出口总额的比重由 2.0%增长到 7.4%；中国建筑服务进口年均增长 23.3%，占中国服务进口总额的比重由 2.8%上升到 3.7%。；建筑服务贸易差额从 2002 年起由逆差转为顺差，顺差额呈整体上升趋势（见图 3—4）。

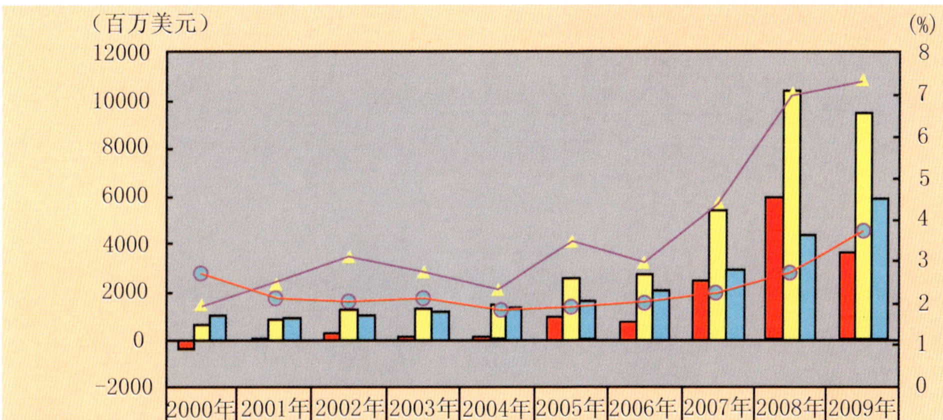

	2000年	2001年	2002年	2003年	2004年	2005年	2006年	2007年	2008年	2009年
差额	-392	-17	282	107	128	974	703	2467	5966	3600
出口	602	830	1246	1290	1467	2593	2753	5377	10329	9500
进口	994	847	964	1183	1339	1619	2050	2910	4363	5900
出口占比	2.0%	2.5%	3.2%	2.8%	2.4%	3.5%	3.0%	4.4%	7.1%	7.4%
进口占比	2.8%	2.2%	2.1%	2.2%	1.9%	1.9%	2.0%	2.3%	2.8%	3.7%

数据来源：国家外汇管理局

图 3—4　2000—2009 年中国建筑服务进出口情况

（三）商业存在

1. 境内的外国商业存在

目前，中国建筑市场成为全球关注的具有巨大潜力和生机的市场，成为国际建筑市场的重要组成部分。来自全球 30 多个国家和地区的投资者在中国境内设立企业，从事建筑活动，业务范围包括了石油、化工、水利、电力、市政等基础设施项目和房屋建设项目，取得建筑活动从业资质的外商投资的建筑业企业和建设工程设计企业已达 1300 余家。

2. 境外的中国商业存在

2009 年，中国对外承包工程在逆势中迅速企稳，2009 年中国对外承包工程业务完成营业额 777 亿美元，同比增长 37.3%，对外劳务合作完成营业额 89 亿美元，同比增长 10.6%，新签合同额 1262 亿美元，同比增长 20.7%。主要集中在铁路、公路、电站、房屋建筑以及石油化工领域。从完成营业额的情况来看，亚洲和非洲地区分别占 51.2%和 36.2%，仍然是中国对外承包工程的主要市场。

五、建筑行业展望

中国政府坚持对外开放政策，积极在更广阔的范围内融入世界经济体系。在建筑服务方面，将继续借鉴各国的成熟建筑市场管理经验，并结合中国的实际情况，进一步完善管理制度，健全法规体系，规范建筑市场主体行为，维护建筑市场秩序，为市场各方主体创造一个公平竞争、规范有序的建筑市场环境，以促进建筑业健康、协调、可持续发展。主要包括以下方面：

（1）完善建筑市场法规体系。继续做好相关法规的调研论证、起草制订和有关法规的修订工作，进一步加强建筑市场管理法规体系建设。

（2）推进建筑市场诚信体系建设。完善全国建筑市场统一的信用系统和信息平台；完善建筑市场主体不良行为认定标准，制定建筑市场注册执业人员不良行为认定标准，建立失信惩戒，诚信激励机制；加大企业和个人不良行为信息征集和发布力度。

（3）推动工程担保制度发展。总结建设工程担保试点经验，研讨工程担保工作中存在的突出问题，提出进一步深化工程担保试点工作指导意见。

（4）加强建筑市场动态监管。重点研究制定建筑市场准入清出制度工作方案，加强企业资质、个人注册资格的动态监管，加强建筑市场与施工现场联动，提高建筑市场监管的有效性。

（5）进一步推进建筑业改革。大力发展工程总承包和项目管理，指导建筑业发展方式转变和结构调整，促进建筑业健康发展。

保险服务

一、保险行业发展概况

（一）国际发展概况

2009年，世界保险业发展受金融危机影响，保费收入达4.07万亿美元，同比下降1.1%，其中发达国家保费收入占86.9%，发展中国家占13.1%。保费收入下降幅度较2008年的下降3.6%有所改善。

在总保费中，寿险保费收入2.33万亿美元，同比下降2%，占比57%，其中发达国家下降2.8%，发展中国家增长4.2%。发达国家保费收入的下降，主要是受美国和英国超过10%的保费收入下跌影响的，而发展中国家保费收入的增长主要靠南亚和东亚国家保费收入强劲增长的拉动。2009年非寿险保费收入1.73万亿美元，同比下降0.1%，占比43%，同比下降0.1%，其中发达国家下降0.6%，发展中国家增长3.5%，非寿险保费收入的微降主要受美国和西欧保费下降影响所致。

2009年，发达国家保险密度3405美元，比2008年降低200美元，保险深度8.6%，与2008年持平。发展中国家保险密度92美元，保险深度2.9%。发展中国家强劲的经济增长及巨大的市场潜力，使得保费持续快速增长。

（二）国内发展概况

1. 市场主体

目前，市场保险公司总计127家，其中财产保险公司52家（中资34家、外资18家），人身保险公司58家（中资30家、外资28家），再保险公司9家（中资3家、外资6家）、保险集团公司8家；保险资产管理公司10家；保险公司省级分支机构1200家，省级以下分支机构6.2万家；保险专业中介机构2572家，其中保险代理机构1905家、保险经纪公司378家、保险公估公司289家；保险兼业代理机构14.4万家。全行业从业人员382万人，其中保险营销员291万人（见表3—11）。

保险市场主体中，共有16家专业性的保险公司。其中：养老保险公司5家、健康保险公司4家、农业保险公司5家（中资4家、外资1家）、汽车保险公司1家、责任保险公司1家。

表 3－11　2009 年保险市场主体统计一览表

市场主体		单位	数量		
市场保险公司		家	127		
其中	财产险公司	家	52	中资	34
				外资	18
	人身险公司	家	58	中资	30
				外资	28
	再保险公司	家	9	中资	3
				外资	6
	保险集团公司	家	8		
保险资产管理公司		家	10		
保险专业中介机构		家	2572		
其中	保险代理机构	家	1905		
	保险经纪公司	家	378		
	保险公估公司	家	289		
保险兼业代理机构		万家	14.4		
全行业从业人员		万人	382		
其中	保险营销员	万人	291		

2. 保费收入

2009 年，全国实现保费收入 11137 亿元（人民币，下同），比上年增加 1353 亿元，同比增长 13.8%。保险深度 3.3%，保险密度 831 元。2009 年保费收入是 2000 年的 6.98 倍，2000－2009 年年均增长 24.6%，平均每年新增保费 1060 亿元（见图 3－5）。

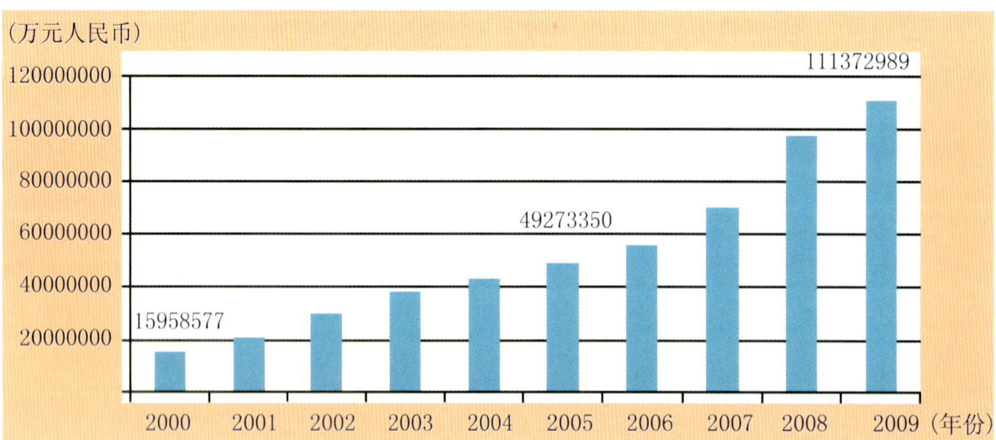

图 3－5　2000－2009 年保费收入情况

3. 资产状况

截至 2009 年年底，保险公司总资产共计 40635 亿元，比年初增加 7216 亿元，增长 21.6%，是 2000 年的 12 倍，年均增幅为 32.2%（见图 3－6）。

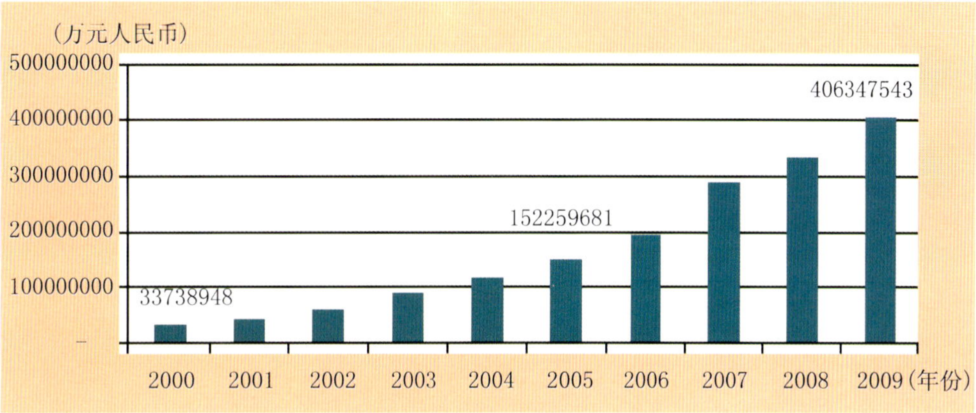

图 3－6　2000－2009 年总资产情况

4. 资金运用

截至 2009 年年底，全国保险资金运用余额为 37000 亿元，较年初增长 19.4%。在资金运用构成上，银行存款 10519 亿元，占比 28.1%，债券 19067 亿元，占比 51.0%，证券投资基金 2759 亿元，占比 7.4%，股票（期权）4200 亿元，占比 11.2%，投资性房地产 110 亿元，占比 0.3%。

二、最新开放情况

（一）外资保险公司设立条件

申请设立外资保险公司的外国保险公司，应当具备以下条件：①经营保险业务 30 年以上；②在中国境内已经设立代表机构 2 年以上；③提出设立申请前 1 年年末总资产不少于 50 亿美元；④所在国家或者地区有完善的保险监管制度，并且该外国保险公司已经受到所在国家或者地区有关主管当局的有效监管；⑤符合所在国家或者地区偿付能力标准；⑥所在国家或者地区有关主管当局同意其申请；⑦中国保监会规定的其他审慎性条件。

保险营业许可的发放不设经济需求测试或许可数量限制，设立条件如下：①投资者应为在 WTO 成员境内有超过 30 年经营历史的外国保险公司；②必须在中国设立代表处连续 2 年；③在提出申请前一年的年末总资产不低于 50 亿美元。

（二）外资保险公司企业设立形式

1. 寿险公司

除了公司设立形式必须为合资，且外资股比不得超过 50%外（不包括 1992 年以独资身份进入的美国友邦保险公司），外资寿险公司无任何限制，可以向中国公民团体和个人提供任何人身保险服务，完全享受国民待遇。

2. 非寿险公司

外国非寿险公司的形式可以是分公司、合资公司或独资公司三种，设立条件与寿险公司相同，可以经营除法定保险业务以外的所有业务（法定保险业务是指汽车第三者责任险、公共汽车和其他商业运载工具驾驶员和运营者责任险）。

3. 再保险公司

外国再保险公司的形式可以是分公司、合资公司或独资公司三种。

（三）地域限制

2004 年 12 月 11 日起，外国寿险公司、非寿险公司及保险经纪公司在中国的经营业务不存在地域限制，外国再保险公司也无地域限制。

（四）业务经营范围限制

1. 寿险

2004 年 12 月 11 日起，允许其向中国公民和外国公民提供健康险、团体险和养老金/年金服务，没有经营范围或业务区域的限制。

2. 非寿险

除法定保险业务之外，外资非寿险公司在国内的业务范围、营业区域不受限制。

3. 再保险

允许外国（再）保险公司以分公司、合资公司或独资子公司的形式提供寿险和非寿险的再保险业务，没有地域限制或发放营业许可的数量限制。

（五）与香港、澳门《关于建立更紧密经贸关系的安排》（CEPA）的规定

内地与香港、澳门签署了 CEPA，标志着香港、澳门和内地的经济关系已经进入了一个通过制度性安排去规范和推动经济整合的新阶段。保险作为 CEPA 中的一项重要内容，对港澳地区保险业适当放宽了开放政策，主要体现在：第一，允许港澳保险公司经过整合或战略合并组成的集团，按照内地市场准入的条件（集团总资产 50 亿美元以上，其中任何一家港澳保险公司的经营历史 30 年以上，并且任何一家港澳保险公司在内地设立代表处 2 年以上）进入内地保险市场；第二，港澳保险公司参股内地保险公司的最高股比不超过 24.9%；第三，允许港澳居民中的中国居民在取得内地精算师资格后，无须获得预先批准，即可在内地执业；第四，允许港澳居民在获得内地保险从业资格并受聘于内地保险营业机构后，从事相关保险业务。

（六）海峡两岸经济合作框架协议（ECFA）

2010 年 6 月 29 日，海峡两岸关系协会与台湾海峡交流基金会在重庆签署了《海峡两岸经济合作框架协议》，并已经生效进入实际实施阶段，双方在货物、服务贸易方面开展了多项合作。其中，双方约定就服务贸易中攸关生存关键的产业，先进行互免关税或优惠市场开放条件的协商，大陆将在包括保险在内的会计、计算机、银行等 11 个行业方面对台湾扩大开放。

三、相关政策法规

（一）新医改方案

2009 年，国务院发布《中共中央国务院关于深化医疗卫生体制改革的意见》。意见指出，为加

快推进基本医疗保障制度建设，需要不断提高基本医疗保障管理服务水平，在“确保基金安全和有效监管的前提下，积极提倡以政府购买医疗保障服务的方式，探索委托具有资质的商业保险机构经办各类医疗保障管理服务”，同时，新的医疗改革目标之一就是加快建设医疗保障体系，意见进一步指出，“积极发展商业健康保险，鼓励商业保险机构开发适应不同需要的健康保险产品，简化理赔手续，方便群众，满足多样化的保险需求。鼓励企业和个人通过参加商业保险及多种形式的补充保险解决基本医疗保障之外的需求。继续探索商业保险机构参与新型农村合作医疗经办管理的方式”，这是中国商业保险公司发展的一个重大机遇。

（二）新保险法出台

2009 年，新修订的保险法正式颁发并于 2009 年 10 月 1 日起正式实施。与原法相比，新保险法在保险合同法律规范、保险行业基本制度、保险监管等方面进行了完善，解决了新型市场主体无法可依、保险业务范围规定过窄、保险资金运用制度不合理、保险监管手段和措施授权不充分等问题，对一些违法行为进一步明确了法律责任，加大了对违法行为的责任追究。

（三）其他规章制度建设

2009 年，保险业全面梳理现有保险监管规章和规范性文件，做好规章制度的废、改、立工作。《保险公司管理规定》、《人身保险新型产品信息披露管理办法》、《保险公司中介业务违法行为处罚办法》等 9 部规章制度已经修订完成，废止了《保险公司营销服务部管理办法》。规章制度的梳理对于规范市场秩序，预防和惩处保险公司中介业务违法行为，促进人身保险业务健康发展，保护被保险人、投保人和受益人的合法权益，都具有重要作用。

四、保险服务贸易分析

（一）国际情况

根据 WTO 公布的数据，2009 年世界保险服务出口总额为 800 亿美元，比 2008 年下降 6%，占世界服务出口总额的 2.4%。2009 年，受危机影响，除北美地区外，全球大部分地区保险服务出口额均出现负增长。欧洲地区保险服务出口规模最大，总额为 470 亿美元，同比下降 9%，占世界运输服务贸易出口比重为 59.2%；中南美地区受影响最为严重，同比下降 21%（见表 3—12）。

表 3—12　2009 年世界保险服务贸易分地区情况

单位：十亿美元

	出口额	出口占比（%）		年均增长率（%）	
年份	2009	2000	2009	2000—2009	2009
世界	80	100.0	100.0	13	−6
北美	17	28.8	22.1	10	3
中南美	2	4.0	2.8	9	−21
欧洲	47	51.2	59.2	15	−9

续 表

	出口额	出口占比（%）		年均增长率（%）	
年份	2009	2000	2009	2000—2009	2009
#欧盟 27 国	40	—	51.1	—	−9
独联体	1	0.2	1.0	33	−11
亚洲	9	11.7	11.6	13	2

数据来源：WTO 秘书处

2009 年，共有 107 个国家和地区向 IMF 报告保险服务出口数据，总额为 773 亿美元，占世界服务出口总额的比重为 2.3%。在 107 个经济体中，排名前 20 位的国家和地区共出口 714.3 亿美元，占已有数据的 107 个国家和地区保险服务出口额的 92.4%。美国、英国、爱尔兰、瑞士、德国位列出口前五名，其出口额共计 485.1 亿美元，占已有数据的 107 个经济体保险服务出口额的 62.8%。中国在已有数据的 107 个国家和地区中排名第 10 位。

2009 年，共有 117 个国家和地区向 IMF 报告保险服务进口数据，总额为 1422.8 亿美元，占世界服务进口总额的比重为 4.5%。在 117 个经济体中，排名前 20 位的国家和地区共进口 1235 亿美元，占已有数据的 117 个国家和地区保险服务进口额的 86.8%。美国、中国、墨西哥、爱尔兰、加拿大位列进口前五名，其进口额共计 912.6 亿美元，占已有数据的 117 个国家和地区保险服务进口额的 64.1%。美国作为第一大进口国，2009 年保险服务进口额为 552.3 亿美元，占已有数据的 117 个国家和地区保险服务进口额的 38.8%。中国在已有数据的 117 个国家和地区中排名第 2 位（见表 3—13）。

表 3—13　2009 年世界保险服务主要国家和地区情况

单位：百万美元

排名	国家和地区	出口额	出口占比（%）	排名	国家和地区	进口额	进口占比（%）
1	美国	14651.0	19.0	1	美国	55233.0	38.8
2	英国	12885.0	16.7	2	中国	11309.0	7.9
3	爱尔兰	10574.1	13.7	3	墨西哥	10272.0	7.2
4	瑞士	5394.6	7.0	4	爱尔兰	8812.1	6.2
5	德国	5003.1	6.5	5	加拿大	5632.3	4.0
6	加拿大	3813.6	4.9	6	日本	5137.7	3.6
7	卢森堡	3207.9	4.1	7	德国	3408.7	2.4
8	新加坡	2346.4	3.0	8	意大利	3021.8	2.1
9	西班牙	1871.5	2.4	9	新加坡	2742.6	1.9
10	中国	1596.2	2.1	10	西班牙	2132.0	1.5
11	墨西哥	1594.0	2.1	11	泰国	1900.0	1.3
12	意大利	1341.8	1.7	12	法国	1865.5	1.3
13	比利时	1253.4	1.6	13	卢森堡	1828.7	1.3
14	奥地利	1184.7	1.5	14	巴西	1814.9	1.3
15	瑞典	987.6	1.3	15	英国	1570.2	1.1

续表

排名	国家和地区	出口额	出口占比（%）	排名	国家和地区	进口额	进口占比（%）
16	日本	860.5	1.1	16	沙特阿拉伯	1503.9	1.1
17	巴林	851.3	1.1	17	埃及	1354.5	1.0
18	法国	779.8	1.0	18	希腊	1335.7	0.9
19	土耳其	663.0	0.9	19	俄罗斯	1318.5	0.9
20	俄罗斯	575.4	0.7	20	奥地利	1299.7	0.9
	以上合计	71434.7	92.4		以上合计	123492.7	86.8

数据来源：根据 IMF 数据整理

（二）中国跨境服务贸易

2009 年，中国保险服务出口额 16 亿美元，比 2008 年增加 15%；进口 113 亿美元，比 2008 年减少 11%。2000—2009 年，中国保险服务出口年均增长 39%，占中国服务贸易出口总额的比重由 0.4%增长到 1.2%；中国保险服务进口年均增长 19%，占中国服务贸易进口总额的比重由 6.86%增长到 7.1%；中国保险服务贸易逆差从 24 亿美元增长至 97 亿美元，是中国仅次于运输服务的第二大服务贸易逆差部门（见图 3—7）。

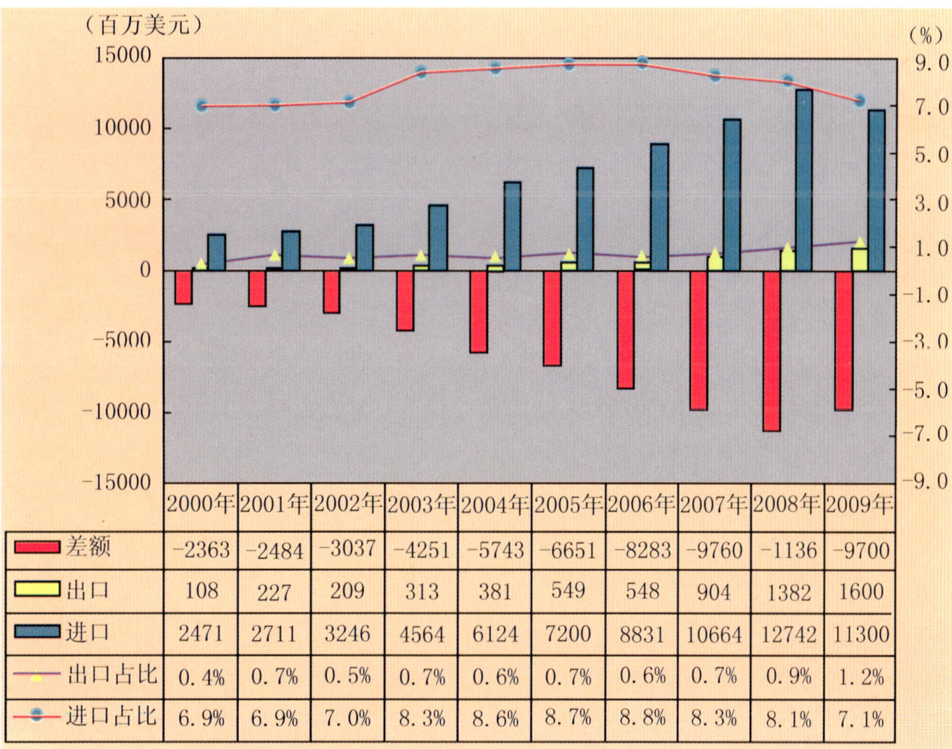

数据来源：国家外汇管理局

图 3—7　2000—2009 年中国保险服务进出口情况

（三）中国商业存在

1. 境内的外国商业存在

2009 年，外资保险公司保费收入 458.02 亿元（人民币，下同），占中国市场份额 4.1%，比上年同期增加 0.13 个百分点。外资财产险公司 2009 年原保费收入 31.75 亿元，市场份额为 1.1%，外资寿险公司 2009 年原保费收入 426.27 亿元，市场份额为 5.2%。在北京、上海、深圳、广东四个开放较早、外资较集中的区域保险市场上，外资保费市场份额分别为 14.5%、17.0%、8.5%、8.2%。

2. 境外的中国商业存在

截至 2009 年 12 月 31 日，13 家中资公司在境外共设立了 44 家保险营业机构，5 家公司设立了 9 家保险代表处或联络处。境外保险营业机构以产险公司为主（19 家），其次分别为保险集团控股公司或综合性保险公司（7 家）、保险中介公司（6 家）、寿险公司（5 家）和保险资产管理公司（3 家），再保险公司和保险自保公司各 1 家。中资境外保险机构（营业和非营业）主要分布在中国香港，有 26 家机构，其次主要分布在英国、中国澳门和美国，分别有 6 家、4 家和 2 家保险机构。中资在境外设立保险类机构的主要特点是：机构跟着业务走，业务规模普遍较小，设立区域主要集中在港澳地区。

五、保险行业展望

当前，欧洲主权债务危机的影响还在继续，世界经济在全面复苏的道路上还面临着诸多挑战。但这场百年一遇的金融危机没有改变中国经济长期持续向好的大趋势，也没有改变中国保险业快速健康发展的大趋势，中国保险市场仍然是一个大有可为的市场。

第一，中国将在未来一个时期成长为全球最重要的保险市场之一。综观世界保险业发展的历史，一个国家人均 GDP 在 2000～10000 美元的阶段，也是保险业快速发展的阶段，这个阶段的保险业发展速度会明显快于 GDP 增速。未来一个时期，中国保险业仍将继续处于这一阶段。

第二，“高质量的增长”将成为未来一个时期中国保险市场最重要的特征之一。保险业基本完成了大规模的市场主体建设和分支机构铺设，推动了产品创新和产品定价的市场化进程；保监会建立了符合中国国情的偿付能力、市场行为、公司治理三支柱的保险监管体系；大批优秀人才涌入保险业。未来保险业的发展质量和风险防范能力能够得到保证。

第三，服务民生将成为未来一个时期保险业发展的根本着眼点。在服务经济社会全局中促进行业可持续发展，是保险业长期以来坚持的指导思想，也是金融危机给予我们的深刻启示。中国的经济社会正在发生深刻变化，民生建设在国家整体战略布局中的位置更加突出。抓住了服务民生这个关键，保险业功能作用的发挥就有了可靠依托，保险业的发展壮大才能够真正符合社会的利益和人民的需要。

第四，保险业的市场化、信息化和国际化趋势将在未来一个时期进一步深入发展。保险创新和产品定价的市场化程度将不断提升，保险市场对公司、股东、高管人员的约束作用不断增强；信息技术在提升保险公司的管理能力、客户服务能力、风险管控能力等方面的作用将得到充分发挥；保险市场将更加开放，中外资保险公司在中国保险市场共同发展。

第五，切实防范系统性风险将是未来一个时期保险业发展的底线。中国保险业发展时间不长，但对防范系统性风险的体会尤为深刻。这次金融危机中，曾经被中国相当一部分保险公司奉为学习对象的美国 AIG 集团，由于风险管控不力一度危及美国金融体系的安全。这些都将对保险业风险防范起到重要的警示作用。只有真正守住了防范系统性风险这条底线，保险业才能真正抓住发展机遇，未来一个时期才会真正成为保险业历史上的黄金机遇期。

金融服务

一、金融行业发展概况

（一）国际发展概况

根据国际货币基金组织（IMF）估计，2009 年全球资本净流动规模达到 10439.4 亿美元，较上年下跌 40%，是 2002 年以来的第一次下跌。

据国际清算银行（BIS）统计，2009 年国际债券和票据净发行共 22930 亿美元，比上年下降 1.3%。国际债券和票据年末总余额近 25 万亿美元。受危机影响，全球外汇市场交易量呈现近 10 年来的首次下降。据伦敦国际金融服务机构（IFSL）统计，2009 年 4 月，全球外汇市场日均成交量为 3.1 万亿美元，同比下降 24%。

据世界交易所联盟（WFE）的不完全统计，2009 年末全球主要证券交易所的股票市值约为 46.52 万亿美元，较上年同期大幅上升 42.8%，但尚未回到 2007 年末的水平。2009 年，全球股票市场共融资（包括首次公开发售和再融资）8561 亿美元，较 2008 年上升 8.7%；全球证券交易所股票（含投资基金）成交金额 80.45 万亿美元，较 2008 年下降 29%。

（二）国内发展概况

1. 银行业

2009 年，中国银行业金融机构包括政策性银行及国家开发银行 3 家，大型商业银行 5 家，股份制商业银行 12 家，城市商业银行 143 家，城市信用社 11 家，农村商业银行 43 家，农村合作银行 196 家，农村信用社 3056 家，邮政储蓄银行 1 家，金融资产管理公司 4 家，外资法人金融机构 37 家，信托公司 58 家，企业集团财务公司 91 家，金融租赁公司 12 家，货币经纪公司 3 家，汽车金融公司 10 家，村镇银行 148 家，贷款公司 8 家以及农村资金互助社 16 家。中国银行业金融机构共有法人机构 3857 家，营业网点 19.3 万个，从业人员 284.5 万人。

截至 2009 年底，银行业金融机构资产总额 78.8 万亿元，比上年增加 16.4 万亿元，增长 26.3%；负债总额 74.3 万亿元，比上年增加 15.7 万亿元，增长 26.8%；所有者权益 4.4 万亿元，比上年增加 6481 亿元，增长 17.0%。

银行业金融机构资产规模市场份额发生变化。从机构类型看，资产规模较大的依次为：大型商业银行、股份制商业银行和农村中小金融机构，三类机构资产占银行业金融机构资产的份额分别为 50.9%、15.0%和 11.0%。截至 2009 年年底，各项存款余额 61.2 万亿元，比年初增加 13.2 万亿元，同比增长 27.7%。

截至 2009 年底，239 家商业银行资本充足率全部达标，达标银行资产占商业银行总资产的比例达到100%。商业银行按贷款五级分类的不良贷款余额4973亿元，比年初减少630亿元，不良贷款率1.58%，比年初下降0.84个百分点。商业银行各项资产减值准备金余额8683亿元，比年初增加947亿元；拨备覆盖率155%，比年初提高38.6个百分点。银行业金融机构流动性比例46.4%，比年初下降3.6个百分点。存贷款比例71.9%，比年初上升2.7个百分点。

2009年，银行业金融机构实现税后利润6684亿元，资本利润率16.2%，资产利润率0.9%。

2. 证券业

(1) 股票市场。截至2009年底，上证综合指数和深证综合指数分别收于3277.14点和1201.34点，较2008年底上涨79.98%和117.12%。2009年，境内股票总成交额和日均成交额分别为53.60万亿元和2196.67亿元，分别较2008年增长100.66%和102.31%。股票市场筹资金额合计3894.52亿元，中国境内公司发行境外上市外资股累计筹资157.14亿美元，较2008年度增加了244%。

此外，创业板市场于2009年10月23日正式启动。截至2009年底，已有223家企业向中国证监会提出了发行申请，其中50家企业的申请被核准，36家企业已在创业板挂牌上市，融资204.09亿元。

(2) 债券市场。2009年，43家上市公司通过发行公司债券、可转换公司债券或可分离债券，筹集资金合计715.01亿元。

(3) 期货市场。2009年，商品期货市场继续保持平稳健康运行的发展势头，全年期货市场共成交21.6亿手，成交金额约为130.5万亿元，同比分别增长58.2%和81.5%。商品期货成交量占全球的43%，居全球第一。2009年陆续上市了螺纹钢、线材、早籼稻和聚氯乙烯等4个期货品种。截至2009年底，商品期货市场上市品种达到23个。

(4) 投资者。截至2009年底，证券投资者开户数达1.71亿户，较2008年底增加了1951.66万户。

(5) 中介机构。截至2009年底，境内有证券投资咨询机构99家，证券评级机构5家。共有证券公司106家，总资产20274亿元，净资产4839亿元，净资本3832亿元。全年累积营业收入2050亿元，累计净利润933亿元，分别是2008年的163.9%和193.6%。期货公司167家（其中164家正常营业），总资产201.06亿元，净资产179.43亿元，净资本161.04亿元，同比分别增长31.03%、16.94%和33.43%。2009年期货公司利润总额23.37亿元，比2008年上涨259.54%。

二、最新开放情况

2009年，中国人民银行及时对《香港人民币业务清算协议》进行了修订，同香港金融管理局签署了《补充合作备忘录》，同中银集团签署了《香港人民币业务清算协议》。在上海、广州、深圳、珠海和东莞等地开展了跨境贸易人民币结算试点。香港和新加坡是人民币结算主要接受地。

2009年，东亚银行（中国）和汇丰银行（中国）分别在香港发行人民币债券40亿元和30亿元。内地与香港开通美元、欧元、港币和英镑四个币种的支付业务。中国正式恢复在亚太反洗钱组织（APG）的活动，进一步扩大了在反洗钱国际领域的影响。先后与韩国、中国香港、马来西亚、印尼、白俄罗斯和阿根廷央行/货币当局签署了6份总规模为6500亿元人民币的双边本币互换协议。

2009年，根据"清迈倡议"，"10+3"特别财长会议对外发布了《亚洲经济金融稳定行动计划》，各国成员一致同意将储备库总规模由原定800亿美元增至1200亿美元。

截至2009年底，中国已有108家公司发行B股，发行总股本107亿股，筹额达381亿元。已有159家境内股份有限公司发行境外上市外资股并到境外上市，累计募集资金1177.80亿美元。已有 94 家境外机构获得 QFII 资格，较 2008 年增加 19 家。共有 31 家基金管理公司和 9 家证券公司获得 QDII 资格。另外，中国证监会已批准了 11 家基金公司的 11 只 QDII 基金产品和 1 家证券公司的 1 只理财产品。允许 31 家国有大型企业从事境外期货套期保值交易。中国证监会已批准了纽约证券交易所、纳斯达克、东京证券交易所、德意志交易所等 8 家境外证券交易所设立北京代表处的申请；已批准 3 家香港地区的服务提供者参股内地的期货公司。

2009 年 4 月 26 日《海峡两岸金融合作协议》在南京签署，11 月 16 日，中国证监会与中国台湾方面金融监督管理机构代表签署了《海峡两岸证券及期货监督管理合作谅解备忘录》。2009 年 4 月 29 日，国务院发布《国务院关于推进上海加快发展现代服务业和先进制造业建设国际金融中心和国际航运中心的意见》，提出将适时启动符合条件的境外企业到境内上市。2009 年 10 月 1 日起，允许符合条件的港澳证券公司与内地具备设立子公司条件的证券公司在广东省设立合资证券投资咨询公司。

三、相关政策法规

2009 年，国家外汇管理局颁布了《关于基金管理公司和证券公司境外证券投资外汇管理有关问题的通知》；制定了《境内机构境外直接投资外汇管理规定》；规范了中资金融机构外汇资产负债统计制度。

2009 年 3 月，中国人民银行发布《利用境内外币支付系统建立内地和香港多种货币支付系统互通安排》，决定利用境内外币支付系统建立两地多种货币支付系统互通安排。9 月，中国人民银行、商务部等部门联合发布《关于金融支持服务外包产业发展的若干意见》。

2009 年，证监会修订发布《公司债券上市规则》，实施公司债券分类管理制度；与中国银监会联合发布《关于开展上市商业银行在证券交易所参与债券交易试点有关问题的通知》，批准 9 家商业银行试点资格，债券市场的统一互联取得积极进展。

四、金融服务贸易分析

（一）国际情况

根据 WTO 公布的数据，2009 年世界金融服务出口总额为 2500 亿美元，比 2008 年下降 15%，占世界服务出口总额的 7.5%。2009 年，受危机影响，除中南美地区外，其他地区金融服务出口额均出现负增长，独联体地区受影响最为严重，同比下降 24%。欧洲地区金融服务出口规模最大，总额为 1520 亿美元，同比下降 18%，占世界金融服务贸易出口比重为 60.7%（见表 3—14）。

表 3—14　2009 年世界金融服务贸易分地区情况

单位：十亿美元

	出口额	出口占比（%）		年均增长率（%）	
年份	2009	2000	2009	2000—2009	2009
世界	250	100.0	100.0	11	—15
北美	58	23.2	23.2	11	—8

续表

	出口额	出口占比（%）		年均增长率（%）	
年份	2009	2000	2009	2000—2009	2009
中南美	3	0.9	1.1	13	2
欧洲	152	61.5	60.7	11	−18
#欧盟27国	133	—	53.3	—	−19
独联体	2	0.2	0.6	29	−24
亚洲	31	11.9	12.3	11	−14

数据来源：WTO秘书处

2009年，共有89个国家和地区向IMF报告金融服务出口数据，总额为2339.4亿美元，占世界服务出口总额的比重为7.0%。在89个经济体中，排名前20位的国家和地区共出口2258.5亿美元，占已有数据的89个国家和地区金融服务出口额的96.5%。美国、英国、卢森堡、瑞士、德国位列出口前五名，其出口额共计1735.5亿美元，占已有数据的89个经济体金融服务出口额的74.2%。中国在已有数据的89个国家和地区中排名第25位。

2009年，共有96个国家和地区向IMF报告金融服务进口数据，总额为997.7亿美元，占世界服务进口总额的比重为3.2%。在96个经济体中，排名前20位的国家和地区共进口888.8亿美元，占已有数据的96个国家和地区金融服务进口额的89.1%。卢森堡、美国、英国、德国、爱尔兰位列进口前五名，其进口额共计576.4亿美元，占已有数据的96个国家和地区金融服务进口额的57.8%。卢森堡作为第一大进口国，2009年金融服务进口额为187亿美元，占已有数据的96个国家和地区金融服务进口额的18.7%。中国在已有数据的96个国家和地区中排名第24位（见表3—15）。

表3—15　2009年世界金融服务主要国家和地区情况

单位：百万美元

排名	国家和地区	出口额	出口占比（%）	排名	国家和地区	进口额	进口占比（%）
1	美国	55446.0	23.7	1	卢森堡	18669.8	18.7
2	英国	53026.4	22.7	2	美国	16454.0	16.5
3	卢森堡	37134.9	15.9	3	英国	10518.7	10.5
4	瑞士	16183.3	6.9	4	德国	6216.9	6.2
5	德国	11761.5	5.0	5	爱尔兰	5779.3	5.8
6	新加坡	8336.3	3.6	6	西班牙	4550.8	4.6
7	爱尔兰	7957.9	3.4	7	加拿大	3547.0	3.6
8	意大利	7455.5	3.2	8	意大利	3128.6	3.1
9	日本	4803.7	2.1	9	日本	3055.9	3.1
10	西班牙	4546.6	1.9	10	新加坡	2400.0	2.4
11	比利时	3040.8	1.3	11	比利时	2058.0	2.1
12	塞浦路斯	2537.5	1.1	12	瑞士	1899.7	1.9
13	韩国	2382.6	1.0	13	巴西	1611.9	1.6
14	加拿大	2314.8	1.0	14	俄罗斯	1485.6	1.5

续表

排名	国家和地区	出口额	出口占比（%）	排名	国家和地区	进口额	进口占比（%）
15	法国	2134.2	0.9	15	荷兰	1369.7	1.4
16	巴西	1570.4	0.7	16	法国	1362.0	1.4
17	挪威	1508.8	0.6	17	乌克兰	1319.0	1.3
18	瑞典	1332.0	0.6	18	挪威	1309.4	1.3
19	荷兰	1308.3	0.6	19	沙特阿拉伯	1188.1	1.2
20	奥地利	1065.3	0.5	20	斯洛伐克	960.5	1.0
	以上合计	225846.6	96.5		以上合计	88884.7	89.1

数据来源：根据 IMF 数据整理

（二）中国跨境服务贸易

2009 年，中国金融服务贸易进出口总额从 2008 年的 8.81 亿美元增长到 11 亿美元，增速达到 24.9%。其中出口额为 4 亿美元，增长强劲，比 2008 年增加 27.0%；进口 7 亿美元，增长 23.7%；金融服务仍处于逆差状态，逆差额为 3 亿美元。2000—2009 年，中国金融服务贸易出口额从 0.78 亿美元提高到 4 亿美元，年均增长 34.8%，占中国服务贸易出口总额的比重基本保持在 0.3%左右的水平；中国金融服务贸易进口额从 0.97 亿美元提高到 7 亿美元，年均增长 64.1%，占中国服务贸易进口总额的比重基本保持在 0.4%左右的水平（见图 3—8）。

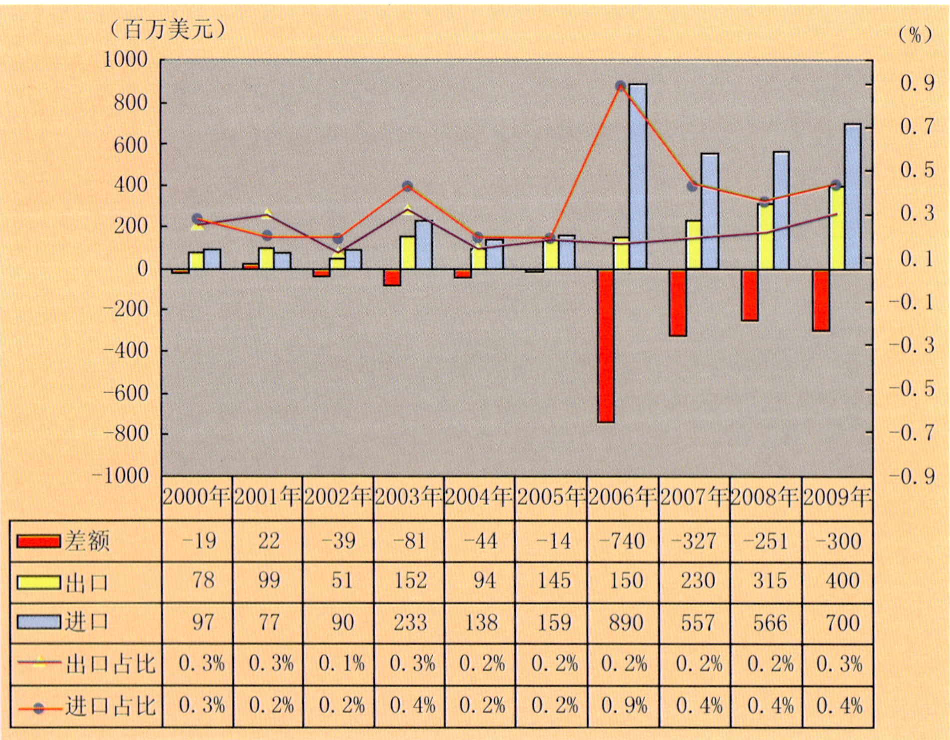

数据来源：国家外汇管理局

图 3—8 2000—2009 年中国金融服务进出口情况

（三）中国商业存在

1. 境内的中国商业存在

截至2009年底，共有46个国家和地区的194家银行在华设立229家代表处，13个国家和地区的外国银行在华设立33家外商独资银行（下设分行199家）、2家合资银行（下设分行6家，附属机构1家）、2家外商独资财务公司，24个国家和地区的71家外国银行在华设立95家分行。获准经营人民币业务的外国银行分行为49家、外资法人银行为32家，获准从事金融衍生产品交易业务的外资银行机构为54家。

截至2009年底，在华外资银行业金融机构资产总额13492.29亿元，同比增长0.33%，占全国银行业金融机构资产总额的1.71%；负债合计11818.46亿元，占全国银行业金融机构负债的1.59%；境内资产与境内负债之比为141.11%，实现利润64.46亿元；资本金（营运资金）总计1435.10亿元，同比增长16.33%，占全国银行业金融机构实收资本的5.86%。整体资本充足率和核心资本充足率分别达到21.22%和20.76%。资产质量总体保持良好，不良贷款余额61.82亿元，不良贷款率保持在0.85%的低位。贷款损失准备水平稳步提高，拨备覆盖率为139.66%，贷款损失准备充足率为140.86%。整体流动性比例基本保持稳定，为58.83%，所有银行流动性比例均超过25%的监管要求，同业资金依存度继续降低，存贷比持续下降。

截至2009年末，共计86家海外机构获得合格境内投资者资格，累计批准额度166.7亿美元。已经批准设立了10家中外合资证券公司和34家中外合资基金管理公司，分别较2008年增加2家和1家，其中16家合资基金管理公司的外资股权已达到49%。

2. 境外的中国商业存在

2009年，中国银行业境外机构布局取得积极进展，中国工商银行马来西亚有限公司和阿布扎比分行相继获得所在国监管机构批准成立，均为几十年来首家获得同类型牌照的外国银行。至此，5家大型商业银行在亚洲、欧洲、美洲、非洲和大洋洲共设有86家一级境外营业性机构；收购或参股5家境外机构，业务范围涵盖商业银行、投资银行、保险等多种金融服务领域。5家股份制商业银行在境外设立分行、代表处或开展境外收购。

2009年，共有1家股份制商业银行在香港募集304亿港币股本，7家非银行金融机构吸引7家外国金融机构投资入股1.6亿美元。

五、金融行业展望

2010年，中国经济回升向好的基础会逐步巩固，但是不确定、不可预料的因素仍然很多，特别是结构调整和发展方式转变的难度较大。货币政策将继续保持连续性和稳定性，继续实施适度宽松的货币政策，着力提高政策的针对性和灵活性，处理好保持经济平稳较快发展、调整经济结构和管理好通货膨胀预期的关系，推动金融改革，加快金融创新，切实维护金融稳定，防范系统性金融风险，全面提升金融服务水平。

对银行业而言，虽然2010年经济发展环境可能好于2009年，但经济运行和银行风险管理工作中的新老矛盾相互交织，不确定因素较多，银行业稳健运行仍面临风险和挑战。美国次贷问题引发的国际金融危机蔓延和深化，全球金融市场动荡，欧美金融机构遭受重大损失，投资银行业务模式经历重大转变，可能对证券服务国际贸易产生深远影响。同时，在全球金融市场一体化趋势不断加强、国际资本跨境流动大量增加的背景下，中国证券市场的稳定运行面临着更多的不确定性。

计算机和信息服务

一、计算机和信息服务行业发展概况

（一）国际发展概况

近十年来，全球电子信息产业一直保持快速发展，增长速度超过5%，特别是软件和信息服务更是保持两位数的速度增长。2009年，全球电子信息产业发展规模超过3万亿美元，其中软件及相关服务收入达到1万美元，占电子信息产业的比重为30%左右。目前，美国、欧盟软件及服务收入占据世界前二位，所占比重分别约为37%、27%，日本和中国并列第三，所占比重为11%。此外，印度、韩国、爱尔兰等国家软件及服务收入占比均在2%以上（见图3—9）。

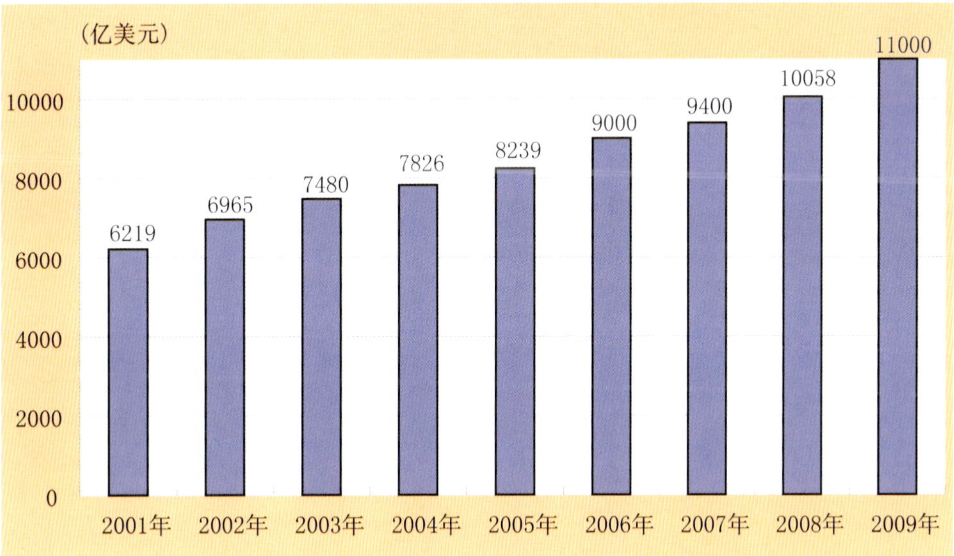

图3—9　2001—2009年世界软件及服务收入增长情况

（二）国内发展概况

2009年，中国电子信息产业销售收入达到6.3万亿元，比上年增长8.6%。其中软件及相关服务收入达到9970亿元，比上年增长25.6%，占电子信息产业的比重达12%。从收入构成看，软件产品收入3422亿元，系统集成和支持服务收入2300亿元，信息技术咨询和管理服务收入801亿元，信息技术增值服务收入1300亿元，嵌入式系统收入1588亿元，设计开发收入559亿元。截至2009年底，中国从事软件及相关服务的企业18229家，从业人员超过200万人。

从软件产品收入看，应用软件占据主导地位，收入占80%，特别是基于通信、电力、金融、石化等大行业应用的软件比重更是达 60%。从系统集成收入看，电子商务系统集成、电子政务系统集成、企业管理集成占据前三位，合计比重接近 30%。软件技术服务收入中，软件咨询及相关服务收入最多，达到 796 亿元，占 40%左右；软件售后服务收入 362 亿元，占比接近 20%；数据处理服务收入 301 亿元；此外，服务外包、数据库活动、客户交互服务、互联网在线服务收入等均超过 100 亿元。

目前，中国软件和服务企业中收入亿元以上的企业超过 400 家，这些企业 90%以上通过 CMM/CMMI 认证。国内形成了六大软件出口基地，主要分布在东南沿海地区。

二、相关政策法规

2009 年 4 月，中国国务院颁布了《电子信息产业调整和振兴规划》，进一步明确发展包括软件及信息服务业在内的电子信息产业的指导思想、发展目标和政策措施，从扩大内需措施、完善投资环境、促进企业重组、加强自主创新等方面创造了良好的发展环境。

2009 年 5 月，中国工业和信息化部发布了《农村综合信息服务站建设和服务基本规范（试行)》，对农村综合信息服务站建设、服务内容和要求、信息员资质等方面进行了规定，建立了监督与奖励制度，积极推动农村信息服务业的发展。

2009 年 12 月，中国工业和信息化部发布了《关于推进消费品工业两化融合的指导意见》，明确了推动消费品工业两化融合的指导思想、基本原则和发展目标，确立了轻工、纺织、医药、食品四个行业的重点任务，提出政策引导、试点示范、信息服务等四个保障措施，积极促进信息技术在消费品工业中的应用。

目前，中国政府正研究制定软件及信息服务业的促进条例，将为软件及信息服务行业的政策发展提供立法保障。同时，中国政府也在研究“十二五”行业发展规划，将为下一个五年软件和信息服务业的发展明确战略方向和发展重点。

三、服务贸易分析

（一）国际贸易情况

根据 WTO 公布的数据，2009 年世界计算机和信息服务出口总额为 1850 亿美元，比 2008 年下降 6%，占世界服务出口总额的 5.5%。2009 年，受危机影响，除美洲地区外，其他地区计算机和信息服务出口额均出现负增长，独联体地区受影响最为严重，同比下降 14%。欧洲地区计算机和信息服务出口规模最大，总额为 1030 亿美元，同比下降 9%，占世界计算机和信息服务贸易出口比重为 55.7%（见表 3—16)。

表 3—16　2009 年世界计算机和信息服务贸易分地区情况

单位：十亿美元

	出口额	出口占比（%）		年均增长率（%）	
年份	2009	2000	2009	2000—2009	2009
世界	185	100.0	100.0	16	−6
北美	18	19.4	9.5	7	0

续 表

	出口额	出口占比（%）		年均增长率（%）	
年份	2009	2000	2009	2000—2009	2009
中南美	3	0.9	1.6	24	10
欧洲	103	54.2	55.7	16	−9
#欧盟27国	98	—	52.8	—	−10
独联体	2	0.2	1.1	41	−14
亚洲	50	15.3	27.0	24	−2

数据来源：WTO秘书处

2009年，共有87个国家和地区向IMF报告计算机和信息服务出口数据，总额为1430.2亿美元，占世界服务出口总额的比重为4.3%。在87个经济体中，排名前20位的国家和地区共出口1313.3亿美元，占已有数据的87个国家和地区计算机和信息服务出口额的91.8%。爱尔兰、德国、美国、英国、以色列位列出口前五名，其出口额共计801.7亿美元，占已有数据的87个经济体计算机和信息服务出口额的56.1%。中国在已有数据的87个国家和地区中排名第7位。

2009年，共有94个国家和地区向IMF报告计算机和信息服务进口数据，总额为828亿美元，占世界服务进口总额的比重为2.6%。在94个经济体中，排名前20位的国家和地区共进口736.5亿美元，占已有数据的94个国家和地区计算机和信息服务进口额的89.0%。美国、德国、英国、日本、法国位列进口前五名，其进口额共计411.8亿美元，占已有数据的94个国家和地区计算机和信息服务进口额的49.7%。美国作为第一大进口国，2009年计算机和信息服务进口额为171.8亿美元，占已有数据的94个国家和地区计算机和信息服务进口额的20.8%。中国在已有数据的94个国家和地区中排名第7位（见表3—17）。

表3—17 2009年世界计算机和信息服务主要国家和地区情况

单位：百万美元

排名	国家和地区	出口额	出口占比（%）	排名	国家和地区	进口额	进口占比（%）
1	爱尔兰	33803.1	23.6	1	美国	17180.7	20.8
2	德国	14554.1	10.2	2	德国	12166.7	14.7
3	美国	13378.0	9.4	3	英国	5988.0	7.2
4	英国	10763.0	7.5	4	日本	3763.8	4.5
5	以色列	7671.3	5.4	5	法国	2078.2	2.5
6	瑞典	6737.5	4.7	6	荷兰	5483.9	6.6
7	中国	6511.7	4.6	7	中国	3232.6	3.9
8	西班牙	6051.8	4.2	8	比利时	2887.1	3.5
9	荷兰	5761.7	4.0	9	巴西	2795.1	3.4
10	芬兰	5571.1	3.9	10	瑞典	2710.0	3.3
11	加拿大	4272.8	3.0	11	西班牙	2684.7	3.2
12	比利时	4066.9	2.8	12	加拿大	2134.4	2.6
13	挪威	2237.9	1.6	13	芬兰	1761.5	2.1

续 表

排名	国家和地区	出口额	出口占比（%）	排名	国家和地区	进口额	进口占比（%）
14	奥地利	2023.1	1.4	14	意大利	1728.8	2.1
15	法国	1609.9	1.1	15	奥地利	1585.2	1.9
16	新加坡	1357.7	0.9	16	俄罗斯	1429.0	1.7
17	俄罗斯	1290.7	0.9	17	挪威	1153.8	1.4
18	捷克	1283.2	0.9	18	捷克	993.9	1.2
19	菲律宾	1279.0	0.9	19	爱尔兰	961.7	1.2
20	匈牙利	1108.6	0.8	20	新加坡	932.0	1.1
	以上合计	131333.1	91.8		以上合计	73651.1	89.0

数据来源：根据 IMF 数据整理

（二）中国跨境贸易

2009 年，受金融危机的影响，中国计算机与信息服务贸易增长速度放缓，进出口总额从 2008 年的 94.2 亿美元增长到 97 亿美元，增速为 3.0%。其中出口 65 亿美元，比 2008 年增加 4.0%；进口 32 亿美元，比 2008 年增长 1.1%。

2000—2009 年，中国计算机与信息服务贸易出口额从 3.56 亿美元提高到 65 亿美元，年均增长 39.7%，占中国服务贸易出口总额的比重由 1.2%增长到 5.1%；进口额从 2.65 亿美元提高到 32 亿美元，年均增长 42.1%，占中国服务贸易进口总额的比重由 0.7%增长到 2.0%；2003 年以来，中国计算机与信息服务贸易连年顺差，2009 年顺差额达到 33 亿美元（见图 3—10）。

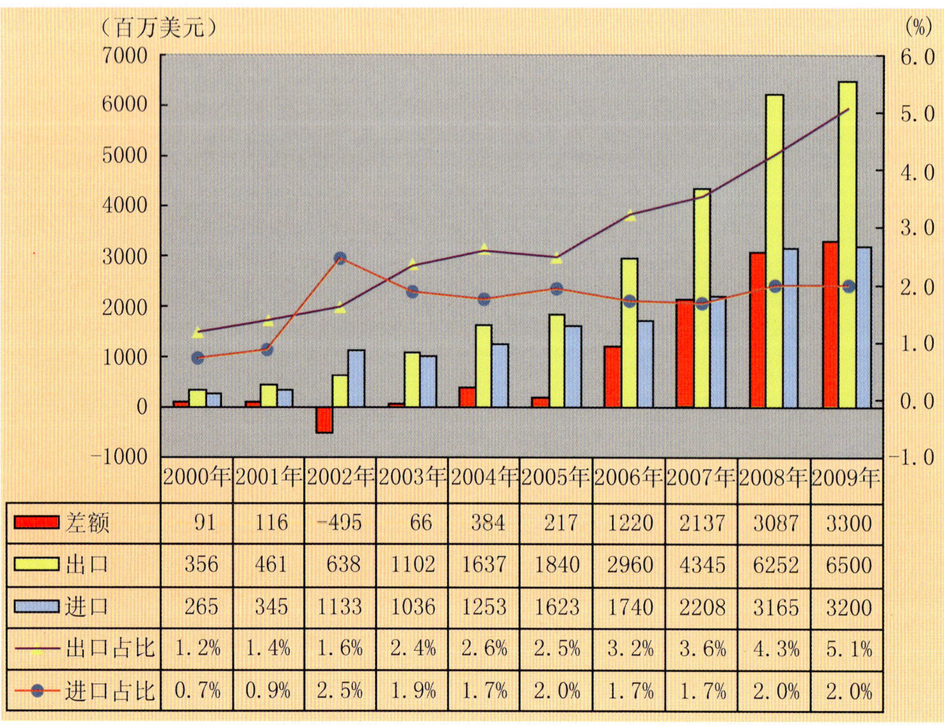

	2000年	2001年	2002年	2003年	2004年	2005年	2006年	2007年	2008年	2009年
差额	91	116	-495	66	384	217	1220	2137	3087	3300
出口	356	461	638	1102	1637	1840	2960	4345	6252	6500
进口	265	345	1133	1036	1253	1623	1740	2208	3165	3200
出口占比	1.2%	1.4%	1.6%	2.4%	2.6%	2.5%	3.2%	3.6%	4.3%	5.1%
进口占比	0.7%	0.9%	2.5%	1.9%	1.7%	2.0%	1.7%	1.7%	2.0%	2.0%

数据来源：WTO 秘书处

图 3—10 2000—2009 年中国计算机与信息服务进出口情况

（三）商业存在

截至2009年底，中国软件与相关服务行业中，共有外商投资企业2445家。这些企业2009年的软件及服务收入达到3217亿元，其中软件产品收入967亿元，系统集成和支持服务收入632亿元，信息技术咨询和管理服务收入266亿元，信息技术增值服务收入423亿元，嵌入式系统软件收入604元，设计开发收入325亿元。多项主要指标中，外商独资企业所占比重达40%以上（见表3—18）。近年来，跨国公司对中国软件及服务投资出现一些新的趋势，如印度软件企业明显加大了对中国的投资力度，外包中心向中国转移的速度加快，建立研发中心的数量增多等等。

表3—18　2009年中国软件与服务行业中外资企业收入情况

单位：亿元

	软件业务收入	软件产品收入	系统集成和支持服务收入	信息技术咨询和管理服务收入	信息技术增值服务收入	嵌入式系统软件收入	IC设计收入
全行业	9970	3422	2300	801	1300	1588	559
外资企业	3217	967	632	266	423	604	325
外商独资企业	1462	347	143	146	241	320	265

四、计算机与信息行业展望

2010年，随着世界经济逐步复苏，全球软件和相关服务业发展速度将进一步加快，特别是国际金融危机后，各国都采取了产业结构调整和信息技术应用的措施，对软件及信息服务的需求大幅增加，产业面临较好的发展机遇，一些传统产业的改造升级以及新兴发展中国家不断加快信息化发展步伐，银行、保险、电力、交通等服务行业加大信息化建设的投入，将为软件及信息服务创造一个巨大的市场。预计全年全球IT支出将达到5%，其中软件及相关服务市场将保持6%以上的速度发展。有几个值得关注的趋势：

第一，各国都把信息网络和技术应用作为重要的发展方向。2009年以来，日本政府推出“I—JAPAN战略”，大幅增加政府、医疗、教育信息化投入；韩国发布“IT韩国未来战略”，将于未来五年投资189万亿韩元发展信息核心战略产业；英国、澳大利亚、新西兰也分别更新了国家数字发展战略。2010年3月，美国联邦通信委员会向国会提交了“国家宽带计划”，拟实施3500亿美元投资计划，用于提升医疗、教育、能源等领域的宽带设施。6月份，欧元区又通过了2020年战略计划，提出要实施基于信息通信技术创新的灵巧增长战略，增加一倍的研发投入，以抢占新的制高点。

第二，网络日益成为软件技术与业务服务的中心，成为信息化发展和数字内容开发的基点。智慧地球概念的提出，将网络从传统的互联网向物联网延伸，基于网络的虚拟技术、云计算、云服务模式不断兴起，由此带来的信息安全问题将更加突出。

第三，软件服务化趋势更加明显，SaaS（软件即服务）日益成为产业发展潮流，面向服务的软件开发技术（SOA）不断走向成熟，基于服务的商业模式不断兴起；软件外包层次日趋深化，从原来的ITO、BPO向KPO、BTO发展的势头明显。

第四，软件和硬件的技术融合带动产业增长和业务创新，基于汽车、医疗、机床等大型工业和消费电子产品的嵌入式软件和数字内容开发前景广阔，嵌入式系统不断向高可信性、自动适应性、构件组件化方向发展。

第五，软件技术和标准制定更加开放，各种开放源代码技术、构件技术的共享和广泛应用，使软件及服务开发更加透明，数字内容拓展更加广泛，也促进软件与服务的规模和效率快速上升。

第六，企业重组更加深入，基于核心业务的横向整合成为新的并购动力，跨国软件公司并购发展中国家的优势软件企业、其他行业的大企业购并中小软件企业都将掀起新的热潮，行业和贸易发展的格局面临新的洗牌。

中国仍将是全球软件和信息服务业发展的热点区域。工业和信息化部成立后，大力推进信息化和工业化融合，加快发展信息服务业，数字电视、新一代移动通信系统等重大工程陆续启动，三网融合的积极推进、传统产业的改造升级，都将为中国创造新的软件服务市场；众多跨国公司通过各种形式加大投资力度，将地区总部和研发中心转移，从而推动中国成为承接世界服务外包的重要地区。中国政府将适应软件及服务发展的趋势，继续鼓励软件在通信、电力、金融、石化、交通等大行业中的应用，引导软件及服务企业加快与制造企业的融合发展，增强在信息化应用和区域协调发展中的支撑作用，并将继续从落实产业规划、完善政策环境、支持科技创新、制定行业标准、鼓励服务外包、保护知识产权等方面采取措施。预计 2010 年中国软件及服务业增速将达到 25%左右；到 2020 年，仍将保持两位数的发展速度。

广告宣传

一、广告宣传行业发展状况

（一）国际发展概况

据美国媒体市场研究公司（Zenith Optimedia）数据统计，2009 年全球广告市场总体规模达到 4437 亿美元，同比下降 10.2%。2009 年北美广告市场规模为 1569.7 亿美元，大幅下降 12.7%，其中美国广告市场下滑达 12.9%；西欧广告市场为 1067.7 亿美元，降幅达 11.8%；亚太广告市场下降 3.1%，其规模达到 1039.6 亿美元；中欧、东欧广告市场下滑最为严重，其规模为 275.3 亿美元，降幅高达 21.7%；拉美是全球广告市场唯一增长的地区，市场规模达 304.8 亿美元，小幅增长 0.3%；非洲、中东、世界其他地区广告市场规模最小，仅为 179.9 亿美元，同比降低 11.3%。

从 2009 年全球广告市场结构来看，作为传统四大媒体的广播、电视、报纸、杂志的广告市场份额逐步萎缩，电视仍位居第一，与整体市场份额的占比为 39.2%，远高于排名第二的报纸广告 15.9 个百分点，较 2008 年上涨 1%。互联网媒体成为广告收入唯一增长的媒体，其全球广告规模达到 540.7 亿，占全球广告总体市场份额的 12.4%，同比增长 2.3 个百分点。

（二）国内发展概况

2009 年，根据国家工商行政管理总局公布的数据，中国广告经营额达 2041 亿元，比上年增长了 141.5 亿元，增长率为 7.45%；全国共有广告经营单位 20.50 万户，比上年增加 1.92 万户，增长率为 10.34%；广告从业人员 133.31 万人，比上年增加 6.67 万人，增长率为 5.27%。具体表现在以下几个方面：

1. 传统媒体整体上升缓慢

2009 年，在广告经营单位中，广告公司仍保持强劲的发展势头，户数增长了 6.5%，经营额增长了 9.14%。媒介广告经营中，传统媒体仍然唱主角，电视、广播、报社、期刊广告经营额占总额的 49.4%。其中电视台仍是广告主营销的主力，增长了 6.9%，增幅较上年降低 6.3 个百分点，经营额占总额的 26.3%。报社实现 8.1%的增长，是近三年的最好成绩，占总额的 18.2%。广播电台广告经营额增长 5.2%，略低于 2008 年，增幅下降 3.6 个百分点，占总额的 3.5%。期刊社广告经营额 2008 年曾达到 17.2%的高涨，而 2009 年出现了 2.1%的负增长，占总额的 1.5%（见表 3—19）。

表 3—19 2009 年中国广告业发展状况：按媒体形式分类

	2009 年经营单位（户）	增长率（%）	2009 年经营额（万元）	2008 年经营额（万元）	增长率（%）
合计	204982	10.34	20410322	18995614	7.45
1. 广告公司	124886	6.49	8494297	7783289	9.14
其中：股份有限公司	2333	—3.95	369235	140566	162.68
有限责任公司	122553	6.71	8125062	7642724	6.31
2. 兼营广告企业	43766	20.17	891412	861964	3.42
3. 电视台	2719	3.03	5361903	5015037	6.92
4. 广播电台	697	4.50	718703	683409	5.16
5. 报社	1894	—8.81	3704633	3426737	8.11
6. 期刊社	4266	—3.70	303792	310246	—2.08
7. 其他	26754	20.2	935582	914933	2.26

数据来源：国家工商行政管理总局

2. 广告公司：外资公司重夺阵地

从企业性质看，2009 年，国有事业单位仍是广告经营中的重头，广告经营额增长 5.37%，增幅下降 5.5 个百分点，占总额的 42.6%。国有企业表现出众，广告经营额猛增 22.49%，而经营单位数量缩减了 7.51%。

个体、私营企业经营单位增长势头强劲，但个体工商户的广告经营额不容乐观。私营企业广告经营单位增长 11.35%，广告经营额增长 5.10%；个体工商户广告经营单位增长 32.68%，广告经营额却出现 35.27%的负增长。个体、私营企业户数占总户数的 82.0%，说明私营仍是广告经营中最活跃的成分。外商投资仍在快速增长，外商投资企业户数增加 5.70%，经营额增长了 47.14%。集体企事业单位的广告经营成绩平平，平稳中略有增长（见表 3—20）。

表 3—20 2009 年中国广告业发展状况：按企业性质分类

项目	2009 年经营单位（户）	增长率（%）	2009 年经营额（万元）	2008 年经营额（万元）	增长率（%）
合计	204982	10.34	20410322	18995614	7.45
国有企业	6627	—7.51	1873993	1529974	22.49
国有事业	7945	—7.27	8695976	8252436	5.37
集体企业	2926	0.31	382401	365297	4.68
集体事业	712	5.79	116571	113576	2.64
私营企业	144597	11.35	5930075	5642548	5.10
个体工商户	23501	32.68	282206	435979	—35.27
外商投资企业	779	5.70	1203904	818220	47.14

续表

项目	2009年经营单位（户）	增长率（%）	2009年经营额（万元）	2008年经营额（万元）	增长率（%）
其他	17895	－1.31	1925197	1837584	4.77

数据来源：国家工商行政管理总局

3. 户外广告：负增长之后的全面回暖

2009年，户外广告行业取得了经营额增长率7.0%的好成绩，户外广告数增长1.0%，可见，优势资源在2009年更加集中，行业内部的盘整更加规范（见表3—21）。

表3—21　2009年户外广告经营情况

项目	单位	2009年	2008年	增长率（%）
户外广告经营单位	户	69300	66808	3.73
户外广告经营额	万元	1922153	1796328	7.0
户外广告数	个	2163796	2143125	1.0
其中：展示牌广告	个	421073	384842	9.4
电子显示装置广告	个	236108	127897	84.6
灯箱广告	个	379151	454838	－16.6
霓虹灯广告	个	97503	110592	－11.8
交通工具广告	个	392753	347918	12.9
水上漂浮物广告	个	979	896	9.3
升空器具广告	个	6002	6497	－7.6
充气物广告	个	24206	32577	－25.7
模型广告	个	12564	11783	6.6
其他户外广告	个	593457	665285	－10.8

数据来源：国家工商行政管理总局

4. 互联网：2009年媒体营销创新的亮点

根据中国广告协会互动网络分会的统计，2009年中国互联网广告规模达到109.2亿，增长率为9.6%。2009年对互联网广告市场贡献最大的前五位行业分别是汽车、房地产、食品、招生招聘、金融保险。2009年的互联网广告发展成为广告业的亮点。从数字上来讲，在广告行业整体经营额增速减缓的前提下，互联网的增速超过了整体增速；从经营方式上来讲，网络媒体不断推出新的平台模式、内容模式、沟通模式，以及经营模式，网络广告的空间得到拓展；从受众上来讲，截至2009年7月，中国网民数量达到3.38亿，覆盖人群越发庞大。

5. 区域广告市场：向三四线城市推进

区域广告市场格局无明显变化，北京、上海、广东依然位居区域经营额前三甲，三地总和占有全国经营额总额47.7%的份额。其中以北京增长率最大，为8.4%；上海的增速越发趋缓，从2007年的12.6%下降到2008年的4.8%，2009年更是下降到1.6%；2008年出现负增长的广东实现反弹，增长率为7.4%。另外，江苏、浙江、天津、福建，依然紧随其后，排在第二梯队。

2009 年增长率最高的地区分别为福建 45.4%、海南 39.3%、安徽 28.4%、甘肃 27.7%、内蒙古 23.8%。全国有五个地区出现负增长，分别为湖南－79.7%、宁夏－42.1%、新疆－24.6%、广西－2.5%、重庆－0.4%。

2009 年广告市场向三四线城市推进的趋势越发明确，中国广告市场大都集中在一二线城市，广大三四线城市仍处于不完全开发或待开发状态。一线城市的投入成本越来越高，其性价比却越来越低，三四线城市已经成为新一轮经济发展与社会消费的主要增长区域，三四线城市广告市场也将成为中国广告市场发展的重要板块（见表 3－22）。

表 3－22　2009 年全国各地区广告经营状况

地区	经营单位（户）	从业人员（人）	2009 年经营额（万元）	2008 年经营额（万元）	增长率（%）
合计	204982	1334898	20410322	18995614	7.5
国家局	303	5497	371024	355149	4.5
北京	15389	120154	3867176	3567810	8.4
上海	36960	168488	3182216	3133541	1.6
广东	21396	157772	2691187	2505990	7.4
江苏	13486	100877	1789402	1535291	16.6
浙江	13362	94658	1518759	1382663	9.8
天津	7601	43776	929025	839202	10.7
福建	7382	54752	815270	560714	45.4
山东	11803	81513	763131	702359	8.7
四川	5192	30374	560467	506337	10.7
安徽	5145	31889	467037	363714	28.4
辽宁	4829	32431	442073	428508	3.2
河南	6780	49546	350995	330443	6.2
湖北	5088	33367	345066	319572	8.0
重庆	8022	46383	331961	333293	－0.4
江西	3693	32055	249753	231682	8.0
山西	3016	20706	241880	201665	19.9
吉林	2852	15046	220606	188264	17.2
黑龙江	2669	20613	214565	203948	5.2
云南	4159	19563	202360	177626	13.9
陕西	1768	11446	140441	138894	1.1
河北	4347	30112	137832	128791	7.0
内蒙古	2239	17370	104449	84382	23.8
新疆	4168	24726	101229	134209	－24.6
贵州	1199	7781	81419	81419	0

续表

地区	经营单位（户）	从业人员（人）	2009年经营额（万元）	2008年经营额（万元）	增长率（%）
湖南	2692	16244	72551	357640	－79.7
广西	4631	34750	59614	61141	－2.5
甘肃	1612	12440	52115	40815	27.7
海南	1155	7289	50131	35991	39.3
青海	401	3156	25168	24022	4.8
宁夏	1281	7910	16403	28306	－42.1
西藏	362	2214	15003	12238	22.6

数据来源：国家工商行政管理总局

6. 违法广告：监管整治成效显现

2009年，国家工商行政管理总局全年查处违法案件46903件，其中，虚假广告13295件，非法经营广告8373件，其他25235件，责令公开更正3790件，责令停止发布15294件，停业整顿109户，吊销证照4户，罚没款21008万元。广告市场在监管中不断净化，2009年查处广告违法案件继续保持下降态势，下降9.1%。

被查处违法广告案件数量最多的行业，前三位依然是药品、食品和医疗服务，食品一项中，保健食品共2862件，占了食品类58%以上的比例（见表3—23）。

表3—23 查处广告违法最多的十个行业

名次	行业	数量（个）
1	药品	6016
2	食品	4898（其中保健食品2862）
3	医疗服务	4032
4	房地产	2268
5	家用电器	1578
6	服装、服饰	1302
7	农资	1029
8	商场销售	947
9	医疗器械	801
10	化妆品	714

数据来源：国家工商行政管理总局

二、相关政策法规

2009年年初，国家工商总局等12部委联合印发了《2010年虚假违法广告专项整治工作实施意见》，国家广电总局出台的《广播电视广告播出管理办法》（简称61号令）施行。《最高人民检察院公安部关于公安机关管辖的刑事案件立案追诉标准的规定》进一步明确了，虚假广告案的立案追诉标准。中国广告协会、上海世博局联合印发了《迎接上海世博 规范广告行为自律倡议书》，中国广告协会印发了《关于促进农村广告市场发展加强涉农广告自律的若干意见》。

三、广告宣传服务贸易分析

（一）国际情况

2009 年，共有 53 个国家和地区向 IMF 报告广告、市场调研、民意测验服务出口数据，总额为 232.4 亿美元，占世界服务出口总额的比重为 0.7%。在 53 个经济体中，排名前 20 位的国家和地区共出口 217.9 亿美元，占已有数据的 53 个国家和地区广告、市场调研、民意测验服务出口额的 93.8%。德国、比利时、中国、俄罗斯、西班牙位列出口前五名，其出口额共计 147.8 亿美元，占已有数据的 53 个经济体广告、市场调研、民意测验服务出口额的 63.6%。中国在已有数据的 53 个国家和地区中排名第 3 位。

2009 年，共有 58 个国家和地区向 IMF 报告广告、市场调研、民意测验服务进口数据，总额为 316.7 亿美元，占世界服务进口总额的比重为 1%。在 58 个经济体中，排名前 20 位的国家和地区共进口 305.3 亿美元，占已有数据的 58 个国家和地区广告、市场调研、民意测验服务进口额的 96.4%。爱尔兰、德国、韩国、比利时、中国位列进口前五名，其进口额共计 232.9 亿美元，占已有数据的 58 个国家和地区广告、市场调研、民意测验服务进口额的 73.6%。爱尔兰作为第一大进口国，2009 年广告、市场调研、民意测验服务进口额为 81 亿美元，占已有数据的 58 个国家和地区广告、市场调研、民意测验服务进口额的 25.6%。中国在已有数据的 58 个国家和地区中排名第 5 位（见表 3—24）。

表 3—24　2009 年世界广告、市场调研、民意测验服务主要国家和地区情况

单位：百万美元

排名	国家和地区	出口额	出口占比（%）	排名	国家和地区	进口额	进口占比（%）
1	德国	5309.0	22.8	1	爱尔兰	8103.5	25.6
2	比利时	2698.2	11.6	2	德国	6033.0	19.1
3	中国	2312.6	10.0	3	韩国	3967.3	12.5
4	俄罗斯	2270.1	9.8	4	比利时	3232.4	10.2
5	西班牙	2193.7	9.4	5	中国	1954.8	6.2
6	波兰	1440.0	6.2	6	西班牙	1692.2	5.3
7	意大利	954.3	4.1	7	俄罗斯	1335.6	4.2
8	捷克	664.6	2.9	8	意大利	1142.1	3.6
9	加拿大	490.6	2.1	9	捷克	370.0	1.2
10	罗马尼亚	394.0	1.7	10	葡萄牙	358.2	1.1
11	匈牙利	378.4	1.6	11	波兰	316.0	1.0
12	阿根廷	364.8	1.6	12	斯洛文尼亚	297.8	0.9
13	挪威	358.7	1.5	13	加拿大	285.0	0.9

续表

排名	国家和地区	出口额	出口占比（%）	排名	国家和地区	进口额	进口占比（%）
14	巴西	348.4	1.5	14	巴西	284.5	0.9
15	葡萄牙	342.4	1.5	15	匈牙利	240.4	0.8
16	爱尔兰	319.7	1.4	16	挪威	232.3	0.7
17	斯洛文尼亚	246.4	1.1	17	克罗地亚	191.5	0.6
18	克罗地亚	238.9	1.0	18	马耳他	183.9	0.6
19	乌克兰	236.0	1.0	19	希腊	159.3	0.5
20	韩国	230.1	1.0	20	罗马尼亚	148.0	0.5
	以上合计	21790.8	93.8		以上合计	30528.0	96.4

数据来源：根据 IMF 数据整理

（二）中国跨境服务贸易

2009 年，中国广告宣传服务出口额 23 亿美元，比 2008 年增加 4.5%；进口 20 亿美元，比 2008 年增加 3.1%。2000—2009 年，中国广告宣传服务出口年均增长 30.8%，占中国服务贸易出口总额的比重由 0.7%增长到 1.8%；中国广告宣传服务进口年均增长 30.4%，占中国服务贸易进口总额的比重由 0.6%增长到 1.3%；除 2002 年外，中国广告宣传服务贸易一直处于顺差状态，2009 年顺差额为 3 亿美元（见图 3—11）。

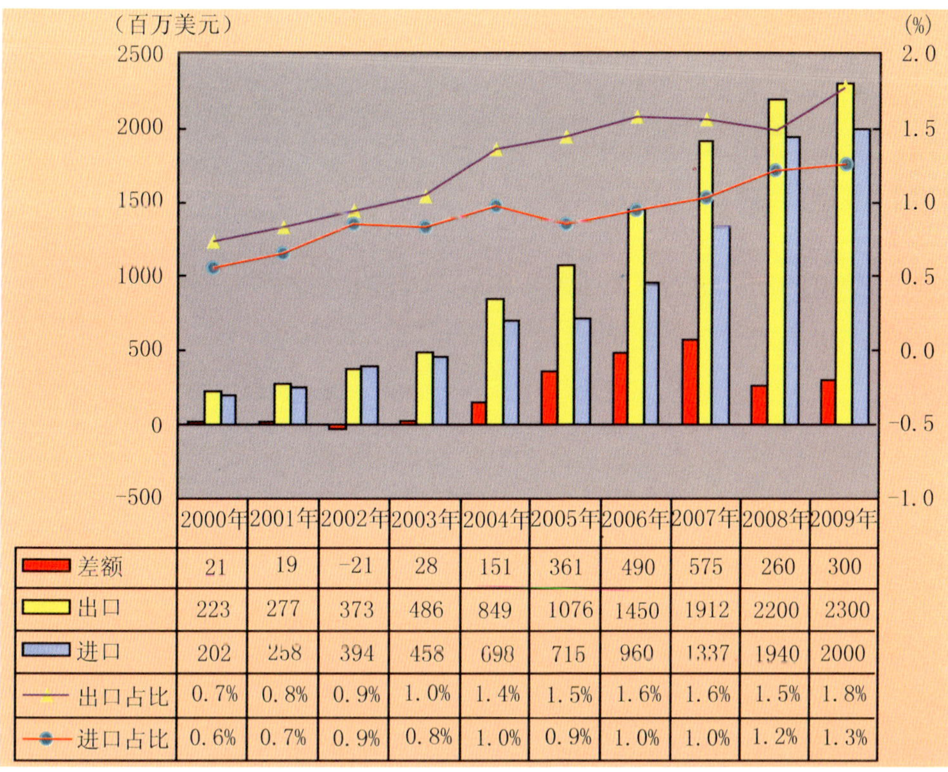

	2000年	2001年	2002年	2003年	2004年	2005年	2006年	2007年	2008年	2009年
差额	21	19	-21	28	151	361	490	575	260	300
出口	223	277	373	486	849	1076	1450	1912	2200	2300
进口	202	258	394	458	698	715	960	1337	1940	2000
出口占比	0.7%	0.8%	0.9%	1.0%	1.4%	1.5%	1.6%	1.6%	1.5%	1.8%
进口占比	0.6%	0.7%	0.9%	0.8%	1.0%	0.9%	1.0%	1.0%	1.2%	1.3%

数据来源：国家外汇管理局

图 3—11　2000—2009 年中国广告宣传服务进出口情况

（三）中国商业存在

据商务部统计，2009 年广告业（此处所述广告业，对应于国家统计局《国民经济行业分类（GB/T 4754—2202）》中的广告业（行业代码为 L744），下同）新设立外商投资项目 35 个，比去年同期减少 25 个，实际使用外资金额 16457 万美元，同比上升 94.05%。新设立企业数和实际使用外资金额占全国同期吸收外资总量的比重分别为 0.15%和 0.18%。

从外资来源地看，以实际使用外资金额计算，2009 年，中国香港、日本、毛里求斯、英国、韩国等国家或地区位居广告业吸收外资来源地的前五位，分别占该行业实际使用外资总额的 48.08%、19.78%、18.7%、10.94%、1.96%。2009 年广告业，亚洲十国/地区（中国香港、中国澳门、中国台湾、日本、菲律宾、泰国、马来西亚、新加坡、印尼、韩国）对华投资新设立企业 31 家，实际使用外资金额 11562 万美元，同比分别减少 36.73%和增长 85.29%；新设立企业数和实际使用外资金额占全国同期吸收外资总量的比重分别为 88.57%和 70.26%。欧盟对华投资新设企业 3 家，同比下降 40%；实际使用外资金额 1817 万美元，同比减少 18.96%；新设立企业数和实际使用外资金额占全国同期吸收外资总量的比重分别为 8.57%和 11.04%。

从利用外资方式看，2009 年广告业新设中外合资项目 9 个，外商独资项目 26 个，实际使用外资金额分别为 1881 万美元和 11428 万美元，另外，中外合作项目实际使用外资金额 3148 万美元。

四、广告宣传行业展望

近年来中国广告市场增速有所回落，但历经 30 年高速发展，目前产业已初具规模。预计 2010 年，中国会以超过 2200 亿元的广告支出成为仅次于美国、日本、德国的全球第四大广告市场。

就广告主投放行为而言，随着扩大国内消费市场政策的不断深入，2010 年，企业营销推广费用占企业销售额的比例将小幅回升，大多数企业对二三线城市和农村市场的开发力度会继续加大；其广告投放将更加注重投资回报率，更加注重线下活动、终端渠道的开发投入，多媒体组合投放将成为新的广告投放趋势。

就媒体广告市场而言，在良好投资政策的驱动下，预计未来中国媒体广告市场将出现平稳回升，但媒体广告市场的分化将进一步加剧，越来越多的企业会选择强势媒体。金融危机下市场的马太效应使得媒体与企业强强联合，双方合作经营的方式将成为主流；整个产业范围内跨媒体、跨领域、跨地域的媒体合作将成为趋势。

文 化

一、文化行业发展概况

(一) 国际发展概况

1. 广播电影电视业

2009 年，国际广播影视业总体上呈现平稳发展的态势，受金融危机的影响不大。美国广播电视产业的市场总体规模继续领先。日本广播电视产业的市场规模仍保持世界第二位。英国广播电视产业市场规模有所下降，但其广播电视产业的市场规模仍居世界第三位。继英国之后，广播电视产业的市场规模排序依次为法国、德国、韩国。

2009 年，全球电影票房收入达到 299 亿美元，增长 7.6%，3D 电影票价高于普通电影是票房收入增加的主要原因。其中，亚太地区票房票房收入为 77 亿美元，增长 12.3%，增幅最大，日本和中国是主要的票房来源。

表 3－25　2005－2009 年世界电影票房收入

单位：亿美元

	2005 年	2006 年	2007 年	2008 年	2009 年	较 2008 年同比增长（%）	较 2005 年同比增长（%）
北美	88	92	96	96	106	10.10	20.30
北美以外	143	163	166	181	193	6.30	35.10
世界	231	255	263	278	299	7.60	29.40

数据来源：MPAA《Theatrical Market Statistics 2009》

2. 出版业

受国际金融危机影响，2009 年全球出版业发展环境面临动荡，大部分公司选择重组或者转产。根据法国《图书周刊》、英国《书商》、美国《出版商周刊》和德国《书业报告》四家业内权威杂志联合发布的《全球出版业排名 2010》排名数据，作为企鹅集团母公司的英国培生集团以 52.90 亿欧元的年营业额排名首位，增长 5%。教育类图书出版回暖，教科书和学术类书籍销售额开始再次扩大。专业类图书出版继 2008 年的突出表现之后，2009 年进入调整期。其中，威科集团 2009 年业绩受汇率变化的不利影响，增长缓慢，而励德—爱思唯尔公司和汤森公司利润均呈现增长。

表3—26 全球出版业排名

2009年排名	2008年排名	公司名称	国别	母公司	国别	2009年图书利润（百万欧元）	2008年图书利润（百万欧元）
1	1	培生	英国	培生集团	英国	5289.82	5044.00
2	2	励德—爱思唯尔公司	英国/荷兰/美国	励德—爱思唯尔公司	英国/荷兰/美国	5024.34	4586.00
3	3	汤森路透	美国	伍德布里奇公司	加拿大	3812.59	3484.70
4	4	威科集团	荷兰	威科集团	荷兰	3425.00	3374.00
5	5	贝塔斯曼	德国	贝塔斯曼股份公司	德国	2969.00	2980.00
6	6	拉加代尔出版公司	法国	拉加代尔	法国	2273.00	2159.00
7	8	星球出版集团	西班牙	星球出版集团	西班牙	1804.00	1760.00
8	7	麦格劳—希尔教育集团	美国	麦格劳—希尔集团	美国	1665.50	1794.00

数据来源：《全球出版业排名2010》

（二）国内发展概况

1. 广播电影电视业

2009年，全国制作广播节目时间合计671.65万小时，全年公共广播节目播出合计1226.55万小时；全年制作电视节目时间合计265.36万小时，公共电视节目播出时间1577.68万小时，较2008年均有一定幅度增长。全国广播电视广告收入达到781.78亿元，比上一年增长11.4%。

2009年，在《文化产业振兴规划》等相关政策的推动下，中国电影逆市上扬，出现“井喷式”增长。全年电影综合效益达到106.65元，比2008年增长22.32亿元，增幅达26.5%。其中，电影票房（不含农村市场）62.06亿元，较2008年增长18.65亿元，增幅42.96%，连续六年保持了25%以上增长率，远高于全球电影市场8%的增长率，成为全球票房增长速度最快的市场之一。国产影片的市场占有率达总票房的56.6%，连续七年超过进口影片，其中票房过亿的国产影片12部。全国各电影频道播放电影的广告收入16.89亿元，较2008年增长1.25亿元。国产电影产量继续增长，全国故事片产量456部，动画片27部，纪录片19部，科教片52部，供电视播映的数字电影110部，较前一年均有较大增长，中国故事片产量仅次于印度、美国，位列世界第三。主流市场新增影院142家，总数达到1687家，比2008年增长9.2%；新增银幕626块，平均每天增加1.7块银幕，全国主流院线银幕总数达到4723块，比2008年增长15.3%。

2009年，进口分账发行影片数量有所增加，票房有所提升，占国内票房比重达43.4%，比2008年占比提高3个百分点。影视文化产品和服务出口额再创新高：据不完全统计，影视节目出口约 5889 万美元，比 2008 年增长 44.2%，其中国产影片海外销售额 27.7 亿元人民币；影视服务出口共约 2715 万美元；影视产品和服务出口额合计 8602 万美元。

2. 出版业

2009 年，新闻出版业全行业总产出为 10668.9 亿元；实现增加值 3099.7 亿元，占同期国内生产总值（GDP）的 0.9%；营业收入 10341.2 亿元；利润（结余）总额 893.3 亿元。不包括数字出版的全行业资产总额为 11848.5 亿元，净资产为 6168.3 亿元，纳税总额为 620.3 亿元。

2009 年，全国出版物进出口经营单位累计出口图书、报纸、期刊、音像制品、电子出版物 92.0 万种次，896.2 万册（份、盒、张），3498.8 万美元，与上年相比种次下降 4.5%，数量增长 8.1%，金额下降 2.5%。累计进口图书、报纸、期刊、音像制品、电子出版物 82.1 万种次，2811.3 万册（份、盒、张），31032.3 万美元，与上年相比种次增长 14.7%，数量下降 19%，金额增长 8.4%。进出口总额 34531.2 万美元，逆差 27533.5 万美元，分别比 2008 年增长 7.2%和 10%。出版物进出口总产出 53.6 亿元，实现增加值 6.6 亿元，营业收入 53.2 亿元，利润（结余）总额 2.8 亿元。全国共引进出版物版权 13793 种（其中，图书 12914 种，录音制品 262 种，录像制品 124 种，电子出版物 86 种，软件 249 种，电视节目 155 种，其他 3 种），共输出出版物版权 4205 种（其中，图书 3103 种，录音制品 77 种，电子出版物 34 种，电视节目 988 种，其他 3 种），与 2008 年相比，版权引进减少 18.7%，输出增加 71.2%。版权贸易输出品种与引进品种比例是 1∶3.3。

3. 演出会展业

据不完全统计，2009 年度共有 170 个演艺产品项目出国（出境）商演，约 3681 人次，收入人民币 8497.77 万元，演出总场次 16378 场，观众 1660.77 万，平均每场约 1014 人。出口的演艺产品类型主要包括杂技、武术及功夫剧、歌舞及歌舞剧、芭蕾、音乐、音乐剧、歌剧、京剧与戏曲、民间表演等，其中杂技仍然占绝对多数，约占出国（境）商业演出总项目的 60%；出口额 6669.71 万元，占出口总额的 78.49%。

二、最新开放情况

（一）广播电影电视业

加入 WTO 时，中国承诺每年允许以分账形式进口 20 部境外影片用于影院商业放映，但没有涉及广播电视业。在 CEPA 方案中，有关电影方面，内地政府允许香港、澳门服务提供者经内地主管部门批准后，在内地试点设立独资公司发行国产影片（含合拍片）；允许香港、澳门服务提供者在内地以合资、合作或独资的形式建设、改建及经营电影院；允许港产粤语影片在经审查通过后在广东地区发行，但港方不能参与发行；以分账形式引进港产影片不受进口配额限制；允许国产影片（含合拍片）由内地第一出品单位提出申请并经国家广电总局批准后，在香港进行后期制作。有关电视方面，内地与港澳合拍电视剧经内地主管部门审查通过后，可视为国产电视剧播出发行；允许内地与港澳合拍电视剧集数与国产剧标准相同；内地与港澳合拍电视剧申报立项的分集梗概，调整为每集不少于 1500 字；广电总局将各省所属制作机构生产的有港澳研制人员参与拍摄的国产电视剧完成片的审查工作，交由省级广播电视行政部门负责；经内地主管部门批准后，港澳经营有线电视网络的公司可在广东省试点提供有线电视网络的专业技术服务。

（二）出版业

中国加入 WTO 后，先后与东盟、新西兰、智利、秘鲁、巴基斯坦等开展了自由贸易区协定的谈判，在出版领域均承诺：允许外方在中国从事图书、报纸、期刊的批发和零售服务，其中零售超过 30 家分店、销售来自多个供应商的不同种类和品牌商品的连锁店，不允许外资拥有多数股权；允许外方服务提供者设立包装装潢外资独资子公司。在 CEPA 的相关谈判中，涉及出版方面的内容有：允许香港、澳门服务提供者在内地设立合资企业，从事出版物、其他印刷品的印刷经营活动，港澳服务提供者拥有的股权比例不超过 49%；允许香港、澳门服务提供者在内地设立独资企业，提供包装装潢印刷品的印刷和装订服务；对香港、澳门服务提供者在内地设立从事包装装潢印刷品的印刷企业，其最低注册资本要求比照内地企业实行。

2009 年签署 CEPA 补充协议六，允许香港、澳门服务提供者在内地建立排校制作服务公司，从事图书的排校、设计、排版等印前工作；允许香港、澳门服务提供者以独资的形式在内地设立及经营音像制品分销企业，经销内地出版的音像制品（含后电影制品）；对香港、澳门服务提供者在内地设立从事出版物分销企业的最低注册资本要求，比照内地企业实行；开展两地出版印刷专业人员互认的技术交流工作。内地与香港、澳门 CEPA 补充协议六的签署，使得内地出版业对港澳更加开放，内地与香港、澳门在出版行业的交流与合作进一步加强。

（三）演出会展业

在加入世贸期间，中国对演出会展业无相关承诺。2009 年 CEPA 补充协议六允许香港服务提供者以跨境交付方式，在北京市、天津市、重庆市、浙江省、江苏省和福建省试点举办展览；委托广东省审批香港服务提供者在广东省主办展览面积 1000 平方米以上的对外经济技术展览会；允许香港服务提供者在广西、湖南、海南、福建、江西、云南、贵州和四川等省、自治区设立的独资、合资或合作企业，试点经营出国展览业务，参展企业应为在该省、自治区注册的企业；在申请材料齐全的情况下，对进口香港研发的网络游戏产品进行内容审查（包括专家审查）的工作时限为 2 个月。

三、相关政策法规

2009 年，《文化产业振兴规划》、《关于深化国有文艺演出院团体制改革的若干意见》、《关于深入推进电影改革发展的若干措施》、《关于进一步推进新闻出版体制改革的指导意见》等综合性和专项政策性文件陆续出台，进一步明确了新形势下文化产业发展的指导思想、基本原则、目标任务、重点项目和扶持政策。商务部、文化部、广电总局、新闻出版总署等部门联合发布《2009—2010 年国家文化出口重点企业目录》和《2009—2010 年国家文化出口重点项目目录》，并与中国进出口银行联合出台《关于扶持培育文化出口重点企业、重点项目的合作协议》和《关于金融支持文化出口的指导意见》，加大对重点文化企业和项目支持力度。文化部与中国银行签订《支持文化产业发展战略合作协议》，由中国银行为文化产业发展提供金融服务，其中包括文化企业“走出去”金融服务和国际结算与进出口贸易服务。

四、服务贸易分析

（一）国际情况

根据 WTO 公布的数据，2009 年世界个人、文化和娱乐服务出口总额为 400 亿美元，比 2008 年下降 11%，占世界服务出口总额的 1.2%。2009 年，受危机影响，各地区个人、文化和娱乐服务出口额均出现负增长，独联体和亚洲地区受影响最为严重，分别下降 26% 和 25%。欧洲地区个人、文化和娱乐服务出口规模最大，总额为 170 亿美元，同比下降 10%，占世界个人、文化和娱乐服务贸易出口比重为 46.2%（见表 3—27）。

表 3—27　2009 年世界个人、文化和娱乐服务贸易分地区情况

单位：十亿美元

	出口额	出口占比（%）		年均增长率（%）	
年份	2009	2000	2009	2000—2009	2009
世界	40	100.0	100.0	5	−11
北美	16	44.2	41.3	4	−7
中南美	1	1.0	2.2	15	−20
欧洲	17	44.8	46.2	6	−10
#欧盟 27 国	16	—	42.0	—	−7
独联体	1	0.2	1.4	33	−26
亚洲	3	7.5	7.0	4	−25

数据来源：WTO 秘书处

2009 年，共有 77 个国家和地区向 IMF 报告个人、文化和娱乐服务出口数据，总额为 351.6 亿美元，占世界服务出口总额的比重为 1.2%。在 77 个经济体中，排名前 20 位的国家和地区共出口 323.5 亿美元，占已有数据的 77 个国家和地区个人、文化和娱乐服务出口额的 92.0%。美国、英国、法国、德国、日本位列出口前五名，其出口额共计 223.5 亿美元，占已有数据的 77 个经济体个人、文化和娱乐服务出口额的 63.6%。中国在已有数据的 77 个国家和地区中排名第 29 位。

2009 年，共有 84 个国家和地区向 IMF 报告个人、文化和娱乐服务进口数据，总额为 300.4 亿美元，占世界服务进口总额的比重为 1.0%。在 84 个经济体中，排名前 20 位的国家和地区共进口 257.3 亿美元，占已有数据的 84 个国家和地区个人、文化和娱乐服务进口额的 85.6%。法国、德国、加拿大、意大利、西班牙位列进口前五名，其进口额共计 123.4 亿美元，占已有数据的 84 个国家和地区个人、文化和娱乐服务进口额的 41.1%。法国作为第一大进口国，2009 年个人、文化和娱乐服务进口额为 35.1 亿美元，占已有数据的 84 个国家和地区个人、文化和娱乐服务进口额的 11.7%。中国在已有数据的 84 个国家和地区中排名第 25 位（见表 3—28）。

表 3－28 2009 年世界个人、文化和娱乐服务主要国家和地区情况

单位：百万美元

排名	国家和地区	出口额	出口占比（%）	排名	国家和地区	进口额	进口占比（%）
1	美国	13808.8	39.3	1	法国	3513.7	11.7
2	英国	3077.910	8.8	2	德国	2762.5	9.2
3	法国	1886.900	5.4	3	加拿大	2095.2	7.0
4	德国	1212.360	3.4	4	意大利	2009.8	6.7
5	日本	163.515	0.5	5	西班牙	1957.7	6.5
6	加拿大	1879.250	5.3	6	美国	1938.5	6.5
7	西班牙	1694.170	4.8	7	日本	1055.7	3.5
8	意大利	1197.660	3.4	8	英国	1043.8	3.5
9	卢森堡	1079.480	3.1	9	卢森堡	984.2	3.3
10	匈牙利	1010.460	2.9	10	巴西	958.0	3.2
11	荷兰	805.452	2.3	11	荷兰	936.1	3.1
12	土耳其	774.000	2.2	12	匈牙利	884.9	2.9
13	马耳他	670.417	1.9	13	奥地利	874.7	2.9
14	比利时	583.604	1.7	14	韩国	832.1	2.8
15	韩国	515.600	1.5	15	俄罗斯	805.5	2.7
16	瑞典	494.282	1.4	16	葡萄牙	673.9	2.2
17	挪威	486.922	1.4	17	比利时	673.9	2.2
18	阿根廷	349.771	1.0	18	委内瑞拉	652.0	2.2
19	俄罗斯	347.580	1.0	19	挪威	606.0	2.0
20	葡萄牙	313.581	0.9	20	瑞典	467.9	1.6
	以上合计	32351.7	92.0		以上合计	25726.1	85.6

数据来源：根据 IMF 数据整理

（二）中国跨境服务贸易

2009 年，中国电影、音像出口大幅减少，出口额 1 亿美元，比 2008 年下降 76.2%；进口 3 亿美元，比 2008 年增长 20%；自 2006 年以来首次出现逆差，逆差额为 2 亿美元。2000—2009 年，中国电影、音像年均出口增长 56.9%，占中国服务贸易出口额的比重较小，一直在 0.2%左右；进口年均增长 36.4%，占中国服务贸易进口额的比重一直维持在 0.2%左右（见图 3—12）。

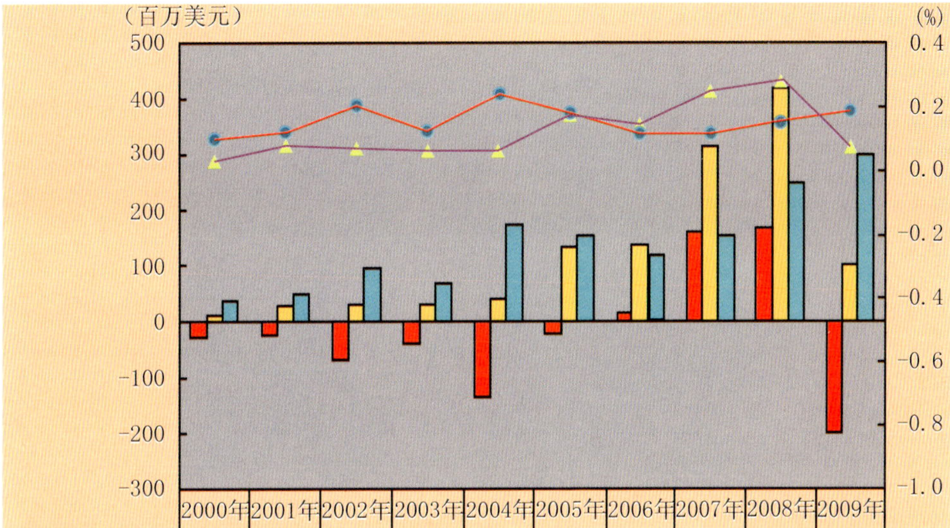

	2000年	2001年	2002年	2003年	2004年	2005年	2006年	2007年	2008年	2009年
差额	-26	-22	-66	-37	-135	-20	16	162	170	-200
出口	11	28	30	33	41	134	137	316	420	100
进口	37	50	96	70	176	154	121	154	250	300
出口占比	0.0%	0.1%	0.1%	0.1%	0.1%	0.2%	0.1%	0.3%	0.3%	0.1%
进口占比	0.1%	0.1%	0.2%	0.1%	0.2%	0.2%	0.1%	0.1%	0.2%	0.2%

数据来源：国家外汇管理局

图 3—12　2000—2009 年中国电影音像服务进出口情况

（三）中国商业存在

1. 广播电影电视业

截至目前，美国新闻集团、美国映佳国际传媒公司、美国探索传播公司、美国娱乐体育节目公司、欧洲广播联盟、香港电视广播有限公司、香港华娱卫视广播有限公司、韩国希捷公司、新加坡新传媒集团、南非 MIH 公司在华设有分支机构。近年来，国内企业收购或入股境外广播影视机构有较大突破，如天星传媒收购美国天下卫视，西京集团成功收购英国普罗派乐电视有限公司，俏佳人传媒成功收购美国国际卫视并更名国际中国电视联播网，鼎辉创投向美国蓝海电视注资参与该台的管理等。

2. 出版业

加入世界贸易组织以来，整个书报刊分销市场都已经向世界开放，在出版、印刷、发行等各个环节，不断加大引进外资的力度。在图书合作出版方面，允许中外出版社项目的合作出版；在期刊出版方面，经批准，允许境内科技类期刊与境外期刊建立版权合作关系。截至目前，中外合资、合作的印刷、发行、出版企业达 2500 多家，期刊版权合作 50 多家，图书合作年均 600 多种。出版"走出去"步伐逐渐加快，中国出版集团公司、北方联合出版传媒（集团）股份有限公司、安徽出版集团有限责任公司等一批出版企业通过产品输出、版权输出、境外投资兴办实体等方式在"走出去"方面取得了较大成绩。

3. 演出会展业

截至 2009 年底，境内共有经审批的外资演出企业 15 家，其中演出经纪机构 12 家，演出场所经营单位 3 家。其中涉港 11 家（机构 8 家，场所 3 家），涉台 1 家，涉美、日、英各 1 家。

五、行业及贸易发展展望

（一）广播电影电视业

今后一个时期，广播影视业将把培育壮大市场主体放在更加突出的位置，努力打造具有中国风格的广播影视国际品牌，特别是电影将成为中华文化“走出去”的重要载体。积极组建市场化运作的公司，在海外参股、并购或投资创办广播影视企业和中介机构。积极鼓励有条件的国有大中型企业、民营企业等各类社会资本投资海外市场，形成“走出去”的强大合力。

（二）出版业

新闻出版业将继续加快产业结构调整，优化产业布局，继续推动产业集群、产业带建设，有计划地扶持中西部地区特色产业基地、产业集群建设，促进产业的战略升级和区域新闻出版业的均衡协调发展。加强自主创新，抓紧构建新闻出版内容、传播技术和产学研相结合的创新体系。大力推动传统产业技术升级，加快培育新兴产业，促进文化与科技的融合，提高文化企业装备水平和科技含量。加快“走出去”步伐，大力开拓国际市场，扶持一批重点外向型新闻出版企业，实施一批新闻出版外向型重点工程，推动新闻、信息、版权、产品、服务、企业、资本、品牌等“走出去”，支持各种所有制新闻出版企业在境外办社、办报、办刊、办厂、办店，提升核心竞争力。

（三）演出会展业

演出会展业将继续深入推进国有文艺院团体制改革，推动文化企业跨行业、跨地区、跨所有制进行资源整合，培育一批有规模、有实力、有国际竞争力的国有骨干文化企业，发展一批优势明显、特色突出的文化产业基地和区域特色文化产业集群，打造一批具有自主知识产权和较强竞争力的知名文化品牌，推出更多具有中国特色、中国风格、中国气派的文化精品，提高中国出口文化产品和服务的附加值。不断创新中华文化“走出去”的方式方法，积极构建政府交流项目与民间市场运作相结合的工作网络，继续组织好各类文化展会，培育大型文化中介公司和外向型文化企业，进一步加强与有关部门在服务贸易领域的合作，推动重点文化企业和文化项目“走出去”。

教育服务

一、教育行业发展概况

（一）国际发展概况

2009年，全球金融危机持续蔓延。为了摆脱金融危机的困扰，许多国家先后出台了一系列刺激政策，其中包括加大对教育的投资和支持学校实施国际化战略。如美国公布《复苏与再投资法》，将教育列为五大支柱领域之一。德国推出二战后最大规模经济刺激计划，其中35%的资金投向教育和科研等。

受金融危机影响，传统教育输出国继续大力推行教育服务出口战略，取得明显增长。如澳大利亚2009年国际学生人数达491565人（各级各类教育国际学生注册数达631935人[①]），比上年增长13.3%；教育服务出口收入186亿澳元，同比增长22.9%；其中来自中国的学生118301人（各级各类教育机构注册数为146909人），同比增长22.3%[②]。美国2009年国际学生671616人，同比增长7.7%；国际学生的经济贡献达176.6亿美元，同比增长13.6%；其中中国学生98235人，同比增长21.1%。[③]

（二）国内发展概况

截至2009年底，由于学龄人口的逐年减少，中国小学校数、学生数继续减少。全国共有小学28.02万所，比上年减少2.07万所；招生1637.80万人，比上年减少57.92万人；在校生10071.47万人，比上年减少260.04万人；全国小学教职工613.55万人，比上年增加0.26万人；其中专任教师563.34万人，比上年增加1.15万人。

共有初中学校5.63万所（其中职业初中0.02万所），比上年减少0.16万所。招生1788.45万人，比上年减少71.15万人；在校生5440.94万人，比上年减少144.03万人；全国初中专任教师351.80万人，比上年增加4.25万人。初中专任教师学历合格率98.28%，比上年提高0.49个百分点。生师比15.47∶1，比上年的16.07∶1有所降低。

共有普通高中14607所，比上年减少599所；招生830.34万人，比上年减少6.67万人，下降0.8%；在校生2434.28万人，比上年减少42万人，下降1.7%；毕业生823.72万人，比上年减少12.34万人，下降1.48%。普通高中专任教师149.33万人，比上年增加1.78万人，生师比16.3∶1，

① 部分国际学生同时在不同教育机构注册，所以不同教育机构注册国际学生合计大于国际学生总数。

② Australian Education International

③ Open Doors 2009

比上年的16.78∶1有所降低，专任教师学历合格率93.61%，比上年提高2.06个百分点。

共有普通高等学校和成人高等学校2689所，比上年增加26所。全国各类高等教育总规模达到2979万人，高等教育毛入学率达到24.2%。全国招收研究生51.09万人，比上年增加6.45万人，增长14.45%；其中博士生6.19万人，硕士生44.90万人。在学研究生140.49万人，比上年增加12.19万人，增长9.50%；其中博士生24.63万人，硕士生115.86万人。普通高等教育本专科共招生639.49万人，比上年增加31.83万人，增长5.24%；在校生2144.66万人，比上年增加123.64万人，增长6.12%；普通高等学校教职工211.15万人，比上年增加6.05万人；其中专任教师129.52万人，比上年增加5.77万人。生师比为17.27∶1。

二、最新开放情况

2009年，中国先后与菲律宾、越南及加拿大纽芬兰省和拉布拉多省签署了相互承认高等教育学历学位协议。截至2009年，中国与36个国家和地区签订了学历、学位互认协议。中国高等教育质量在欧洲地区及独联体国家得到普遍认可。另外，中国与世界上189个国家和地区及40多个重要国际组织建立了教育合作和交流关系，签署并正在实施的双边及多边教育合作交流协议154个。一系列政府间合作协议的签署和执行，为推动教育服务深入发展创造了条件。

2009年，中国与秘鲁签署自由贸易协定（FTA）。秘鲁在对WTO承诺基础上，对中方进一步开放烹饪培训、中文培训、中国武术培训、中医课程。同时，双方为商务人员临时入境建立透明的标准和简化的程序，进一步便利两国人员来往（见表3—29）。截至2009年底，中国与有关经济体共签署自由贸易协定（FTA）8项，在谈5项，进行可行性研究3项，教育服务是具体谈判主题之一。

表3—29　秘鲁对中国教育服务具体承诺（FTA）

提供方式：　1）跨境交付　2）境外消费　3）商业存在　4）自然人流动

部门或分部门	市场准入限制	国民待遇限制	附加承诺
5. 教育服务	（*）本部分承诺不适用于公共教育和公共培训服务		
A. 小学教育服务 （CPC 921）	1）不做承诺 2）不做承诺 3）不做承诺 4）不做承诺	1）不做承诺 2）不做承诺 3）没有限制 4）不做承诺	
B. 中学教育服务 （CPC 922）	1）不做承诺 2）不做承诺 3）不做承诺 4）不做承诺	1）不做承诺 2）不做承诺 3）没有限制 4）不做承诺	
C. 高等教育服务 （CPC 923）	1）不做承诺 2）不做承诺 3）不做承诺 4）不做承诺	1）不做承诺 2）不做承诺 3）没有限制 4）不做承诺	

续表

部门或分部门	市场准入限制	国民待遇限制	附加承诺
D. 成人教育服务 (CPC 924)	1) 不做承诺 2) 不做承诺 3) 不做承诺 4) 不做承诺	1) 不做承诺 2) 不做承诺 3) 没有限制 4) 除水平承诺中内容外，不做承诺	
E. 其他教育服务 (CPC 929) 仅指： — 烹饪培训中心 — 语言培训中心（包括中文培训中心） — 中国武术培训中心	1) 不做承诺 2) 不做承诺 3) 不做承诺 4) 不做承诺	1) 不做承诺 2) 不做承诺 3) 没有限制 4) 不做承诺	
E. 其他教育服务 (CPC 929) 仅指： — 中医课程和研究生专业 注：本承诺不包括学位的授予。	1) 不做承诺 2) 不做承诺 3) 不做承诺 4) 不做承诺	1) 不做承诺 2) 不做承诺 3) 仅限与合法设立的秘鲁大学或研究生中心 4) 不做承诺	

三、相关政策法规

2009 年，国家集中研究制定《国家中长期教育改革和发展规划纲要（2010—2020 年）》，列专章阐述“扩大教育开放”。明确提出加强国际交流与合作，引进优质教育资源，提高交流合作水平。坚持以开放促改革、促发展。开展多层次、跨领域的教育交流与合作，提高中国教育国际化水平。探索多种方式利用国外优质教育资源。推动中国高水平教育机构海外办学，加强教育国际交流，广泛开展国际合作和教育服务。

2009 年，选择天津、辽宁、江苏、河南四省市，开展中外合作办学评估试点。具体委托教育部学位与研究生教育发展中心负责实施，各试点省市院校展开自评。年内发布 5 起留学预警，具体涉及新加坡、澳大利亚、马来西亚和巴基斯坦。

四、教育服务贸易分析

（一）国际情况

共有 14 个国家向 IMF 报告了 2009 年教育服务出口数据①，共计 3.8 亿美元（美国、英国、澳

① 包括在居民与非居民之间提供教育服务，例如函授课程，通过电视或互联网提供的教育以及在东道经济体直接提供服务的教师等提供的教育服务。

大利亚等教育服务贸易规模较大的国家未向 IMF 报告相关数据)。其中,意大利的教育服务出口额近 2 亿美元,位居榜首;其后依次为韩国、葡萄牙、阿塞拜疆,教育服务出口额在 1000 万~5000 万美元之间(见表 3—30)。

同时,17 个国家和地区向 IMF 报告了 2009 年度教育服务进口数据,共计 6.2 亿美元。其中,韩国、意大利、葡萄牙的教育服务进口额均超过 1 亿美元,其后斯洛伐克、阿塞拜疆、捷克、匈牙利 2009 年度的教育服务进口额在 2000 万~5000 万美元之间(见表 3—30)。

表 3—30　2009 年世界部分教育服务进出口国家和地区情况

单位:百万美元

排名	国家和地区	出口额	出口占比(%)	排名	国家和地区	进口额	进口占比(%)
1	意大利	199.4	52.4	1	韩国	176.6	28.4
2	韩国	55.1	14.5	2	意大利	168.5	27.1
3	葡萄牙	54.5	14.3	3	葡萄牙	118.1	19.0
4	阿塞拜疆	27.3	7.2	4	斯洛伐克	49.1	7.9
5	斯洛文尼亚	8.4	2.2	5	阿塞拜疆	31.8	5.1
6	塞浦路斯	7.2	1.9	6	捷克	25.8	4.2
7	捷克	7.0	1.8	7	匈牙利	21.2	3.4
8	牙买加	6.0	1.6	8	塞浦路斯	9.2	1.5
9	捷克	5.3	1.4	9	斯洛文尼亚	8.2	1.3
10	匈牙利	3.5	0.9	10	阿尔巴尼亚	4.8	0.8
11	立陶宛	3.4	0.9	11	拉脱维亚	3.7	0.6
12	阿尔巴尼亚	2.0	0.5	12	吉尔吉斯斯坦	2.1	0.3
13	科索沃	1.2	0.3	13	牙买加	1.1	0.2
14	格鲁吉亚	0.4	0.1	14	立陶宛	0.7	0.1
15	—	—	—	15	格鲁吉亚	0.2	0.0
16	—	—	—	16	科索沃	0.1	0.0
17	—	—	—	17	爱沙尼亚	0.0	0.0
	以上合计	380.6	100.0		以上合计	621.2	100.0

数据来源:根据 IMF 数据整理

(二)中国跨境服务贸易

2009 年,中国新增出国留学人数首次突破 20 万人,达 22.93 万人,比上年增加 27.5%。其中公派 1.92 万人,自费留学 21.01 万人;自费留学生占 91.6%。从 1978 年到 2009 年底,中国各类出国留学人员总数达 162.07 万人。截至 2009 年底,以留学身份出国仍然在外的人员 112.3 万人。2009 年,各类留学回国人员首次突破 10 万人,达 10.83 万人,同比增长 56.3%。改革开放以来,各类留学回国人员达 49.74 万人,有 62.3%的留学人员学成后选择回国发展。留学回国人员分布在各行各业,为经济社会发展作出了积极贡献。

2009 年,受金融危机冲击,部分学校来华留学教育一度受到影响,出现了留学生缓交学费和学生数量下降等现象。有关部门及时采取措施，保持了来华留学教育的稳定发展。当年统计各类来华留学人数达 238184 人，比上年增长 6.6%。其中自费留学生 219939 人，同比增长 4.7%。留学生来自 190 个国家和地区，分布在全国 31 个省、自治区、直辖市的 610 所高等院校、科研院所和其他教学机构。人数排在前四位的分别是韩国 64232 名，美国 18650 名，日本 15409 名，越南 12247 名。2009 年，来华留学生中学历生为 93450 名，占来华留学生总数的 39.2%，同比增长 16.8%，增幅快于来华留学生总量的增长。

（三）中国商业存在

1. 境内的外国商业存在

截至 2009 年底，依法批准的中外合作办学机构和项目 1228 个。其中办学机构 150 个、项目 1078 个，覆盖全国 26 个省、自治区和直辖市。中外合作办学涵盖除义务教育阶段外的所有教育层次。

2. 境外的中国商业存在

2009 年，中国教育机构海外办学取得新的发展。截至 2009 年底，全国 24 所高等学校共设立海外分校或举办境外办学项目达到 53 个。2009 年，新建孔子学院 33 所，新建孔子课堂 216 个，新增汉语国际推广基地 9 个，新增汉语水平考试（HSK）考点 35 个。截至 2009 年底，已在全球 88 个国家和地区建立了 282 所孔子学院和 272 个孔子课堂，在 59 个国家和地区设立了 161 个汉语水平考试（HSK）考点，向 109 个国家派出汉语教师，向 71 个国家派出汉语教师志愿者，为 40 多个国家培养汉语教师。目前，孔子学院注册学生达 26 万，参与活动人数达 300 多万。

五、教育行业展望

（一）西方教育发达国家更加重视教育服务国际推广

随着全球化深入发展，教育国际化趋势明显。特别是受金融危机的影响，以美国、英国、澳大利亚等为代表的西方教育发达国家更加注重教育服务国际推广。在继续大量招收国际学生的同时，部分高校积极开办海外分校。通过海外分校推广教育服务，成为国际教育服务发展的新热点。如截至 2009 年，美国已在全球建立了 78 个海外分校，澳大利亚建了 14 个，英国建了 13 个，法国建了 11 个。全球范围内的海外校园达到 162 个，比 2006 年增长了 43%①。

（二）留学教育将有大的发展

留学教育是目前国际教育服务的主要体现形态，今后这一趋势仍将延续。欧美仍然是主要留学目的地国，中国和印度等亚洲国家是主要市场。预计中国的出国留学人数和接受的来华留学人数将继续保持较快的增长。比如，中美 2009 年达成一致，在未来四年内美国将向中国派出 10 万名留学生。另外，中国和东盟地区也已达成一致，未来实行“双十万学生流动计划”，推动实现 2020 年东盟来华和中国赴东盟留学生分别达到 10 万人左右。有关部门制定的“留学中国计划”，初步提出

① The Observatory on Borderless Higher Education，2009

2020 年来华留学人数达到 50 万人。

（三）通过模式一提供教育服务受到更多重视

随着信息网络技术的日趋成熟，越来越多 WTO 成员更加关注通过网络提供教育服务。在各种双边和多边场合，远程教育服务开放与合作已经成为讨论的热门话题。值得关注的是，WTO 秘书处最近提供的教育服务背景资料中，对模式一有了更进一步的解释，如明确将特许课程和姊妹课程纳入跨境交付范畴[①]。这将给许多对模式一味做出承诺，但特许课程和姊妹课程大量存在的成员，带来进一步开放市场的压力。今后围绕模式一的教育服务摩擦将会越来越多。

（四）教育服务投资具有市场吸引力

通过对中国教育机构直接进行风险投资（VC）和私募股权投资（PE），成为境外机构进入中国教育服务市场的新途径。境外投资机构的主要选择对象是语言培训机构、IT 培训机构、职业技能培训机构、课外辅导培训机构、民办学前教育机构和民办职业院校等。教育服务市场前景广阔，引起越来越多投资基金的关注，教育服务投资成为教育服务发展的新课题。

（五）中国将进一步扩大教育开放

《国家中长期教育改革和发展规划纲要（2010—2020 年）》明确提出，扩大教育开放，以开放促发展、促改革。鼓励“引进来”与“走出去”并举，探索新模式与新机制，提高中国教育国际化水平，提升中国教育的国际地位、影响力和竞争力。有理由相信，未来 10 年内，中国将进一步扩大教育开放，特别是进一步扩大引进境外优质教育资源的力度，同时，越来越多的国内教育机构将走向国际。国际教育服务市场中将出现更多的“中国服务”。

① Education Services，Background Note by the Secretariat，2010

会计服务

一、会计行业发展概况

（一）国际发展概况

英格兰及威尔士特许会计师协会（ICAEW）的最新统计和排名显示，2009 年，全球前 25 名国际会计公司的业务收入总额为 1488.78 亿美元，较上年下降 0.67%。其中，普华永道、德勤、安永和毕马威四家全球最大的会计师事务所（通常被称为“四大”）的业务收入达到 1027.98 亿美元，占到 25 家的 69.05%，与 2008 年的业务总额 889.41 亿美元相比增长了 15.58%。

表 3—31 2009 年度国际会计公司排名

排名	名称	2009 年收入（百万美元）	2008 年收入（百万美元）	成员所数量（个）	办事所数量（个）	分布国家（个）	合伙人（个）	从业人员（个）	会计年度截止日	备注
1	普华永道	28185	24927		749	153	8603	116935	2008.06	N
2	德勤	27400	23100	68	670+	140	9100	124000	2008.05	N
3	安永	24523	21104	140	700+	140	8244	99203	2008.06	N
4	毕马威	22690	19810	145	696	145	7677	93000	2008.09	N
5	德豪国际	5145	4704	100	1095	110	3424	33436	2008.09	A
6	均富国际	4000	3461	93	490	108	2500	29000	2008.09	①
7	日内瓦集团	3707	3146	263	412	72	1642	14005	2008.12	M
8	罗申美国际	2620	3060		732	64	2912	21401	2008.09	N
9	普安西提	3200	2840	109	511	72	2211	24862	2008.12	②
10	克罗浩华	3063	2527	142	558	102	3325	26249	2008.12	N

注释：1. N 指国际网络（Network）；A 指国际联盟（Association）；M 指跨专业实体（Multidisciplinary）

2. ①收入数据不包括 15 个联系所；②属于独立事务所联盟

（二）国内发展情况

截至 2009 年底，取得注册会计师资质的人数达到 26 万人，其中执业注册会计师 91149 人。全国共有会计师事务所 7605 家。其中，具有证券期货审计资格的会计师事务所 55 家。2009 年，全行业实现业务收入 317 亿元人民币。

1. 注册会计师考试情况

自1991年建立注册会计师全国统一考试制度以来，截至2009年已经成功举办了19次全国统一考试，累计360余万人报名参加考试，133万人取得单科合格成绩，15万人获得全科合格证书（全科合格率4.2%），其中5万余人取得执业注册会计师资格。2009年1月15日，本着考试制度国际趋同的要求，发布《注册会计师考试制度改革方案》。《注册会计师考试制度改革方案》将注册会计师考试调整为专业阶段和综合阶段两个阶段的考试，第一阶段设会计、审计、财务成本管理、公司战略与风险管理、经济法、税法6科，第二阶段设职业能力综合测试1科。2009年度实行新旧考试制度双轨运行，并顺利完成了新旧考试制度的平稳过渡。

2. 人才培养工作情况

从人员培训看，全行业每年培训会员超过7万人次；从人才储备看，在全国19所高等院校开设了注册会计师专业方向，在校生5000余人，毕业生达2万余人，同时中注协选拔优秀学生赴境外实习，至今共选送五批442人。从高端人才培养看，自2005年中注协启动行业领军人才培养项目以来，至今已分七批选拔出193名优秀注册会计师入选行业领军人才培训班，其中有两批是主任会计师领军人才班，其中有54人获得境外会计师资格。目前全行业有393人获得境外会计师资格。

3. 执业标准建设情况

2007年，中国注册会计师审计准则与香港审计准则实现等效。2009年10月，颁布了注册会计师和非执业会员职业道德守则。2009年，世界银行实施了对中国会计审计准则的评估工作，报告充分肯定了中国会计审计准则建设和实施以及行业立法、市场环境建设等方面所取得的成绩，对中国会计审计改革成果给予了高度评价，认为“中国改进会计审计准则和实务质量的战略已成为良好典范，可供其他国家效仿”。

为实现与国际准则的持续全面趋同，同时解决中国审计实务中出现的新问题，2009年初中国再次启动审计准则全面修订工作。目前正在积极推进H股审计资格试点工作，推动内地事务所的审计工作得到香港资本市场和监管机构的认可。

4. 行业监管情况

中国建立健全了以上市公司年报审计质量为重点的年报审计监管路径、以教育提高和惩戒警示为目标的会计师事务所执业质量检查制度、以“注册”为枢纽的行业诚信信息监控体系、以胜任能力为导向的任职资格检查制度。对证券资格事务所的检查由中注协直接组织，每三年为一个周期，对其他事务所的检查由中注协指导地方协会组织完成，每五年为一个检查周期。2008年底已经完成第一个周期的检查。2009年底完成了证券资格事务所第一个周期的检查工作。

5. 协会建设情况

中注协成立于1988年11月，全国各省、自治区、直辖市设立了省级注册会计师协会，全国协会系统共有员工1000多人。中注协最高权力机构为全国会员代表大会，每五年召开一次。全国会员代表大会选举产生理事会，理事会目前设有13个专门委员会和专业委员会。理事会194人，常务理事39人。中注协秘书处为常设执行机构，接受财政部党组和理事会的领导。

中注协先后加入亚太会计师联合会（CAPA）和国际会计师联合会（IFAC），担任国际会计师联合会理事，有4名行业代表在国际会计师联合会任职。与30多个国家和地区的50多个会计师职业组织建立和保持了友好交往关系。

二、最新开放情况

2008 年中国积极推动中新自贸区加入会计服务业双边互惠开放的谈判。为进一步促进香港、澳门与内地建立更紧密经贸关系，自 2009 年 1 月 1 日起，根据国务院批准的《内地与香港关于建立更紧密经贸关系的安排》补充协议五和《内地与澳门关于建立更紧密经贸关系的安排》补充协议五，香港会计师事务所、澳门核数公司申请的临时执行审计业务许可证自颁布之日起五年内有效。

三、相关政策法规

2009 年国务院转发财政部《关于加快发展注册会计师行业的若干意见》（国办发［2009］56 号），提出未来五年行业发展战略，包括重点扶持 10 家左右具有核心竞争能力、能够承担跨国经营并提供综合服务的大型会计师事务所。随后中注协印发了《关于贯彻落实国务院办公厅转发财政部关于加快发展注册会计师行业若干意见的实施意见》，提出 78 项落实措施。同时，全面启动了行业服务经社会发展方式转变的新业务领域拓展工作。适应注册会计师业务范围的不断扩大，中注协还将积极出台相关的业务标准和指南。目前财政部积极推动《注册会计师法》的修订，有望在事务所组织形式、法律责任等方面为行业发展提供更好的法律环境。

四、会计服务业服务贸易分析

（一）国际情况

2009 年，共有 31 个国家和地区向 IMF 报告会计和咨询服务出口数据，总额为 28.8 亿美元，占世界服务出口总额的比重为 0.1%。在 31 个经济体中，排名前 20 位的国家和地区共出口 28.6 亿美元，占已有数据的 31 个国家和地区会计和咨询服务出口额的 99.2%。比利时、葡萄牙、匈牙利、俄罗斯、意大利位列出口前五名，其出口额共计 18.9 亿美元，占已有数据的 31 个经济体会计和咨询服务出口额的 65.8%。

2009 年，共有 33 个国家和地区向 IMF 报告会计和咨询服务进口数据，总额为 22.7 亿美元，占世界服务进口总额的比重为 0.1%。在 33 个经济体中，排名前 20 位的国家和地区共进口 22.4 亿美元，占已有数据的 33 个国家和地区会计和咨询服务进口额的 98.7%。比利时、葡萄牙、俄罗斯、意大利、捷克位列进口前五名，其进口额共计 16.4 亿美元，占已有数据的 33 个国家和地区会计和咨询服务进口额的 72.1%（见表 3—32）。

表 3—32　2009 年世界会计和咨询服务主要国家和地区情况

单位：百万美元

排名	国家和地区	出口额	出口占比（%）	排名	国家和地区	进口额	进口占比（%）
1	比利时	465.9	16.2	1	比利时	578.5	25.5
2	葡萄牙	461.1	16.0	2	葡萄牙	335.9	14.8
3	匈牙利	338.6	11.8	3	俄罗斯	308.0	13.6

续 表

排名	国家和地区	出口额	出口占比（%）	排名	国家和地区	进口额	进口占比（%）
4	俄罗斯	327.3	11.4	4	意大利	240.7	10.6
5	意大利	301.3	10.5	5	捷克	173.6	7.6
6	捷克	241.4	8.4	6	塞浦路斯	118.2	5.2
7	挪威	208.1	7.2	7	爱尔兰	90.3	4.0
8	塞浦路斯	153.8	5.3	8	匈牙利	67.2	3.0
9	韩国	83.8	2.9	9	马其顿	55.3	2.4
10	塞尔维亚	52.2	1.8	10	塞尔维亚	51.7	2.3
11	罗马尼亚	42.0	1.5	11	拉脱维亚	35.5	1.6
12	马其顿	32.6	1.1	12	斯洛伐克	35.1	1.5
13	哈萨克斯坦	27.0	0.9	13	韩国	30.6	1.3
14	斯洛伐克	23.4	0.8	14	牙买加	28.9	1.3
15	保加利亚	22.8	0.8	15	罗马尼亚	28.0	1.2
16	爱沙尼亚	21.0	0.7	16	哈萨克斯坦	23.9	1.1
17	荷属安的列斯群岛	20.0	0.7	17	挪威	11.8	0.5
18	斯洛文尼亚	15.2	0.5	18	保加利亚	10.5	0.5
19	拉脱维亚	9.6	0.3	19	斯洛文尼亚	10.2	0.5
20	阿尔巴尼亚	8.9	0.3	20	立陶宛	7.0	0.3
	以上合计	2856.0	99.2		以上合计	2241.0	98.7

数据来源：根据 IMF 数据整理

（二）商业存在

1. 境内的中国商业存在

境内的中国商业存在主要表现在以下几个方面：

一是现存中外合作会计师事务所。行业恢复重建之初，允许成立中外合作会计师事务所，现存国际会计公司中外合作会计师事务所 4 家，为国际“四大”和国内事务所组建，并设有 38 个分所。另外，均富国际在华设立的中京富合作所 2009 年合作到期。

二是国际会计公司中国成员所。据不完全统计，目前有 13 家国际会计公司在国内吸收发展了 21 家成员所。

三是境外会计师事务所来华临时执行审计业务。目前，已发放并在有效期内的临时执业许可证百余份。

另外，境外人员参加中国注册会计师资格考试，考试通过者可申请成为中国注册会计师协会会员。截至 2009 年底，中注协通过考试共吸收海外会员 449 名。

2. 境外的中国商业存在

财政部、中注协积极推动中国注册会计师行业“走出去”工作，在商务部等相关部委的大力支持下，商务部、财政部等国务院九部委联合印发了《关于支持会计师事务所扩大服务出口的若干意见》，经过行业的努力，行业“走出去”工作初显成效。

据统计，截至2010年，全国55家取得证券、期货相关业务许可证的会计师事务所中，有51家本土事务所在境外设立分支机构、成员机构或联系机构64家。其中有49家事务所在中国香港特别行政区设立了分支机构、成员机构或联系机构；利安达国际成立并发展了6家分支和成员机构；信永中和在境外发展了4家分支和成员机构；立信大华在境外发展了3家成员机构；中瑞岳华发展了2家成员机构（见表3—33）。

表3—33 大型事务所在境外发展国际网络机构情况一览表

在境外设立分支（成员）机构情况		
设立分支（成员）机构的事务所名称	设立分支（成员）机构的地区	分支（成员）机构数量
利安达国际	中国香港和澳门特别行政区、日本、新加坡、马来西亚、柬埔寨	6
信永中和	香港特别行政区、新加坡、日本、澳大利亚	4
立信大华	香港特别行政区、新加坡、蒙古（乌兰巴托）	3
中瑞岳华	香港特别行政区（成员所）、新加坡	2
天健	香港特别行政区（成员所）、台湾	2
江苏公证天业	美国	1
天职国际	香港特别行政区	1
中磊	香港特别行政区	1
北京永拓	香港特别行政区	1
在香港特别行政区建立联系机构情况		
设立联系机构的事务所名称	联系机构的数量	
天健正信、深圳鹏城、北京兴华、中天运等41家事务所	41	
合计		62

资料来源：根据中国注册会计师协会的行业专项调查数据统计

全行业有60余家会计师事务所跟随中国企业“走出去”提供各类服务，涉及中国企业海外上市投融资审计、企业集团境外分支机构延伸审计、跨国公司中国区的审计分包、管理咨询、税务服务、会计外包、中外准则转换、境外工程承包相关鉴证和咨询等领域的服务。

五、会计行业发展展望

2009年10月3日，经国务院批准，国务院办公厅转发财政部《关于加快发展中国注册会计师行业的若干意见》。这是新时期、新阶段指导注册会计师行业中长期发展的纲领性文件，为注册会计师行业新时期的跨越式发展提供了重大发展机遇，为注册会计师行业今后一个时期的发展指明了方向。

该意见提出，力争通过5年左右的时间，努力实现以下主要发展目标：会计师事务所的规模结构优化合理，会计师事务所执业领域大幅度拓展，会计师事务所执业环境显著改善，会计师事务所组织形式和治理机制及其管理制度更加科学，注册会计师队伍职业道德水平和专业胜任能力显著提高。

中国注册会计师行业伴随中国经济发展方式转变进入了新一轮体制、机制、规模、结构的重大调整时期，可以预见，这必将推动行业实现新一轮快速发展，实现新一轮发展机遇的新跨越。

附　录

数据表组

附表 1 1980—2009 年世界服务进出口额

单位：亿美元

年份	进出口				出口				进口			
	总额	运输	旅游	其他	总额	运输	旅游	其他	总额	运输	旅游	其他
1980	7674	3021	2117	2536	3650	1344	1035	1271	4024	1677	1082	1265
1981	7918	3131	2086	2701	3740	1370	1039	1331	4178	1761	1047	1370
1982	7674	2907	2019	2747	3646	1278	1012	1356	4028	1629	1007	1391
1983	7372	2737	1974	2662	3543	1207	1006	1331	3829	1530	968	1331
1984	7619	2778	2170	2671	3656	1227	1099	1330	3963	1551	1071	1341
1985	7827	2760	2284	2783	3816	1247	1158	1411	4011	1513	1126	1372
1986	9054	2923	2809	3323	4478	1332	1430	1717	4576	1591	1379	1606
1987	10748	3386	3467	3896	5314	1541	1757	2016	5434	1845	1710	1880
1988	12253	3891	4057	4305	6003	1783	2028	2192	6250	2108	2029	2113
1989	13412	4240	4397	4775	6565	1929	2207	2428	6847	2311	2190	2347
1990	16007	4865	5292	5852	7804	2232	2648	2925	8203	2633	2644	2927
1991	16749	4982	5485	6282	8247	2287	2766	3194	8502	2695	2719	3088
1992	18705	5324	6339	7043	9243	2442	3191	3610	9462	2882	3148	3433
1993	19003	5317	6326	7360	9420	2437	3234	3748	9583	2880	3092	3612
1994	20764	5812	6879	8073	10339	2659	3515	4165	10425	3153	3364	3908
1995	23535	6669	7747	9119	11724	3034	4045	4645	11811	3635	3702	4474
1996	25023	6745	8253	10025	12567	3098	4345	5124	12456	3647	3908	4901
1997	25879	6883	8311	10685	13074	3168	4370	5536	12805	3715	3941	5149
1998	26531	6802	8394	11335	13407	3135	4396	5876	13124	3667	3998	5459
1999	27603	7007	8701	11895	13949	3246	4553	6150	13654	3761	4148	5745
2000	29365	7653	9041	12670	14817	3477	4734	6606	14548	4176	4307	6064
2001	29578	7557	8878	13142	14849	3448	4635	6765	14729	4109	4243	6377
2002	31556	7776	9347	14431	15964	3602	4852	7509	15592	4174	4495	6922
2003	36125	8886	10362	16877	18325	4085	5349	8891	17800	4801	5013	7986
2004	43409	11095	12214	20100	22204	5091	6363	10750	21205	6004	5851	9350
2005	48419	12604	13268	22547	24832	5769	6878	12185	23587	6835	6390	10362
2006	54553	14071	14447	26035	28183	6449	7542	14192	26370	7622	6905	11843
2007	65077	16751	16713	31613	33812	7730	8695	17387	31265	9021	8018	14226
2008	73390	19484	18326	35581	38036	8948	9625	19463	35354	10536	8701	16118
2009	64261	15305	16343	32612	33116	7035	8543	17538	31145	8270	7800	15074

注：1. 世界服务进出口额（含出口额和进口额）不包括政府服务。

2. 根据 WTO“国际贸易统计数据库”公布的最新数据，本表对历史数据做了相应调整。

3. 数据来源：国际贸易统计数据库（International Trade Statistics Database），WTO。

附表 2　2009 年世界服务出口和进口分地区情况

单位：十亿美元

项目	出口					进口				
	金额	增长率（%）				金额	增长率（%）			
国别＼年份	2009	2005—2009	2007	2008	2009	2009	2005—2009	2007	2008	2009
世界	3312	7	20	12	−13	3115	7	19	13	−12
北美	542	6	15	9	−10	430	4	9	7	−10
#美国	470	7	16	10	−9	331	4	8	8	−9
中南美	100	9	18	16	−8	111	12	22	21	−8
#巴西	26	15	26	27	−9	44	18	28	28	−1
欧洲	1675	7	21	12	−14	1428	6	19	11	−13
#欧盟（27）	1513	7	21	11	−14	1329	6	19	11	−13
英国	240	4	20	2	−16	160	0	15	1	−19
德国	215	8	18	11	−11	255	5	16	11	−10
法国	140	4	16	10	−14	124	4	16	10	−12
西班牙	122	7	20	12	−14	87	7	23	9	−17
意大利	101	3	13	7	−15	114	6	21	8	−11
独联体	69	13	27	28	−18	91	11	30	26	−21
#俄罗斯	42	14	27	30	−17	60	12	32	29	−19
乌克兰	13	10	26	27	−23	11	11	29	43	−32
非洲	78	9	19	19	−11	117	14	28	27	−11
#埃及	21	10	24	25	−15	14	9	27	25	−17
摩洛哥	12	13	24	12	−5	6	20	27	24	13
南非	11	0	13	−8	−9	14	4	16	3	−16
中东	96	11	16	20	−12	162	14	32	18	−13
#以色列	22	6	10	14	−9	17	6	20	13	−12
亚洲	751	9	22	14	−13	776	8	18	14	−11
#中国	129	15	33	20	−12	158	17	29	22	0
日本	124	5	10	15	−15	146	4	11	10	−11
中国香港	86	8	16	9	−6	44	7	15	11	−6
印度	86	—	25	18	—	74	—	21	26	—
新加坡	74	8	26	3	−11	74	8	16	6	−6
韩国	56	6	28	20	−25	74	6	21	12	−19
中国台湾	31	5	7	11	−10	29	−2	8	0	−15

注：1. 中南美洲包括加勒比地区。详细成员国参见《WTO 国际贸易统计 2009》第四章。

2. 占世界服务贸易比重达 2/3 以上的 50 个国家的数据于 2010 年 3 月初获得，其余大部分国家的数据基于 2009 年前三季度估计取得；

3. “#”表示“其中”。

4. 数据来源：WTO 秘书处。其中，中国数据来源于中国商务部。

附表 3 2009 年世界服务贸易前三十位出口和进口国家（地区）

金额单位：十亿美元

排名	出口国家（地区）	金额	比重（%）	增长率（%）	排名	进口国家（地区）	金额	比重（%）	增长率（%）
1	美国	470	14.2	−9	1	美国	331	10.6	−9.0
2	英国	240	7.2	−16	2	德国	255	8.2	−10.0
3	德国	215	6.5	−11	3	英国	160	5.1	−19.0
4	法国	140	4.2	−14	4	中国	158	5.1	0.0
5	中国	129	3.9	−12	5	日本	146	4.7	−11.0
6	日本	124	3.8	−15	6	法国	124	4.0	−12.0
7	西班牙	122	3.7	−14	7	意大利	114	3.6	−11.0
8	意大利	101	3.0	−15	8	爱尔兰	104	3.3	−5.0
9	爱尔兰	95	2.9	−7	9	荷兰	87	2.8	−5.0
10	荷兰	92	2.8	−11	10	西班牙	87	2.8	−17.0
11	中国香港	86	2.6	−6	11	加拿大	77	2.5	−11.0
12	印度	86	2.6	…	12	印度	74	2.4	…
13	比利时	75	2.3	−11	13	韩国	74	2.4	−19.0
14	新加坡	74	2.2	−11	14	新加坡	74	2.4	−6.0
15	瑞士	68	2.1	−11	15	比利时	72	2.3	−12.0
16	瑞典	60	1.8	−16	16	俄罗斯	60	1.9	−19.0
17	卢森堡	60	1.8	−16	17	丹麦	51	1.6	−19.0
18	加拿大	57	1.7	−12	18	瑞典	47	1.5	−14.0
19	韩国	56	1.7	−25	19	中国香港	44	1.4	−6.0
20	丹麦	55	1.7	−25	20	巴西	44	1.4	−1.0
21	奥地利	53	1.6	−13	21	沙特阿拉伯	43	1.4	…
22	俄罗斯	42	1.3	−17	22	澳大利亚	41	1.3	−13.0
23	澳大利亚	41	1.3	−7	23	泰国	38	1.2	−18.0
24	挪威	38	1.1	−17	24	奥地利	38	1.2	−12.0
25	希腊	38	1.1	−25	25	挪威	37	1.2	−16.0
26	土耳其	33	1.0	−6	26	卢森堡	36	1.2	−13.0
27	中国台湾	31	0.9	−10	27	阿联酋	36	1.1	…
28	泰国	31	0.9	−9	28	瑞士	34	1.1	−6.0
29	波兰	29	0.9	−19	29	中国台湾	29	0.9	−15.0
30	马来西亚	28	0.8	−8	30	马来西亚	27	0.8	−12.0
	以上总计	2769	83.5	…		以上总计	2542	81.6	…
	世界	3312	100.0	−13		世界	3115	100.0	−12.0

注：1. 占世界服务贸易比重达 2/3 以上的 50 个国家的数据于 2010 年 3 月初获得，其余大部分国家的数据基于 2009 年前三季度估计取得。

2. 数据来源：WTO 秘书处。其中，中国数据来源于中国商务部。

附表4 中国历年服务进出口情况

金额单位：亿美元

年份	中国进出口额	同比增长（%）	中国进出口占世界比重（%）	中国出口额	同比增长（%）	中国出口占世界比重（%）	中国进口额	同比增长（%）	中国进口占世界比重（%）
1982	44	—	0.6	25	—	0.7	19	—	0.5
1983	43	−2.3	0.6	25	0.0	0.7	18	−5.3	0.5
1984	54	25.6	0.7	28	12.0	0.8	26	44.4	0.7
1985	52	−3.7	0.7	29	3.6	0.8	23	−11.5	0.6
1986	56	7.7	0.6	36	24.1	0.8	20	−13.0	0.4
1987	65	16.1	0.6	42	16.7	0.8	23	15.0	0.4
1988	80	23.1	0.7	47	11.9	0.8	33	43.5	0.5
1989	81	1.3	0.6	45	−4.3	0.7	36	9.1	0.5
1990	98	21.0	0.6	57	26.7	0.7	41	13.9	0.5
1991	108	10.2	0.6	69	21.1	0.8	39	−4.9	0.5
1992	183	69.4	1.0	91	31.9	1.0	92	135.9	1.0
1993	226	23.5	1.2	110	20.9	1.2	116	26.1	1.2
1994	322	42.5	1.6	164	49.1	1.6	158	36.2	1.5
1995	430	33.5	1.8	184	12.2	1.6	246	55.7	2.1
1996	430	0.0	1.7	206	12.0	1.6	224	−8.9	1.8
1997	522	21.4	2.0	245	18.9	1.9	277	23.7	2.2
1998	504	−3.4	1.9	239	−2.4	1.8	265	−4.3	2.0
1999	572	13.5	2.1	262	9.6	1.9	310	17.0	2.3
2000	660	15.4	2.2	301	14.9	2.0	359	15.8	2.5
2001	719	8.9	2.4	329	9.3	2.2	390	8.6	2.6
2002	855	18.9	2.7	394	19.8	2.5	461	18.2	3.0
2003	1013	18.5	2.8	464	17.8	2.5	549	19.1	3.1
2004	1337	32.0	3.1	621	33.8	2.8	716	30.4	3.4
2005	1571	17.5	3.2	739	19.0	3.0	832	16.2	3.5
2006	1917	22.0	3.5	914	23.7	3.2	1003	20.6	3.8
2007	2509	30.9	3.9	1216	33.0	3.6	1293	28.9	4.1
2008	3045	21.4	4.1	1465	20.5	3.9	1580	22.2	4.5
2009	2867	−5.8	4.5	1286	−12.2	3.9	1581	0.1	5.1

注：1. 遵循WTO有关服务贸易的定义，中国服务进出口数据不含政府服务。

2. 数据来源：WTO国际贸易统计数据库（International Trade Statistics Database）；中国商务部。

附表 5　1997—2009 年中国服务出口分项目表

年份	1997		1998			1999			2000		
项目	金额（亿美元）	占比（%）	金额（亿美元）	比上年增长（%）	占比（%）	金额（亿美元）	比上年增长（%）	占比（%）	金额（亿美元）	比上年增长（%）	占比（%）
总计	245.0	100.0	238.8	−2.5	100.0	261.6	9.6	100.0	301.5	15.2	100.0
运输服务	29.5	12.1	23.0	−22.1	9.6	24.2	5.2	9.2	36.7	51.7	12.2
旅游	120.7	49.3	126.0	4.4	52.8	141.0	11.9	53.9	162.3	15.1	53.8
通讯服务	2.7	1.1	8.2	201.4	3.4	5.9	−28.0	2.3	13.5	128.2	4.5
建筑服务	5.9	2.4	5.9	0.7	2.5	9.9	65.8	3.8	6.0	−38.9	2.0
保险服务	1.7	0.7	3.8	120.5	1.6	2.0	−47.0	0.8	1.1	−47.1	0.4
金融服务	0.3	0.1	0.3	−1.3	0.1	1.1	310.8	0.4	0.8	−29.7	0.3
计算机和信息服务	0.8	0.3	1.3	59.7	0.6	2.7	98.8	1.0	3.6	34.1	1.2
专有权利使用费和特许费	0.5	0.2	0.6	14.3	0.3	0.7	18.9	0.3	0.8	7.8	0.3
咨询	3.5	1.4	5.2	49.5	2.2	2.8	−45.9	1.1	3.6	26.9	1.2
广告、宣传	2.4	1.0	2.1	−11.4	0.9	2.2	4.6	0.8	2.2	1.3	0.7
电影、音像	0.1	0.0	0.2	53.0	0.1	0.1	−56.7	0.0	0.1	69.8	0.0
其他商业服务	76.8	31.3	62.1	−19.1	26.0	69.1	11.2	26.4	70.8	2.5	23.5

年份	2001			2002			2003		
项目	金额（亿美元）	比上年增长（%）	占比（%）	金额（亿美元）	比上年增长（%）	占比（%）	金额（亿美元）	比上年增长（%）	占比（%）
总计	329.0	9.1	100.0	393.8	19.7	100.0	463.7	17.8	100.0
运输服务	46.4	26.3	14.1	57.2	23.4	14.5	79.1	38.2	17.0
旅游	177.9	9.6	54.1	203.9	14.6	51.8	174.1	−14.6	37.5
通讯服务	2.7	−79.8	0.8	5.5	102.9	1.4	6.4	16.1	1.4
建筑服务	8.3	37.8	2.5	12.5	50.1	3.2	12.9	3.5	2.8
保险服务	2.3	110.9	0.7	2.1	−8.1	0.5	3.1	49.7	0.7
金融服务	1.0	27.3	0.3	0.5	−48.5	0.1	1.5	197.9	0.3
计算机和信息服务	4.6	29.6	1.4	6.4	38.3	1.6	11.0	72.7	2.4
专有权利使用费和特许费	1.1	37.0	0.3	1.3	20.6	0.3	1.1	−19.5	0.2
咨询	8.9	150.0	2.7	12.8	44.5	3.3	18.8	46.7	4.1
广告、宣传	2.8	24.1	0.8	3.7	34.5	0.9	4.9	30.4	1.0
电影、音像	0.3	146.8	0.1	0.3	6.4	0.1	0.3	12.7	0.1
其他商业服务	72.8	2.8	22.1	87.6	20.3	22.2	150.6	71.8	32.5

年份	2004			2005			2006		
项目	金额（亿美元）	比上年增长（%）	占比（%）	金额（亿美元）	比上年增长（%）	占比（%）	金额（亿美元）	比上年增长（%）	占比（%）
总计	620.6	33.8	100.0	739.1	19.1	100.0	914.2	23.7	100.0
运输服务	120.7	52.6	19.4	154.3	27.8	20.9	210.2	36.2	23.0
旅游	257.4	47.9	41.5	293.0	13.8	39.6	339.5	15.9	37.1
通讯服务	4.4	−31.0	0.7	4.9	10.2	0.7	7.4	52.1	0.8
建筑服务	14.7	13.8	2.4	25.9	76.7	3.5	27.5	6.2	3.0
保险服务	3.8	21.7	0.6	5.5	44.3	0.7	5.5	−0.3	0.6
金融服务	0.9	−38.2	0.2	1.5	54.6	0.2	1.5	−0.2	0.2
计算机和信息服务	16.4	48.5	2.6	18.4	12.4	2.5	29.6	60.7	3.2
专有权利使用费和特许费	2.4	120.9	0.4	1.6	−33.4	0.2	2.1	30.2	0.2
咨询	31.5	67.2	5.1	53.2	68.8	7.2	78.3	47.2	8.6
广告、宣传	8.5	74.5	1.4	10.8	26.8	1.5	14.5	34.3	1.6
电影、音像	0.4	22.6	0.1	1.3	226.5	0.2	1.4	2.3	0.1
其他商业服务	159.5	5.9	25.7	168.8	5.9	22.8	196.9	16.6	21.5

年份	2007			2008			2009		
项目	金额（亿美元）	比上年增长（%）	占比（%）	金额（亿美元）	比上年增长（%）	占比（%）	金额（亿美元）	比上年增长（%）	占比（%）
总计	1216.5	33.1	100.0	1464.5	20.4	100.0	1286.0	−12.2	100.0
运输服务	313.2	49.1	25.7	384.2	22.6	26.2	235.7	−38.7	18.3
旅游	372.3	9.7	30.6	408.4	9.7	27.9	396.8	−2.9	30.9
通讯服务	11.7	59.2	1.0	15.7	33.7	1.1	12.0	−23.7	0.9
建筑服务	53.8	95.3	4.4	103.3	92.1	7.1	94.6	−8.4	7.4
保险服务	9.0	64.9	0.7	13.8	53.0	0.9	16.0	15.4	1.2
金融服务	2.3	59.0	0.2	3.2	36.7	0.2	4.4	38.7	0.3
计算机和信息服务	43.4	46.9	3.6	62.5	43.9	4.3	65.1	4.2	5.1
专有权利使用费和特许费	3.4	67.1	0.3	5.7	66.7	0.4	4.3	−24.8	0.3
咨询	115.8	47.8	9.5	181.4	56.7	12.4	186.2	2.7	14.5
广告、宣传	19.1	32.3	1.6	22.0	15.2	1.5	23.1	5.0	1.8
电影、音像	3.2	130.9	0.3	4.2	32.2	0.3	1.0	−76.7	0.1
其他商业服务	269.1	36.7	22.1	260.1	−3.4	17.8	246.9	−5.1	19.2

注：1. 遵循WTO有关服务贸易的定义，中国服务进出口数据不含政府服务。

2. 数据来源：中国商务部。

附表6　1997—2009年中国服务进口分项目表

年份	1997		1998			1999			2000		
项目	金额（亿美元）	占比（%）	金额（亿美元）	比上年增长（%）	占比（%）	金额（亿美元）	比上年增长（%）	占比（%）	金额（亿美元）	比上年增长（%）	占比（%）
总计	277.2	100.0	264.7	−4.5	100.0	309.7	17.0	100.0	358.6	15.8	100.0
运输服务	99.4	35.9	67.6	−32.0	25.6	79.0	16.8	25.5	104.0	31.6	29.0
旅游	81.3	29.3	92.1	13.2	34.8	108.7	18.0	35.1	131.1	20.7	36.6
通讯服务	2.9	1.0	2.1	−28.3	0.8	1.9	−7.0	0.6	2.4	25.1	0.7
建筑服务	12.1	4.4	11.2	−7.4	4.2	15.4	37.5	5.0	9.9	−35.4	2.8
保险服务	10.5	3.8	17.6	68.1	6.6	19.2	9.3	6.2	24.7	28.6	6.9
金融服务	3.2	1.2	1.6	−49.7	0.6	1.7	2.1	0.5	1.0	−41.6	0.3
计算机和信息服务	2.3	0.8	3.3	44.0	1.3	2.2	−32.8	0.7	2.7	18.5	0.7
专有权利使用费和特许费	5.4	2.0	4.2	−22.8	1.6	7.9	88.6	2.6	12.8	61.8	3.6
咨询	4.7	1.7	7.6	62.0	2.9	5.2	−30.8	1.7	6.4	22.0	1.8
广告、宣传	2.4	0.9	2.7	9.8	1.0	2.2	−17.4	0.7	2.0	−7.6	0.6
电影、音像	0.4	0.2	0.4	−11.1	0.1	0.3	−13.0	0.1	0.4	10.2	0.1
其他商业服务	52.5	18.9	54.4	3.5	20.5	65.9	21.2	21.3	61.2	−7.2	17.1

年份	2001			2002			2003		
项目	金额（亿美元）	比上年增长（%）	占比（%）	金额（亿美元）	比上年增长（%）	占比（%）	金额（亿美元）	比上年增长（%）	占比（%）
总计	390.3	8.8	100.0	460.8	18.1	100.0	548.5	19.0	100.0
运输服务	113.2	8.9	29.0	136.1	20.2	29.5	182.3	33.9	33.2
旅游	139.1	6.1	35.6	154.0	10.7	33.4	151.9	−1.4	27.7
通讯服务	3.3	34.7	0.8	4.7	44.3	1.0	4.3	−9.1	0.8
建筑服务	8.5	−14.8	2.2	9.6	13.8	2.1	11.8	22.8	2.2
保险服务	27.1	9.7	6.9	32.5	19.7	7.0	45.6	40.6	8.3
金融服务	0.8	−20.6	0.2	0.9	16.1	0.2	2.3	158.8	0.4
计算机和信息服务	3.4	30.1	0.9	11.3	228.6	2.5	10.4	−8.6	1.9
专有权利使用费和特许费	19.4	51.3	5.0	31.1	60.7	6.8	35.5	13.9	6.5
咨询	15.0	134.8	3.8	26.3	75.1	5.7	34.5	31.1	6.3
广告、宣传	2.6	27.5	0.7	3.9	52.9	0.9	4.6	16.1	0.8
电影、音像	0.5	34.2	0.1	1.0	91.2	0.2	0.7	−27.6	0.1
其他商业服务	57.4	−6.1	14.7	49.3	−14.1	10.7	64.6	31.1	11.8

年份	2004			2005			2006		
项目	金额（亿美元）	比上年增长（%）	占比（%）	金额（亿美元）	比上年增长（%）	占比（%）	金额（亿美元）	比上年增长（%）	占比（%）
总计	716.0	30.5	100.0	831.7	16.2	100.0	1003.3	20.6	100.0
运输服务	245.4	34.6	34.3	284.5	15.9	34.2	343.7	20.8	34.3
旅游	191.5	26.1	26.7	217.6	13.6	26.2	243.2	11.8	24.2
通讯服务	4.7	10.5	0.7	6.0	27.8	0.7	7.6	26.6	0.8
建筑服务	13.4	13.1	1.9	16.2	21.0	1.9	20.5	26.6	2.0
保险服务	61.2	34.2	8.6	72.0	17.6	8.7	88.3	22.7	8.8
金融服务	1.4	−40.6	0.2	1.6	15.9	0.2	8.9	456.9	0.9
计算机和信息服务	12.5	20.9	1.7	16.2	29.5	2.0	17.4	7.2	1.7
专有权利使用费和特许费	45.0	26.7	6.3	53.2	18.3	6.4	66.3	24.7	6.6
咨询	47.3	37.2	6.6	61.8	30.6	7.4	83.9	35.7	8.4
广告、宣传	7.0	52.5	1.0	7.2	2.4	0.9	9.6	33.5	1.0
电影、音像	1.8	152.9	0.2	1.5	−12.4	0.2	1.2	−21.4	0.1
其他商业服务	84.8	31.2	11.8	93.9	10.7	11.3	112.6	20.0	11.2

年份	2007			2008			2009		
项目	金额（亿美元）	比上年增长（%）	占比（%）	金额（亿美元）	比上年增长（%）	占比（%）	金额（亿美元）	比上年增长（%）	占比（%）
总计	1292.6	28.8	100.0	1580.0	22.2	100.0	1581.1	0.1	100.0
运输服务	432.7	25.9	33.5	503.3	16.3	31.9	465.7	−7.5	29.5
旅游	297.9	22.5	23.0	361.6	21.4	22.9	437.0	20.9	27.6
通讯服务	10.8	41.6	0.8	15.1	39.6	1.0	12.1	−19.9	0.8
建筑服务	29.1	41.9	2.3	43.6	49.9	2.8	58.7	34.5	3.7
保险服务	106.6	20.8	8.3	127.4	19.5	8.1	113.1	−11.3	7.2
金融服务	5.6	−37.5	0.4	5.7	1.6	0.4	7.3	28.2	0.5
计算机和信息服务	22.1	27.0	1.7	31.7	43.3	2.0	32.3	2.1	2.0
专有权利使用费和特许费	81.9	23.5	6.3	103.2	26.0	6.5	110.7	7.2	7.0
咨询	108.6	29.4	8.4	135.4	24.7	8.6	134.2	−0.9	8.5
广告、宣传	13.4	40.0	1.0	19.4	45.2	1.2	19.5	0.7	1.2
电影、音像	1.5	27.0	0.1	2.6	65.9	0.2	2.8	9.2	0.2
其他商业服务	182.4	62.0	14.1	231.2	26.8	14.6	187.7	−18.8	11.9

注：1. 遵循 WTO 有关服务贸易的定义，中国服务进出口数据不含政府服务。

2. 数据来源：中国商务部。

附表7　1997—2009年中国服务进出口差额

单位：亿美元

年　份	1997	1998	1999	2000	2001	2002	2003	2004	2005	2006	2007	2008	2009
总计	−32.2	−25.9	−48.0	−57.1	−61.3	−67.0	−84.8	−95.5	−92.6	−89.1	−76.0	−115.6	−295.1
运输服务	−69.9	−44.6	−54.8	−67.3	−66.9	−78.9	−103.3	−124.8	−130.2	−133.5	−119.5	−119.1	−230.1
旅游	39.4	34.0	32.3	31.2	38.8	49.9	22.2	65.9	75.4	96.3	74.5	46.9	−40.3
通讯服务	−0.2	6.1	4.0	11.0	−0.5	0.8	2.1	−0.3	−1.2	−0.3	0.9	0.6	−0.1
建筑服务	−6.2	−5.3	−5.5	−3.9	−0.2	2.8	1.1	1.3	9.7	7.0	24.7	59.7	36.0
保险服务	−8.7	−13.7	−17.2	−23.6	−24.8	−30.4	−42.5	−57.4	−66.5	−82.8	−97.6	−113.6	−97.1
金融服务	−3.0	−1.4	−0.6	−0.2	0.2	−0.4	−0.8	−0.4	−0.1	−7.5	−3.3	−2.5	−2.9
计算机和信息服务	−1.5	−2.0	0.4	0.9	1.2	−4.9	0.7	3.8	2.2	12.2	21.4	30.9	32.8
专有权利使用费和特许费	−4.9	−3.6	−7.2	−12.0	−18.3	−29.8	−34.4	−42.6	−51.6	−64.3	−78.5	−97.5	−106.4
咨询	−1.2	−2.4	−2.4	−2.8	−6.1	−13.5	−15.6	−15.8	−8.6	−5.6	7.2	46.1	52.1
广告、宣传	0.0	−0.5	0.0	0.2	0.2	−0.2	0.3	1.5	3.6	4.9	5.8	2.6	3.6
电影、音像	−0.3	−0.2	−0.3	−0.3	−0.2	−0.7	−0.4	−1.3	−0.2	0.2	1.6	1.6	−1.8
其他商业服务	24.3	7.8	3.2	9.7	15.4	38.3	85.9	74.7	75.0	84.3	86.8	28.9	59.2

注：1. 遵循WTO有关服务贸易的定义，中国服务进出口数据不含政府服务。

2. 数据来源：中国商务部。

附表8　2009年中国对外承包工程、劳务合作人员分国别（地区）情况

单位：人

国家（地区）＼项目	合计		对外承包工程		对外劳务合作	
	派出人数	年末在外人数	派出人数	年末在外人数	派出人数	年末在外人数
合计	394833	777619	214208	326861	180091	450277
亚洲	248054	528355	99012	142741	148659	385257
#缅甸	7467	8067	7404	7976	63	91
中国香港	17651	19552	363	449	17288	19103
日本	57436	162556	352	463	56933	161942
中国澳门	20336	49999	1573	2091	18763	47908
蒙古	7351	6381	7127	4776	224	1605
新加坡	29210	83769	5072	20808	24011	62856
韩国	6483	37220	16	628	6467	36592
阿联酋	12312	34067	8671	24162	3640	9904
沙特阿拉伯	16505	20944	14733	16472	1726	4426
越南	9704	14174	6880	7337	2781	6794
中国台湾	11043	12599	42	4	11001	12595
非洲	116866	187396	102816	161336	14010	26020
#阿尔及利亚	22657	49631	20551	46039	2106	3592
安哥拉	21587	31072	18301	25620	3286	5452
利比亚	22249	24155	20250	21595	1999	2560
尼日利亚	2099	5267	1707	3573	392	1694
苏丹	14100	20538	14051	20455	49	83
欧洲	17683	35575	5371	8939	12308	26632
#英国	941	1363	65	157	872	1202
德国	2146	4785	204	256	1942	4529
荷兰	528	1474	0	0	528	1474
希腊	1063	673	0	131	1063	542
西班牙	454	1339	454	1321	0	18
俄罗斯联邦	9865	21457	2728	4439	7137	17018
拉丁美洲	7403	14236	4642	10187	2671	3983
#巴西	767	832	670	657	97	175
墨西哥	31	540	26	223	1	313
北美洲	1445	5184	276	785	1154	4387
#加拿大	384	955	18	42	365	912
美国	1061	4229	258	743	789	3475
大洋洲	3382	6591	2091	2862	1289	3727
#澳大利亚	567	1345	117	199	448	1144
新西兰	104	302	35	80	69	222
巴布亚新几内亚	1481	1879	1481	1879	0	0
其他	0	282	0	11	0	271

注：1. “#”表示“其中”。

2. 数据来源：中国对外承包工程、劳务合作业务统计年报（2009）。

后　记

《中国服务贸易发展报告》自2006年首次发布以来，至今已是第五次发布。报告从蹒跚起步，到如今稳健前行，凝聚着有关部门和专家学者的大量心血，承载着关心和支持中国服务贸易发展的国内外各界同仁的殷殷期望，也见证了“十一五”期间中国服务贸易快速发展的历程。

本次《中国服务贸易发展报告2010》的顺利出版，得力于中宣部文化体制改革和发展办公室、教育部国际合作与交流司、工信部运行监测协调司、司法部律师公证司、住房和城乡建设部市场监管司、交通运输部水运局、铁道部国际合作司、人民银行研究局、工商总局办公厅、旅游局政策法规司、银监会统计部、证监会国际合作部、保监会财险监管部、民航局政策法规司、邮政局政策法规司、中国注册会计师协会、中国广告协会、上海市教育科学院等单位的密切配合和支持，张二国、林长森、安延、何海林、张军、张娟、高海云、黄鹤平、周晴、张梅、赵铮、周宏达、舒高勇、陈婧丹、赵砚秋、白晓虹、杨鸿、吴东彬、朱兴德等同志为本报告整理并提供了相关资料，服务贸易领域的知名专家学者为本报告提供了最新的研究成果，中国商务出版社为本报告的出版发行做了大量工作，在此一并表示诚挚的谢意。

商务部服务贸易司的戎卫东、袁海英、胡汉铭、王波、李国清、张斌涛、郭稚陶、蒋时柱、刘玉龙、李昊、张译今等同志参加了本报告的编写、统稿和审校等工作。本报告难免疏漏，敬请读者指正。

编　者

2010年11月